교육연극,
프로젝트 수업을 만나다

교육연극, 프로젝트 수업을 만나다

(교육연극에 단위 수업, 1교과 프로젝트, 주제심화 프로젝트, 협력수업을 담다)

[행복한 교과서®] 시리즈 No. 42

지은이 | 권경희 · 노미향
발행인 | 홍종남

2019년 6월 10일 1판 1쇄 발행
2020년 6월 6일 1판 2쇄 발행(총 4,000부 발행)

이 책을 만든 사람들
책임 기획 | 홍종남
북 디자인 | 김효정
교정 교열 | 주경숙
제목 | 구산책이름연구소
출판 마케팅 | 김경아

이 책을 함께 만든 사람들
종이 | 제이피씨 정동수 · 정충엽
제작 및 인쇄 | 천일문화사 유재상

펴낸곳 | 행복한미래
출판등록 | 2011년 4월 5일. 제 399-2011-000013호
주소 | 경기도 남양주시 도농로 34, 부영e그린타운 301동 301호(다산동)
전화 | 02-337-8958   팩스 | 031-556-8951
홈페이지 | www.bookeditor.co.kr
도서 문의(출판사 e-mail) | ahasaram@hanmail.net
내용 문의(지은이 e-mail) | kkhkkh67@korea.kr
※ 이 책을 읽다가 궁금한 점이 있을 때는 지은이 e-mail을 이용해 주세요.

ⓒ 권경희 · 노미향, 2019
ISBN 979-11-86463-42-0
〈행복한미래〉 도서 번호 073

교육연극,
프로젝트 수업을 만나다

| 권경희 · 노미향 지음 |

행복한미래

지금 당장 교육연극수업을 준비하라

이 책은 시류에 편승해 집필된 것이 아니다. 교육연극수업이 유행처럼 퍼지기 때문도 아니고, 2015 개정교육과정에 연극수업이 채택되었기 때문도 아니다. 필자에게 수업은 늘 화두의 대상이었다. 장학사 시절부터 수업임상연구를 시작해 7년째 지속 중이었는데, 중원초에서 수업친구인 노미향 선생님을 만나면서 3년간 공동으로 교육연극수업을 연구했고 그 결과를 이렇게 책으로 정리하게 되었다.

수많은 공개수업을 참관하면서 늘 하게 되는 고민은 '우리는 왜 수업을 하는가?'였다. 학교정책은 거대담론을 만들어내느라 소소한 수업 따위에는 관심이 없는 것 같다. 교육과정-수업-평가 일체화 같은 정책이 실제로 교실 수업을 변화시키기에는 어려움이 많다. 배우는 학생은 지루하고, 가르치는 교사는 틀에 얽매인 수업을 진행하느라 힘겨워하는 모습을 보면서 수업에 대한 재해석이 필요하다는 생각이 들었다. 그래서 필자가 수업에서 주목한 부분은 정책이나 이론이 아닌 '학생들의 반응'이다. 학생들에게 중요한 것은 수업 안에서 자신이 배우고 생각한 바를 표현하는 것이고, 그 과정에 몰입하는 것이다.

이런 수업 고민에 대한 답을 '교육연극'에서 찾아보았다. 수업은 필자와 수업자가 공동으로 기획했고, 일부 수업은 수업자의 동학년 공동수업 연구결과를 활용했다. 수업의 전 과정을 참관하면서 동영상으로 촬영하였고, 유의미한 수업장면은 별도로 '수업기록장'에 꼼꼼하게 기록했다. 이후 영상을 통해 학생들의 참여 태도와 표현기제를 다시 보면서 수업을 해석했다.

이 책에서 제시하는 수업은 모형화된 교육연극수업이 아니다. 수업주제에 따라 수업을 다르게 디자인하기 위해 노력했다.

이 책의 구성은 다음과 같다.

1부는 현재의 수업문화를 관리자, 교사, 학생 입장에서 살펴보고, 수업시선에 대한 새로운 변화가 필요함을 밝혔다.

2부는 새로운 패러다임으로 주목받고 있는 교육연극수업을 교육학적 입장에서 살펴보고, 학교현장에서의 실천적 의미를 찾아보았다.

3부는 교육연극수업을 단위시간별로 독립적으로 운영한 수업이다. 블록수업 (80분)을 기준으로 구성하여 교육연극수업을 처음 접하는 교사들이 다양한 교과에서 시도해볼 만하다.

4부는 교과 전체를 프로젝트로 구성한 수업이다. 여기서는 6학년 도덕 교과에서 추출한 덕목 중 자긍심, 절제, 갈등, 배려, 공정을 중심으로 프로젝트를 구성했다. 이 수업은 학생들이 길러야 하는 도덕성을 지식으로 가르치는 것이 아니라, 덕목과 나의 생활을 연결해 생각해보도록 하는 것이 목표다.

5부는 주제심화형 프로젝트 수업으로, '인권'을 주제로 교과서의 시수와 내용을 재구성한 수업이다. 1학기에 교육연극으로 진행한 역사 수업과 연계하여 수업을 기획했다.

6부는 예술강사와 함께한 교육연극 협력수업이다. 수업전문가인 교사와 연극

전문가인 예술강사가 만나면서 수업은 최고의 시너지를 얻을 수 있었다. 일제 강점기를 중심으로 을사늑약에서 제주 4·3 사건까지 수업내용을 재구성했다.

7부는 교과와 창체 시간을 통합하여 '그림자극' 공연으로 구성한 수업이다. 교육과정을 재구성하여 공연에 필요한 시수를 확보하고, 대본 작성부터 공연까지 학생이 중심이 된 교육연극수업의 결정체다.

이 책이 출간되기까지 도움을 주신 홍종남 사장님, 오경진 중원초 교장 선생님, 그리고 수업친구 노미향 선생님과 수업연구를 함께 해주신 김건아, 박주현, 김경순, 김은지 선생님, 예술강사 오혜진, 김희진 선생님, 마지막까지 원고를 꼼꼼히 검토해준 이명주 선생님, 바쁘신 와중에 추천사를 써주신 서울교대 김병주 교수님께 감사드린다.

또 살아가는 기쁨과 힘이 되어주는 가족과 함께 교육을 고민하는 많은 지인에게도 지면을 빌어 감사드린다.

권경희

〈일러두기〉

1. 본문에서 필자는 권경희, 수업자는 노미향을 지칭한다. 다만, '우리'라는 용어는 수업
   자와 필자를 의미할 때도 있고, 일반명사로서 불특정다수를 나타낼 때도 있다.

2. 교사는 일반교사를 가리키며, 학생 입장일 때는 선생님으로 칭한다.

3. 수업계획안에 학생들이 한 교육연극적 표현활동은 진하게 밑줄로 표시한다.

   예〉 즉흥극으로 계절별 자연 표현하기,

   광복 소식을 들은 마을 주민의 반응을 정지 장면으로 표현하기

4. 주석은 미주로 하고, 논문은 「 」, 단행본은 『 』로 표시하며 관련 쪽수를 표시한다. 외국
   서적의 경우 논문은 이탤릭체로 하고, 단행본은 진하게 나타낸다.

5. 이 책에서는 수업자(교사)가 미리 준비한 짧은 극은 '상황극'으로, 학생들이 수업 중에
   즉석에서 만든 극은 '즉흥극'으로 구분한다.

차 례

3부. 단위수업형 교육연극수업, 작은 몸짓으로 표현하다

4부. 교과 프로젝트형 교육연극수업, 협력하는 아이들을 만나다

5부. 주제심화형 프로젝트형 교육연극수업, 교과서를 넘어 삶을 바라보다

6부. 교사와 예술강사가 만들어가는 협력수업형 교육연극수업

7부. 아이들이 만들어내는 종합예술, 공연으로 꽃피우다

1부

수업은 이벤트가 아니다

1

이제 수업을 바라보는 시각을 바꾸자

학교에서 가장 부담스러운 일은 무엇일까? 학교폭력 사안 처리보다 고민스러운 것은 공개수업일 것이다. 공개수업일에 관리자가 출장을 가서 참관하지 못하거나 되도록 동료들이 참관하지 않기를 바라는 마음이 드는 것은 왜일까? 경력 20년이 넘은 교사에게도 수업공개가 부담스러운 이유는 또 뭘까? 아마도 참관하는 동료들에게 뭔가 참신한 것을 보여줘야 한다는 막막한 두려움과 경력만 많지 뭔가 특별히 보여줄 것이 없다는 생각이 들기 때문은 아닐까?

이 질문으로 시작하는 것은 교사 개인의 소양과 직업적 신념을 문제 삼자는 것이 아니라 이런 심리적 기제가 발동하게 된 수업문화를 짚어보기 위해서다. 좀 엉뚱하게 보일 수도 있겠지만 수업공개와 급식을 비교해 생각해보자. 매일 먹는 우리의 급식은 잔칫상이 아니다. 영양교사가 성장에 필요한 영양과 칼로리를 잘 고려하여 준비하긴 하지만 삼첩반상이 일상적인 메뉴다. 고작 삼첩반상이라고 보는 이도 있겠지만 신선한 재료와 다양한 조리법을 통해 훌륭한 식사가 되곤 한다. 필자는 뷔페를 선호하지 않는다. 직접 가져다 먹는 게 불편하기도 하고, 다양한 음식을 먹는데도 맛있게 먹었다는 느낌이 들지 않기 때문이다. 한 가지라도 담백하고 쫄깃한 식단을 먹을 때 '잘 먹었다'는 포만감이 든다.

교사는 보통 하루에 4~5시간을 수업한다. 누구도 매시간 참신한 수업을 할 수는 없다. 그런 수업은 어쩌다 '번뜩이는 아이디어'가 있을 때나 가능하다. 그래서 일상적인 수업은 화려한 뷔페보다는 소박한 밥상이어야 한다고 믿는다. 소박하지만 정성이 든 밥상, 거창한 메뉴는 없지만 맛있게 먹었다는 느낌이 드는 밥상처럼 말이다. 이것이 필자가 지향하는 좋은 수업이고 일상적인 수업이다.

공개수업을 할 때, 우리는 평소 먹던 삼첩반상이 아니라 잔칫날에 먹는 잔칫상을 차려야 한다는 부담이 앞선다. 일부 혁신학교에서 수업나눔을 상시화하여 과도한 부담을 줄여가는 것은 매우 바람직한 변화지만, 교사들이 느끼는 부담감은 사라지지는 않았다. 필자도 잔칫상을 차리는 문화 속에서 살았고, 그렇게 해야 한다는 압박감이 컸다. 아이들의 입맛은 고려하지 않는 채 구경꾼들이 관심을 보이는 화려한 메뉴, 트렌드가 되는 수업형태에 초점을 두고 많은 에너지를 쏟을 때가 있었다. 이제는 빛깔 좋은 잔칫상이 아니라 소박하지만 영양가 있는 삼첩반상 같은 수업에 관심을 두었으면 좋겠다. 수업을 퍼포먼스로 보지 않고, 남의 수업을 평가하지 않으며 오롯이 나의 수업을 고민하고, 있는 그대로의 수업을 격려하는 수업 문화가 절실히 필요하다.

한때 초등에서는 동학년을 대상으로, 중등에서는 동교과 교사를 대상으로, 한 명의 교사가 대표로 공개수업을 하기도 했다. 수업은 각 교사의 고유한 행위이므로 누군가가 다른 누구의 수업을 대표할 수는 없다. 무임승차가 불가능하다. 교사 자신이 노력한 만큼만 수업이 변한다. 이렇듯 수업 세상은 냉정하다.

혁신학교가 된다고 해서 수업이 저절로 달라지는 것은 아니다. 수업을 둘러싼 구체적인 인자들이 달라지지 않으면 수업은 변화하기 힘들다. 정책으로 수업이 달라지지 않는 이유가 여기에 있다. 정책이 수업을 둘러싼 구체적인 인자들에게 긍정적인 영향을 미치는 데는 많은 한계가 있기 때문이다. 그렇다면 수업이 달라지기 위해서는 무엇을 해야 할까? 필자는 가장 먼저 사람을 중심으로 그간의 수업문화를 살펴보면서 그 방법을 찾고자 한다.

2

교사: 수업의 중심은 학생이어야 한다

수업을 어떤 시선으로 바라봐야 할까? 수업에 왕도가 없다는 말로 위로하기도 하지만 모든 수업이 좋은 수업은 아니라는 것을 우리는 안다. 수업자에게 상처 주지 않고, 서로 성장할 수 있으려면 어떤 시선이 필요할까? "선생님 수업 너무 훌륭했어요. 수업이 정말 감동적이었어요." 등의 의미 없는 칭찬은 서로의 성장에 도움이 되지 않는다. 어떤 점이 그처럼 감동적이었는지, 무엇이 그리 훌륭했었는지 구체적인 내용을 공유하지 않는 수업나눔은 서로에게 피로감만 더할 뿐이다. 따뜻하면서도 냉철한 우리들만의 수업시선이 필요하다.

첫째, '사람'에 중심을 두는 수업

먼저, 수업의 중심을 '사람'에 두자. 수업지도안이 약안인지 세안인지, 수업모형이 배움중심수업인지 아닌지, 유행하는 수업형태인지 아닌지는 중요하지 않다.

수업은 문서로 진행되는 것이 아니라 '교사와 학생'이 함께 진행하는 생방송이다. 교사가 유능한 PD여야 하는 이유는 학생들의 반응에 따라 순발력 있게 수업의 속도와 방향을 조정할 수 있어야 하기 때문이다. 수업의 진행은 학생들의 반응에 따라 달라질 수밖에 없다. 수업이 기획한 대로 이루어진다면 안정적일 수 있겠지만 수업에는 항상 변수가 작용한다.

학생의 수업몰입만 중요한 것이 아니라 교사의 수업몰입도 학생만큼 중요하다. 교사에게 흥미 없는 수업이 학생들에게 흥미 있을 리 없다. 학생들이 집중하지 못한 수업에는 공통점이 있다. 수업의 동기유발이 자극적인 영상화면으로 시작하는 수업, 교사가 컴퓨터 옆에 머무르는 시간이 많은 수업, 교사가 학생들보다 교과서와 수업지도안을 더 많이 바라보는 수업, 교사가 경직된 수업, 불필요한 학습도구를 많이 나누어주는 수업, 학습지가 많은 수업 등이다. 한때 컴퓨터 프로그램 수업이 유행한 적이 있다. 잘 프로그래밍한 수업절차만 있으면 학습이 저절로 이루어진다고 믿었다. 그 수명이 10년을 넘지 않았다. IT가 발달한다고 수업이 저절로 되는 것은 아니기 때문이다.

교사 2명(A 교사와 B 교사)이 공동으로 지도안을 작성하여 수업했다. 같은 지도안이었는데 수업 과정에서 학생들이 참여하는 자세는 완전히 달랐다. 수업을 자세히 들여다볼수록 차이가 있었다. 바로 '교사의 몰입'이었다. A 교사는 학생들과 시선을 같이하고, 문제상황을 찾아 적극적으로 피드백을 했다. 그와 달리 B 교사는 목소리에 자신감이 부족하고, 의미 있는 질문과 피드백에 어려움을 겪었다. 학생들은 장난치듯이 은어를 쓰면서 수업에 참여했고, 그렇게 수업은 무너져갔다. 수업은 기차가 레일 위를 달리듯 지도안에 따라 막힘없이 전개되는 것이 아니다. 어쩌면 나아갈 방향을 점검하면서 견고한 레일을 만들어가는 과정일 것이다.

둘째, '목적'이 분명한 수업자료

우리가 공개수업에서 많이 사용하는 PPT, 동영상, 학습지 등이 학생들에게 꼭 필요한 것인지 살펴볼 필요가 있다. 혹시 맨손 수업이 민망하여 굳이 자료를 만드는 것은 아닌지 돌아보고 수업을 화려하게 만들기 위해 현란한 학습자료를 구상하지는 말자고 말하고 싶다. 교사의 말과 아이들의 움직임이야말로 중요한 학습자료다. 필자가 장학사로 근무하던 시절, 나름대로 소신 있게 신규교사의 수업을 컨설팅하면서 '불필요한 학습자료는 만들지 말 것, 발문을 정확하게 할 것, 아이들의 답변을 경청할 것' 등의 피드백을 준 적이 있다. 나중에 들어보니 이 신규교사는 공개수업이 끝난 후 학습자료도 없이 맨손으로 수업했다는 이유로 교장 선생님에게 지적을 받았었단다. 몹시 미안했고, 앞으로는 수업을 보는 관점이 달라질 것이라고 신규교사를 위로한 적이 있다. '학습매체를 사용하였는가? 모둠학습을 하였는가? 수업지도안이 절차에 맞게 구성되었는가? 학습정리를 하였는가?' 등은 절차와 형식에만 중점을 두고, 수업을 분석하고 평가하기 위한 관점들이다. 교육공학적 관점으로 수업을 평가하는 데 머물러 있는 것이다.

수업참관을 하다 보면, 별로 필요하지도 않은 학습매체를 제작하느라 엄청난 시간과 노력을 들인 경우를 자주 본다. 또 칠판에 한 줄 쓰면 되는 학습목표를 굳이 PPT로 만든다. 공책에 써도 되고, 교과서에 써도 되는 내용을 별도의 학습지로 만들어 배부할 때도 있다.

수업은 어떤 학습자료를 사용했는가가 중요한 것이 아니라 왜 사용하는지 그 이유와 목적이 분명해야 한다. 교사가 힘들게 만들었다는 것이 그 필요성을 정당화할 수는 없다. 불필요하고 소모적인 행위를 하지 않아야 개선될 수 있다.

셋째, 가변적인 학습방법과 학습조직

협동학습, 토의법, 비주얼싱킹수업, 하부르타수업, 교육연극수업 등 특정한 수업형태들이 유행처럼 등장한다. 하지만 이것이 모두에게 항상 좋은 학습방법이나 학습조직은 아니다. 수업의 형태를 결정하는 것은 '현재 우리 반 아이들'의 선행학습 정도, 성향, 교실문화, 학습능력 등이다. 특정한 수업모형이 우리 반의 수업을 결정하는 것은 아니다. 산만한 학생이 많다면 모둠조직 때 분산시켜야 할 것이고, 발표를 못 하는 학생이 많다면 전체 앞에서 발표하는 대신 짝과 말하는 시간을 주어야 할 것이고, 글로 표현하는 것을 싫어하는 학생들이 많다면 그림으로 표현하게 하는 등 수업의 형태는 종합적이고 가변적이어야 한다. 아무리 토론수업이 좋다고 해도 자기 생각을 제대로 표현하는 일도 서툰 학습자에게 바로 토론을 하자고 할 수는 없다. 우리 반 아이들에게 맞는 활동내용과 수준을 고민하는 것이 교사의 몫이다. 또한 우리나라에서 통용되는 대부분의 교육이론 생산지가 외국이라는 것도 고려해야 할 사항이다.

학생들의 일자형 책상 배열에 대해 비판의 목소리가 높아지자 학교마다 'ㅁ'자형이나 'ㄷ'자형을 하는 경우가 많다. 그러나 한 가지 특정한 책상 배열이 모든 수업에 효과적인 것은 아니다. 학생들의 모둠활동과 교사의 설명을 복합적으로 실행하기에는 대체로 ㄷ자형이 무난하다. 그러나 엄밀히 말하면 ㄷ자형보다 ⊂자형(말발굽형)이 좋다. ㄷ자형에서 제일 끝쪽 모서리 좌석은 교사를 바라보기에 매우 불편하다. 교사는 이론에 근거한 학습조직보다 우리 반에 맞는 학습조직을 선택할 수 있어야 한다.

3

학생: 수업 속에서 소외된 학생들

첫째, 학생들은 힘들다. 수업 속 소외된 아이들

중고등학교 수업시간에 학생들이 엎드려 자는 모습은 이제 낯설지 않다. 그러나 자는 학생들 앞에서 어쩔 수 없이 수업해야 하는 교사는 인간적인 자존심뿐만 아니라 직업적 회의에 빠진다. 초등학교의 경우 학생들이 잠을 자지는 않지만 학년이 올라갈수록 학력편차가 심해 수업에서 소외되는 현상이 두드러진다. 수업시간에 잠을 자는 학생은 교사가 표면적으로 인식할 수 있지만, 표면적으로 나타나지 않는 소극적인 수업소외 학생이 많다는 점은 심각하다.

교사들은 최선을 다해 힘들게 수업하지만 의외로 교사가 계획한 대로 진행되지 않는 수업이 많고, 소외되는 학생이 곳곳에 존재한다는 것을 알 수 있다. 교사의 시선이 꼼꼼하게 학생들을 바라보지 않는다면 보이지 않는 이탈은 많아질 수밖에 없다. 수업의 외적 형태보다 학생들의 눈동자에 수업의 초점을 맞추어야 할 일이다.

다음은 수업임상 과정에서 드러난 현상들로, 어느 교실에서나 볼 수 있는 수업 소외의 상황들이다. 각각의 문제상황에 대해 시도해볼 만한 해결방안을 덧붙여 제시한다.

〈상황 1〉
5학년 남학생 2명이 수업에 관심이 없고 제일 뒷좌석에서 떠들며 장난을 친다. 담임교사는 알고는 있지만 수업시간마다 지적하는 것이 다른 학생들에게 방해가 되기 때문에 모른 척한다. 나중에 물어보니 사실은 수업시간에 신경 쓰이고 방해가 많이 된다고 했다.

〈상황 2〉
2학년 국어 시간이었다. 선생님은 PPT 자료를 열심히 설명한 뒤 교실 가운데 서서 교과서를 보며 질문하고 학생들은 대답한다. 교실 뒤편에 앉은 A, B 학생은 열심히 교과서를 보고 무엇인가 쓰는 것 같다. 카메라 줌을 당겨서 자세히 본다. 각자 등장인물에 말풍선을 그리고, 색깔을 칠하고 자신의 활동에 매우 집중(10분 이상)하고 있어 선생님을 쳐다볼 틈이 없다. 수업이 끝난 후 수업자와 이야기를 나누었다. 수업자는 자신의 질문에 학생들이 대답을 잘했고 만족스러운 수업이었다고 했다. 하지만 영상자료에 담긴 이탈한 학생들의 모습에 놀라며 수업자는 수업 도중에는 전혀 인지하지 못했다고 했다. 교과서를 보고 있으니 당연히 수업에 참여하고 있다고 생각했다는 것이다.

〈상황1, 2〉의 문제를 해결하기 위해서 우리가 시도해볼 방법은 해당 학생 2명을 교사의 눈길과 손길이 닿는 근접거리로 이동시키고, 각각의 학생은 다른 곳으로 분리하는 것이다. 교실 제일 뒤쪽에 앉은 학생들은 교사가 자기를 보지 못한다고 생각하고 일탈행위를 더 자연스럽게 하는 경향이 있다. 교사의 레이더망에서 벗어나 있다고 말이다. 물론 교사 입장에서도 근접한 학생에게 눈길이 더 많이 갈 수밖에 없다. 따라서 교사는 수업 중에 천천히 이동하면서 학생 전체와 시선을 주고받기 위해 노력해야 한다.

〈상황 3〉

6학년 수학 시간에 2인 1조가 되어 문제풀이 게임을 했다. 빨리 푸는 팀이 이기는 경쟁 게임이어서, 2명이 협력하기보다는 수학을 잘하는 학생을 중심으로 활동이 이루어졌다. 수학 학습능력이 부족한 1명은 주로 쳐다보기만 했다.

〈상황 3〉은 고학년 학습구조에서 자주 볼 수 있다. 학습능력이 우수한 학생을 중심으로 수업이 진행될 경우 이런 학습소외 현상은 더 심해질 수 있다. 감각적인 승부욕과 경쟁심으로 수업의 본질이 손상되는 경우가 바로 이런 경우다. 수업의 중심이 학력 우수자에게 쏠려 있고, 학습방법 면에서 협력보다 '속도'가 중심이 된 수업이다. 학습 속도가 느린 학생은 속도를 기제로 삼는 수업에서는 어쩔 수 없이 부진아가 되기 쉽다. 몇몇 학생들이 흥분할 때 교사는 수업이 잘 되고 있다고 착각하기 때문이다. 흥분하여 참여하는 학생 뒤에 가려진 무기력한 학생들의 얼굴도 살펴봐야 한다.

〈상황 4〉

5학년 모둠발표시간에 학생들이 다른 모둠의 발표를 듣지 않고, 자기 모둠 발표 준비에 여념이 없었다. 교사는 발표하는 모둠에 신경 쓰느라 학생들이 잘 듣고 있는지에는 미처 관심을 두지 못했다.

〈상황 4〉는 모둠학습 발표시간에 나타나는 현상이다. 필자가 2017년에 참관한 수업의 실제 장면이기도 하다. 학생들에게 중요한 것은 우리 모둠이 발표하는 것이지 다른 모둠의 발표를 듣는 것이 아니다. 학생들이 학습한 것은 '내 모둠'의 것이 전부인 경우가 많다. 그만큼 다른 모둠의 학습결과에는 관심도 적고 집중하지도 않는다는 뜻이다. 경청과 집중은 매우 수준 높은 학습태도로 학생들에게 가장 어려운 부분이기도 하다. 모든 모둠이 돌아가면서 발표하는 것이 필요한지, 발표의 목적이 무엇인지 교사의 판단이 필요하다.

둘, 학생들은 힘들다. 교실공간에 갇힌 아이들

　학교의 외관은 감성 충만한 10대들의 생활공간이라고 말하기엔 미안할 정도로 경직되어 있다. BTL로 건축한 최신식 학교를 제외하면 전국의 학교 구조는 대동소이하다. 학교공간의 콘셉트는 저비용 고효율을 위한 집단서식형이다. 1인당 공간 면적도 한계가 있다. 교실 구조를 들여다보면 학생들에게 매우 지시적이다. 교실 전면에는 교사책상(교탁), 칠판(화이트보드), 1인 책상, 후면에는 게시판과 사물함 정도가 있다. 20여 평의 교실이 전면과 후면으로 고정된다. 교실의 물리적 구조는 수업에 그대로 적용된다. 교사의 위치는 전면, 학생들은 교사를 바라보는 자세를 기본자세로 배운다.

　2학년 수업참관을 했었다. 교사가 "수 업 자 세"라고 말하자 학생들이 즉각 몸을 펴고, 손을 무릎에 내리고, 교사를 향해 반듯한 자세로 앉았다. 필자는 궁금했다. 저 아이들은 수업이란 것을 어떻게 생각할까? 수업시간이 즐겁다고 생각할까? 왜 이렇게 경직된 자세를 '수업자세'로 고정화한 것일까? 우리는 외국의 수업에서 자유로운 분위기를 보면서 부러워한다. 아이러니하게도 교사들도 부러워한다. 그런데 정작 자신의 수업시간에는 왜 이렇게 아이들을 옥죄는 것일까? 필자는 교사들이 이런 자유로운 분위기에서 학습한 경험이 부재하기 때문이라고 추측한다. 경험치가 없으니 실천하기가 겁나고 두려운 것이다. 개인을 넘어 경직된 학교와 사회 문화에서 기인하는지도 모르겠다. 교실공간, 당장 넓힐 수는 없다. 하지만 어떻게 다르게 사용할지 고민해볼 수는 있다.

2016년 광주광역시 광산구에서 학교의 공간을 혁신하는 사업을 추진했다. 광산구는 교육사업을 위해 현직교사 출신인 김태은 선생님을 교육정책관으로 임명했다. 필자는 2018.1.9. 경기도혁신학교 아카데미 직무연수에서 김태은 선생님의 '야호학교' 강의를 듣고 매우 인상적이어서 2018년 2월 12일에 광산구를 직접 방문했다. 광산구의 공간혁신 과정을 듣고 관련 학교를 방문하면서 교육의 변화를 이끌어가는 에너지를 느꼈다. 광산구의 학교공간 혁신은 지자체의 예산 지원과 김태은 선생님의 정책 식견으로 가능한 것 같았다. 광산구는 '야호학교'라는 별도의 센터를 만들어 청소년들이 시민으로 성장할 수 있도록 인문사유, 예술경험, 사회 참여의 장을 제공하고 있다.

학교가 아니라 지자체가 중심이 되었다는 점이 인상적이다. 광산구 교육사업에서 주목할 점은 단순히 학교 건물을 리모델링하거나 인테리어하는 것이 아니라, 학교공간이 학생들에게 필요한 삶의 공간이 되도록 재창조했다는 점이다. 일반적으로 학교 리모델링이 설계 용역으로 이루어지는 것과는 달리, 학생들이 원하는 생활공간이자 수업공간으로 설계한 점이 돋보였다. 일차적으로 학생들의 요구를 기반으로 하였고, 이차적으로 학생들이 실제로 공간을 변화시키는 데 일정한 역할을 했다. 이 과정에 지역 예술가가 참여하여 공간의 예술성을 높였다. 이외의 물리적 시설은 전문업체가 지원했다. 복도 공간을 변화시키기 위한 토론과 활동은 실제로 모두 교육과정재구성 차원에서 수업 중에 이루어졌다. 그 과정은 다음과 같다.

교사	복도가 어떤 공간이었으면 좋겠어요?
학생들	좀 쉴 수 있는 곳이었으면 좋겠어요.
교사	쉬기 위해서 뭐가 필요한데?
학생들	소파가 있었으면 좋겠어요.
①교사	왜 소파가 필요한데?
학생들	친구와 이야기할 공간이 필요해요. 편안하게 휴식할 의자가 필요해요.
②교사	그런 공간을 만드는데, 너희들은 뭘 할 건데?
학생들	소파에 두는 방석을 만들어요. 주변을 시화와 그림으로 장식해요.

이 대화과정에서 중요한 것은 교사의 질문이다. 복도에 소파를 설치하는 것이 목적이 아니라 학생들에게 학교공간에 대한 주인의식과 책임감을 불러일으키는 대목이다. ①번 질문에서 교사는 공간을 어떻게 변화시키면 좋겠는지, 왜 그런 변화가 필요한지를 구체적으로 생각하게 한다. ②번 질문으로 학생들이 공간의 주인이 되도록 역할을 부여한다. 이때 방석을 만드는 것은 가정수업과 연계하고, 복도 주변을 꾸미는 것은 국어(영어)와 미술 시간으로 재구성할 수 있었다. '복도 공간 바꾸기 프로젝트 수업'이 탄생한 것이다. 만약 일반 학교에서 복도를 리모델링한다면 행정실이 예산에 적합한 인테리어 전문업체의 견적을 받고, 벽을 도색하고, 소파를 갖다 놓는 것으로 신속하게 진행했을 것이다. 어느 쪽이 학생들을 학교의 주인으로 만들 것인지 굳이 말하지 않아도 될 것이다.

광산구의 공간혁신 노력은 어쩌면 교육계가 안고 있는 고민을 총체적으로 해결하려는 몸짓일 것이다. 학생들에게 내가 사용하는 공간문제를 고민하게 했고, 그 문제를 수업 안에서 해결하도록 했다. 이것이야말로 삶의 문제를 실천하는 시민교육이라고 할 수 있다.

한국 청소년들의 일상이 강제된 공부와 힘든 수업의 연속이라는 점이 안타깝다. 필자는 이벤트에 가까운 체험학습이나 학교행사로 학생들의 삶이 나아질 것이라고 기대하지 않는다. 학생들의 일상에는 이벤트보다 '수업시간'이 절대적인 분량을 차지하고 있다. 수업이 덜 지루하다면, 수업에서 사유와 성찰이 이루어진다면, 학생들이 조금은 행복해지지 않을까? 학생들이 함께 누릴 수 있는 수업문화가 필요한 이유가 여기에 있다. 수업의 변화는 수업이론이 아닌 학생들의 표정과 움직임 속에서 찾을 수 있다. 학생들이 지루할 때, 집중하지 못할 때, 그래서 작은 변화가 필요할 때, 책상이라도 움직여 공간을 바꿔보는 융통성을 발휘해보자.

4

수업장학에서 수업코칭으로!

혁신학교 운영을 담당하는 고등학교 선생님의 사례를 들은 적이 있다. 학교가 여러 방면에서 성장하고 있어 다행이지만 선생님들이 수업공개를 피하는 것이 가장 큰 고민이라고 했다. 어느 학교든지 수업공개 앞에서는 민감해진다. 누가, 언제, 어떻게 운영할지 갈등으로 이어지기 쉽다. 교사들이 수업공개를 꺼리는 원인이 있고, 그 원인을 최소화하지 않는 이상 갈등은 피하기 어렵다. 공개수업이 착한 교사의 어쩔 수 없는 선택이거나 형식적으로 횟수만 채우는 요식 행위라면 의미가 없다. 공개수업에 관해 질문한다.

왜 교사들이 공개수업을 피할까?
공개수업이 개인적인 수업성장에 도움이 된 적이 있을까?

단지 공개수업이 귀찮아서 기피한다면 개인적인 책무에 대한 문제겠지만, 공개수업이 수업성장에 도움이 되지 않는다면 이것은 수업장학의 차원에서 짚어야 할 일이다. 여기서 수업장학이란 고전적인 의미의 관료적 수업장학을 지칭하는 말이 아니다. 수업자가 수업을 고민하는 과정에 관리자가 동참하여 수업을 이해하고 개선해나가도록 코칭하는 능력을 말한다.

수업장학은 관리자의 몫이다. 공개수업을 왜 하는지, 왜 필요한지 진지하게 토의해본 적이 있는가? 3월이면 으레 교내 자율장학계획이라는 이름 아래 작년과 유사한 일정표를 업무담당자가 작성한다. 모든 교사는 연 2회 수업공개를 하라는 공문도 있고, 교원능력개발평가 방침에도 수업공개를 하라고 나온다. 일단 이런 강제적인 수업공개 문화 속에서는 수업이 성장할 수 없다. 강제사항에 대해서는 법적으로 처벌받지 않을 정도만 하면 된다. 즉 최소 2회를 의무기준으로 한다면 수업의 질은 차치하고, 정량적인 숫자 2회만 만족시키면 된다. 이처럼 강제적이고 타율적인 수업공개가 우리들의 수업성장에 도움을 주기 힘들다는 것은 쉽게 공감할 수 있을 것이다. 우리는 이런 수업공개 구조가 싫다고 불평하면서도 왜 여전히 답습하고 있는 것일까?

개선이 필요하다고 생각하지만, 개선의 명확한 가이드라인을 제시하기란 쉽지 않다. 그러나 합리적인 수업공개 문화가 필요하다면 관리자가 큰 방향을 제시해야 한다. 만약 관리자가 교사의 수업성장에 직접적으로 도움이 된다고 생각한다면 수업공개 풍토는 개선될 수도 있다. 안타깝지만 많은 교사들은 관리자의 수업장학 능력을 신뢰하지 않는 것이 현실이다. 수업 사후협의회에서 교사의 수업 진행과정을 전혀 모르는 관리자가 상투적으로 칭찬하거나, 왜 학습목표를 안 썼는지를 질책하고, 학습자료가 부족하다고 강평한다면 좋아할 교사는 아무도 없다. 교사들이 수업공개를 꺼린다고 나무라기 전에 관리자가 반성해야 할 대목이 이 지점이다. 관리자는 교사의 수업공개를 위해 무엇을 지원했는가? 수업공개는 교사만의 의무사항이 아니다. 수업에 관련한 장학과정은 관리자의 역할이자 존재 이유이기도 하다. 교사에게 수업공개의 동기가 필요하다면, 관리자에게는 수업공개에 대한 분명한 지원이 있어야 한다. 예산만 지원이 아니다. 수업고민의 과정을 함께하는 것, 이것이 수업장학의 기본이다. 필자는 수업공개 문화와 관련하여 교사들이 피부로 느낄 수 있는 몇 가지 소소한 방안을 시도한 것이 있어 조심스럽게 제안해본다.

첫째, 수업공개 준비과정 슬림화

수업공개 부담감을 해소하기 위해 세부지도안(세안)을 폐지하고, A4 1장으로 오른쪽과 같은 양식을 만들었다. 관리자에 따라 세안을 주장하는 경우도 있지만, 장점보다는 소모적인 단점이 많다는 결론을 내렸다. 세안이 있어야 수업을 잘할 수 있다면 우리는 매일 세안을 쓰는 것이 당연하고, 이를 의무화해야 할 것이다. 수업지도안은 A4 1장으로 최대한 간략하게 작성하되, 교사의 수업의도와 방향성을 중시했다. 세간에 유행하고 있는 활동 1, 활동 2, 활동 3처럼 학생들의 활동을 분절적으로 구분하는 대신 수업의 전체적인 연속성을 강조했다. 수업의 질관리는 동학년 사전협의, 교감 컨설팅, 수업참관, 사후협의로 이루어진다. 지도안의 분량이 수업의 질을 의미하지는 않는다. 수업공개의 부담감을 줄이기 위해 수업공개 목표를 공유한 후, 불필요한 PPT나 학습지는 만들지 않도록 했다. 무엇보다 수업이 퍼포먼스가 아님을 강조했다. 이런 수업공개 철학이 정착되는 데는 6개월 이상의 기간이 필요하다.

〈수업지도안 양식 예시〉

1. 일시		2. 대상	
2. 교과 **( )**	1) 단원명:		
	2) 주제 또는 차시명:		
	3) 성취기준:		
3. 핵심질문	학생들이 본 수업에서 해결해야 할 과제를 중심으로 질문으로 기술		
4. 학습자 특성	1) 수업과 직접 관련된 부분만 기술 2) 형식적인 수치 나열 지양 3) 본 수업과 관련하여 학생들이 어려워하는 점 등		
5. 수업자 의도	1) 선생님이 본 수업에서 지도하고 싶은 수업 목적 2) 수업의 핵심 등		
6. 중심 내용	1) 교사 발문과 학생 답변 구분 불필요 2) 불필요한 동기유발 지양 3) 과도한 학습자료 및 학습지 사용 지양 4) 수업과정을 특별한 단계로 구분하여 제시할 필요 없음		
7. 수업재구성, **평가 등**	1) 본 수업 중 재구성한 부분 2) 평가사항은 매시간 반드시 필요한 것은 아님		

둘째, 일상의 수업을 강조하는 수업공개

교사들이 수업나눔을 형식적이고 의무적인 업무로 인식하지 않도록 전반적인 운영 시스템을 개선했다. 수업나눔이 의무적인 연수시간이 아니라 일상의 문화로 자리잡도록 하기 위해서다. 교원평가를 염두에 둔 동료장학은 학년에서 적당히 운영되는 사례가 많다. 수업나눔은 크게 사전협의와 사후협의로 운영된다. 사전활동으로는 동학년 사전협의회와 교감과의 1:1 컨설팅이 있다. 이 과정에서는 수업자와 학년의 의견을 최대한 존중하되 수업자가 고민하는 부분에 대해 컨설팅하는 방식으로 30분 정도 운영한다. 수업나눔은 수업자와 수업참관자 모두에게 의미 있는 시간이어야 한다. 단순히 격려와 칭찬만이 오가는 수업나눔은 지속되기 어렵다. 많은 교사들은 자신의 수업을 진지하게 고민하고 있다. 그 고민을 심도 있게 이야기할 자리가 필요하고 갈증을 해소할 창구를 아쉬워한다. 이런 수업에 대한 목마름은 동학년(중등의 경우 동 교과)에서 해소하는 것이 매우 효과적이다.

수업참관을 할 때 이미 만들어진 관점표가 기준이 되는 경우가 흔하다. 그러다 보니 수업공개를 하는 교사는 관점표의 기준에 맞게 수업을 디자인하려고 한다. 하지만 똑같은 체크리스트가 모든 수업에 의미 있는 기준이 될 수는 없다. 그래서 필자는 수업참관을 할 때 일체의 관점표를 권장하지 않는다. 일률적인 수업참관 관점표보다는 수업을 진지하게 참관하는 태도가 훨씬 중요하다. 수업을 참관하기 전에 수업자의 의도와 수업의 흐름을 사전에 이해하는 것은 중요하다. 이러한 사전이해가 있어야만 수업을 분절적으로 보지 않고 통(전체)으로 볼 수 있다.

필자의 경우 수업참관 때 '교사와 학생들의 표정, 움직임, 대화' 3가지에 집중하고 이를 기록한다. '표정'을 통해 교사와 학생의 수업몰입 정도를 읽을 수 있고, '움직임'을 통해 사고력, 관계성, 물리적 공간 활용을 알 수 있다. 수업의 핵심인 교사와 학생의 '대화'를 통하여 수업의 기승전결을 읽을 수 있다.

셋째, 수업동아리로 수업성장 지원하기

교사의 수업전문성 향상을 개인의 책무성으로만 돌리기에는 무리가 있다. 수업은 연구하고 탐구해야 향상될 수 있다. 필자는 구체적으로 학습하고 체계적으로 실천할 수 있는 학교공동체 차원의 시스템이 필요하다고 생각하여 수업동아리를 운영했다. 수업동아리는 수업 이야기라는 콘텐츠에 집중하여 여러 가지 수업 영상 장면과 교사들이 범하기 쉬운 수업오류, 수업 전문도서를 함께 나눈다.

그러나 수업동아리가 아무리 좋다고 해도 관리자의 요구만으로 구성된다면 백이면 백 실패하게 된다. 수업동아리를 운영하기 위해서는 교사들의 자발성이 우선되어야 한다. 수업고민을 이끌어내고 새로운 비전으로 나아가기 위해서 학교 내 수업코칭 능력을 갖춘 리더가 절실히 필요하다. 관리자, 수석교사, 또는 부장교사 등 직책이 중요한 것이 아니라 수업코칭을 할 수 있는 리더면 된다. 정리하자면 관리자는 교사와 함께 수업을 고민하였는지, 진지하게 수업장학의 의무를 수행하였는지, 관리자 스스로가 수업장학의 역량이 충분한지를 돌아보아야 한다.

동료 교사가 함께해야 교육연극수업을 지속할 수 있다

아침시간, 점심시간, 방과후까지 교육연극수업을 하는 동안 참 자주 모였다. 그렇게 수시로 모였고, 모이는 동안 많이 웃고 떠들었다. 가끔 머리에 쥐가 나기도 했다. 그 덕분일까? 협의를 거듭할수록 톡톡 튀는 아이디어가 나왔고, 젊은 감각이 도드라졌다.

함께해야 수업이 보인다(동료)

교육연극수업을 프로젝트로 운영하기 위해 가장 중요한 조건이 무엇일까? 우리는 장난 반, 진담 반으로 수업기획력보다 더 중요한 것은 장시간 협의를 견뎌내는 '교사들의 인내력과 건강'이라고 말하곤 했는데 사실이다. 수업이 끝나면 온몸이 탈진하는 느낌도 있었으니까.

왜 그럴까? 교육연극수업은 교사의 고정관념을 바꾸는 것에서부터 시작하는 것 같다. 우리에게는 모듈화된 수업형태와는 완전히 다른 시선이 필요하다. 학생들의 움직임과 교실공간을 획기적으로 사용하는 수업이다. 그러나 이것은 외형적인 수업의 변화일 뿐 수업의 변화를 위해 진짜로 필요한 것은 공동연구다. 이 과정에서 교사들의 에너지가 많이 필요하다. 교사들의 에너지 투자와 수업의 완성도는 묘한 상관관계가 있다. 둘 사이의 상관관계를 경험해본 교사는 자꾸자꾸 기대수준이 높아진다. 자체 기대수준이 높아지면서 몸이 힘들어진다. 농담처럼 교사들끼리 수업의 기대수준을 좀 낮추자는 말도 했다.

다음은 사회 역사 프로젝트 수업의 마지막 주제를 의논하는 모습이다. 이 과정에서 교과서의 한계와 각 교사 간의 역량, 체험학습과의 연계 필요성 같은 광범위한 논의가 이루어진다. 교과서에는 없는 제주 4.3이 수업으로 기획되는 순간이었다.

동학년 공동수업연구

교사1 식민지 역사 수업에서 광복 이후 역사적 사건을 뭐로 하는 게 좋을까? 광복 이후 갑자기 6.25 전쟁으로 들어가면 이상할 거 같고.

교사 2 신탁통치가 있었는데, 작년에 수업해보니까 이 부분은 집중적으로 교사가 설명해주는 것이 더 나을 거 같았어요. 워낙 역사적 사실이 어려워서 교육연극으로 하기 힘들 것 같아요. 신탁통치 부분은 강의식으로 하는 게 좋을 거 같고, 대신 신탁통치와 6.25 전쟁 사이에 있었던 제주 4.3을 다루는 건 어때요?

교사 3 아직 확실한 정부 입장이 없어서 좀 부담스럽기는 한데, 애들이 이해할 수 있을까요? 나도 제주 4.3이 뭔지 잘 모르는데...

교사 4 요즘 수업 준비하기 너무 힘들어. 애들 가르치려고 하는 게 아니라 내가 역사공부를 하는 것 같아 좀 미안하기도 해요. 지도서를 이렇게 열심히 본 건 처음인 거 같아요. 참고도서도 많이 보고, 이참에 한국사 시험이나 볼까 생각 중이에요. (ㅋㅋㅋ)

교사 1 그럼 이번에 제주 4.3 한번 해볼까? 4.3 사건의 발단이 뭐더라?

교사 2 어디 박물관이나 관련 장소 견학할 곳은 없을까요? 뭘 좀 보고 난 후에 해야 감이 잡힐 것 같은데.

교사 3 현장체험학습 장소를 그쪽으로 가면 어때요? 1학기에 학운위를 했으니 지금 변동하려면 다시 수정해야겠지만. 에고, 우리가 또 일을 만드네요.

교사 4 아~ 제주 4.3 참고도서는 뭐가 있나? 우리 학교 도서관에 책이 있나?

교육연극수업은 마라톤 같다. 멀리 보고 길게 가야 한다. 혼자 가기에는 너무 지루하고 멀다. 혼자서는 제주 4.3을 주제로 한 교육연극수업은 엄두도 낼 수 없는 일이다. 같이하기에 감히 상상할 수 있고, 상상한 것을 제안하고, 수업으로 실천할 수 있는 것 같다. 이렇게 무지한 채 시작한 제주 4.3 수업은 현장체험학습으로 역사박물관을 가는 것부터 시작해 각종 참고도서를 찾고, 동백꽃을 만드는 것까지 한 편의 드라마처럼 이어졌다.

필자와 수업자가 함께하는 수업기획

2부

교육연극수업, '나'와 '사람', 그리고 '삶'을 배우다

교육연극수업에 길을 묻다

교육연극의 철학적 배경과 이론적인 개념을 서술하지는 않으려고 한다. 이것은 교육연극 전공자들의 몫으로 남겨둘 것이다. 여기서는 교육연극에 관한 이론적인 안내가 아니라 실천적 차원에서의 교육연극 '수업'에 중점을 둔다. 예술적 재능이 뛰어나지 않은 '보통학생'들이 수업대화와 몸의 움직임으로 자신을 표현함으로써 일상에서의 수업에 몰입하는 그런 교육연극수업을 중심으로 다룬다. 국어과의 연극 단원에서 연극 자체를 만드는 것을 목적으로 하는 수업과는 다르다. 학생들의 수업몰입을 높이고, 과정으로서의 극적 체험을 경험하고, 인지와 감성이 통합된 통찰력을 키우는 수업이다. '교육연극수업'에 주목하였고, 이것에 어떻게 접근할 것인지를 살펴보는 것이 2부의 목적이다. 따라서 소수 학생들이 연극동아리에서 공연을 목적으로 극을 만들거나 연극 교과에서 극을 만드는 연극수업과는 차이가 있음을 미리 전한다.

참고로 더 좋은 수업을 하기 위해 교육연극에게 길을 묻고 기대어보는 과정이므로 연극전문가들이 사용하는 교육연극기법과 용어는 최소한으로 사용한다. 다양한 연극기법보다는 좋은 수업으로 성장하는 데 동력이 되는 교육연극수업의 역할에 초점을 두었다. 참고로 교육연극 연수에서 소개되는 기법으로는 역할 내 교사, 정지 장면(타블로), 즉흥극, 빈 의자, 핫시팅 등이 있으며 교사들에게 새로운 트렌드로 인식되어 인기가 많다.

    교육연극(Drama in Education)이라는 개념은 1900년 미국과 영국을 중심으로 등장하였으며, 교육자들은 연극을 교육적 매개체로 활용하여 교과를 가르치는 데 관심을 두게 되었다. 교육연극은 전인교육이라는 궁극적인 목적 달성을 위해 보다 효과적인 매개체로서 연극을 교육현장에 활용하는 것이라고 할 수 있다.[1] 교육연극에 대한 보다 전문적인 자료는 교육연극 관련 학회지로 한국교육연극학회가 연 2회 발간하는 『교육연극학』이 있다. 교육연극뿐만 아니라 문화예술과 관련된 논문이 소개되어 연구의 동향을 이해하는 데 도움이 될 것이다. 과정드라마와 관련해서는 김주연(2016), 『생각이 터지는 교실 드라마』, 연극과 인간이 있다. 김병주(2017)는 '교육연극'이라는 용어를 연극과 교육을 포괄적으로 아우르는 '우산용어(umbrella term)'로 설명하고 있다.[2] 2부에서는 수업을 고민하는 필자와 수업자가 왜 교육연극에 주목하는지, 어떤 부분이 중요한지, 어떤 시선으로 바라보아야 하는지 등 교육연극수업을 둘러싼 여러 지점을 살펴볼 것이다.

1

교육연극수업, 수업에 몰입하는 학생을 만나다

공개수업이 아닌 일상수업에서 집중하는 학생은 얼마나 될까? 심지어 공개수업에서도 수업을 자세히 들여다보면 무임승차하거나 소외되는 학생들이 눈에 띈다. 필자가 참관한 수업들만 봐도 학습에 무기력한 학생, 학습을 방해하는 학생, 모둠활동에 참여하지 못하는 학생 등 어림잡아도 20~30%는 되는 것 같다. 아마 일상수업이라면 비율이 훨씬 높을 것이고, 중고등학교에 올라갈수록 수업상황은 더 심각하다. 교육연극수업은 이런 수업상황들을 안타깝게 여기는 '고민'에서 출발했다. 학생들의 무기력함을 학습동력으로 만들어 에너지로 발산할 장치가 필요했다. 수업변화를 일으킬 만한 구체적인 촉진제가 있어야 하고, 여러 촉진제 가운데 '교육연극'이라는 장치를 선택했다.

수업환경, 이대로 괜찮은가?

좀 더 자유롭게 생각할 수 있는 수업은 없을까? 책상에 종일 앉아서 앞만 바라 봐야 하는 강제적인 학습 분위기 이외에 수업내용에 주체적으로 참여하고, 자유롭 게 상상하고, 몸을 움직이고, 그 움직임의 의미를 찾고, 나아가 자기 생각을 만들어 낼 수 있도록 통로를 만들어줄 수 있는 그런 수업환경은 없을까?

각종 정책에서 학생중심수업을 지향하고 배움중심수업의 버전이 올라가고 있 지만, 실제로 학생들이 수업시간에 그러한 변화를 느끼는지는 의문이다. 여전히 교과내용은 학년이 올라갈수록 기하급수적으로 어려워지고, 학습해야 할 분량이 많아짐에 따라 학습 스트레스도 증가한다. 무엇보다 수업내용이라는 것이 학생들 에게 생각할 틈을 주지 않을 정도로 보편적인 지식으로 빼곡하게 채워져 있다. 곱 씹어 생각하거나 '나의 존재'와 연관시켜 생각할 여유가 많지 않다. 초등학교의 경 우 4학년으로 올라갈 때 교육내용이 어려워지고, 이후 중학교와 고등학교로 학교 급이 달라질 때 급격하게 난이도가 높아진다.

교육부에서 아무리 교육과정을 재구성하여 실정에 맞게 하라고 해도, 교과별 성취기준이 학년군별로 정해져 있는 상황에서 교사의 개인적 선택으로 교과내용 을 선별하기는 어렵다. 교권이 약해지면서 평가문항에 관한 학부모 민원도 많아지 고 있다. 이런 불미스러운 일을 피하려면 교과서에 제시된 내용은 대강이라도 다 루어야 안전하다는 것이 일선 교사들의 고충이다. 교사 입장에서 가르쳐야 할 내 용이 많은 만큼, 학생 입장에서 수용해야 할 학습내용도 많다. 교사가 가르친다고 학생들이 다 배우는 것도 아니고, 많이 가르친다고 해서 좋은 수업이 되는 것도 아 닌데 말이다.

학생들의 참여를 위해 모둠학습을 하지만 모둠학습이 본질적인 문제점을 해결 하지는 못한다. 교사가 자율적으로 모둠의 리더를 뽑게 하지만, 발표하거나 토의를 이끌어가는 학생은 우등생이고, 무임승차하는 학생도 많다. 학습형태는 모둠으로 조직하였지만, 그 속에서 수업소외 현상은 빈번히 발생한다. 모둠을 만든 후 수업과 관련 없는 대화를 주고받거나 맥락 없이 모둠활동이 흘러가는 경우를 자주 본다. 교실 뒤편에 앉아서 수업을 참관해보면 교사는 멀리서 바라보는 위치라 학생들의 대화를 들을 수 없다. 외형적으로는 학생들이 마주 보고 대화하고 있기 때문에 모둠학습이 잘 이루어지고 있다고 착각하기 쉽다. 모둠활동에서 토의보다는 모둠 학습지 작성에 급급하거나 잡담으로 시간을 허비하는 경우도 있다. 그만큼 모둠학습을 할 경우 교사의 치밀한 순회 지도가 필요하고, 토의다운 토의가 이루어지는지 점검해야 한다. 학습조직의 형태가 '모둠'인지, 'ㄷ'자형인지, '말발굽형'인지는 그다지 중요하지 않다.

교사가 수업을 진행하는 속도는 교사와 눈이 마주치는 학생들, 즉 교사의 질문에 대답하는 학생들, 교사와 상호작용이 이루어지는 학생들을 중심으로 맞추어진다. 수업에 몰입하지 못하는 학생들, 수업 속에서 소외된 학생들은 교사의 눈을 회피한다. 교사와 시선을 마주한다는 것은 수업에 집중하고 있음을 의미한다. 그러나 교사와 시선을 마주하지 못하는 학생들도 수업에 참여하고, 인정받고 싶은 욕구는 있다. 다만 지금처럼 인지적인 지식습득능력을 강조하는 수업틀 속에서는 학생들의 수업 속 소외가 증가할 수밖에 없다. 그래서 어떻게 하면 학생들이 학습상황에 능동적으로 참여할 수 있을까를 고민하였고, 의자에 고정된 학생들이 몸을 움직이면서 학습하는 즐거움을 느껴볼 수 있도록 시도했다.

수업시간, 학생들에게 시공간적 자유가 주어진다면?

물론 시간적 자유라고 해도 수업시간 안이고, 공간적 자유라고 해도 교실과 복도 정도지만 이 정도라도 기존 수업과는 매우 차별화된다. 5~10분 즉흥극을 만들기 위해 대화할 수 있고, 고정된 책상조직에서 벗어나 자기 느낌을 생각할 기회가 있고, 상상한 것을 몸으로 표현하기 때문에 일률적으로 진행하는 수업에서는 찾기 힘든 '자유'를 누릴 수 있다. 학생들이 능동적으로 참여하는 활동이 많아 일반수업에 비해 몰입도가 높다.

'비유법'을 주제로 수업하는 두 교사를 살펴보자. A 교사는 비유법이 무엇인지 국어지식에 근거하여 개념을 정확히 제시하고, 교과서에 나와 있는 예시 글에서 학생들이 비유적 표현을 찾도록 한 후 비유법을 사용한 문장을 만들게 하는 강의식 수업을 했다. 이에 비해 B 교사는 비유법이 들어간 일화를 예비 텍스트로 들려주고, 왜 비유적으로 표현하면 좋은지 토의하게 했다. 이어서 학생들이 관심 있는 생활 주제를 정해 비유하는 문장을 만들게 했다. 그 문장을 몸으로 표현하도록 한 후 학생들끼리 서로 질문하고 대답하는 시간을 가졌다. 학생들은 '우리 선생님은 도깨비처럼 무섭다'를 몸으로 표현하고 그 이유를 자기 언어로 설명했다. 필자가 생각하는 교육연극수업은 B 교사 같은 접근방식이다. 이런 수업에 참여한 학생들에게 비유법은 지루한 국어문법이 아니라, 내가 하고 싶은 말을 다른 것에 빗대어 말하는 수단이다. 수업시간이라고 의식하지 않아도 '앎'이 이루어진다. 배우는 것이 즐겁지는 않아도 최소한 학생들에게 참기 힘든 시간이 되지 않게 하는 것이 지금 교육계가 고민해야 할 과제 중 하나다.

교육연극수업에서 학생들은 필요한 상황을 만들고 각자의 역할을 한다. 대사를 외워서 하는 역할극이 아니다. 기존의 수업에서 수동적이었던 학생이 교육연극수업에서는 자기의 역할을 몸으로 표현하는 적극적인 참여자가 된다. 소수의 뛰어난 학생이 중심이 아니라 '함께' 수업의 주체가 되고, 수업 속 이야기는 나의 이야기가 되는 것이다. 타자화된 지식을 습득하는 것이 아니라 내가 주체가 되어 체험하고 인식함으로써 세상에 대한 이해를 넓혀가는 그런 수업이다. 굳이 구성주의적 인식론을 말하지 않아도 이것이 가장 중요한 교육연극수업의 작동원리다.

여러 곳에서 미래사회를 살아갈 학생들에게 필요한 핵심역량을 제시하고 있다. 경제개발협력기구(OECD), 유럽연합(EU), 일본 문부과학성, 교육부 등 저마다 서로 다른 용어로 핵심역량을 말하지만, 공통점은 학생들이 미래를 살아가는 데 필요한 '힘(삶의 근력)'에 집중하면서 학습력, 소통력, 실행력을 강조하고 있다. 교육부가 강조하는 이러한 역량중심교육과정이 실제적인 변화를 이끌어내기 위해서는 어떠한 과정이 필요할까?

비전과 현실 사이에는 구체적인 교량이 있어야 한다. 학생들의 변화는 아주 일상적이고 지속적인 과정을 통해서만 가능하다. 이 과정이 '수업'이다. 수업은 모든 역량이 융합되는 시간이다. 건강한 생활을 위해 오늘은 단백질, 내일은 지방, 모레는 탄수화물을 나누어 섭취하지는 않는다. 제육볶음 하나에서 단백질도 섭취하고, 비타민도 섭취하는 것이 건강한 식단인 것처럼 수업시간 속에는 다양한 역량이 여러 가닥으로 얽혀 있다. 국어 시간에는 의사소통역량, 사회시간에는 공동체역량 등 교과마다 역량이 분절되어 작동하는 것이 아니다. 국어 시간에 책을 읽고 토론하는 과정에서 의사소통역량과 공동체역량이 함께 길러지는 것이다.

학교가 해야 할 일은 역량중심교육과정 선도학교를 운영하는 것이 아니라, 학생들이 살아가는 데 필요한 삶의 근력을 뿌리부터 튼튼하게 할 수 있도록 일상의 수업을 충실하게 하는 것이다. 그래서 교사들의 수업연구를 지원하고 강화해야 한다. 연수 학점을 이수하기 위한 전문학습공동체가 아니라 나에게 필요한 수업연구에 집중할 필요가 있다. 빗방울처럼 많은 '수업'이 학생들의 역량을 변화시키는 '바위 뚫기'의 단초가 된다.

학생들의 역량이 성장하기를 바란다면 그만큼 수업에서 그들의 존재감이 커져야 한다. 시간적이든 공간적이든 학생들이 주체로 설 기회가 많아질수록 성장할 것이다. 수업시간과 교실공간을 학생들에게 내줘야 한다. 수업의 전 과정이 교사에게 달린 기존의 수업관에서 본다면 변혁에 가까운 지점이다. 지금 교사에게 필요한 것은 내 수업을 마주하는 용기다. 백번의 컨설팅보다 좋은 것은 내 수업을 내가 찬찬히 보는 것이다. 한번 수업촬영을 해보길 권한다. 내 수업을 본 적이 있다면 일단 그 용기를 높이 살 만하다.

앞에서 말한 각 기관의 핵심역량이 궁금할 수도 있을 것 같아 부연한다.

OECD의 핵심역량은 사회문화적 기술적 도구를 활용하는 능력, 다양한 사회그룹에서 인간관계를 형성하는 능력, 자율적으로 행동하는 능력이다.

EU는 모국어로 소통하는 능력, 외국어로 소통하는 능력, 과학기술의 학술적 능력과 기초 능력, 디지털 능력, 배우는 능력, 사회적 시민적 능력, 창조력과 기업가 정신, 문화적 의식과 표현 능력이다.

일본 문부과학성은 실천력, 사고력, 기초력을 들고 있다.(이사도 나나코, 김경인 역, 『미래교실』, 청어람미디어, 2016, 38~41쪽)

우리나라 교육부는 자기관리역량, 지식정보처리역량, 창의적사고역량, 심미적 감성역량, 의사소통역량, 공동체역량 6가지를 제시했다(교육부, 2018). 김병주는 2015 교육과정과 관련하여 초등국어 교과의 연극 단원 구성 방향을 밝힌 바 있다.(「연극과 교육의 접목-초등국어 교과의 연극 단원 구성에 관한 소고」, 『교육연극학』 제10권 1호, 한국교육연극학회, 95~110쪽)

2

질문이 살아 있는 교실, 수업대화가 핵심이다

처음에는 교육연극수업의 핵심이 몸의 움직임인 줄 알았다. 이것이 일반수업과 교육연극수업의 다른 점이라고도 생각했고, 학생들이 정지 장면과 즉흥극으로 표현하는 것, 즉 몸을 움직이는 것에 초점을 두었다. 그런데 어떤 교육연극수업은 학생들의 활동은 많은데 무엇을 공부하는지 모를 정도로 흐름이 모호한 경우도 있었고, 같은 지도안을 갖고 수업했는데도 수업 분위기와 학생들의 반응이 크게 다른 경우도 있었다. 교육연극수업을 하면 할수록 학생들이 몸의 움직임을 만들어내는 그 '어떤 것'이 있음을 알게 되었는데 그것이 바로 '교사의 질문'이었다.

교사의 질문은 학생들의 사고와 표현력을 심화시키는 장치다. 정지 장면과 즉흥극은 학생들의 깊어진 사고를 발산하고 표현하는 창구이지, 그 자체로 사고가 확장되는 것은 아니다. 교육연극수업을 통해 학생들의 표현력과 사고가 통합적으로 성장하는 것이 핵심이다. 필자는 수업 중에 이루어지는 교사의 질문과 학생의 대답, 학생과 학생 간의 토의, 발표 등 수업 중 일어나는 모든 언어적 상호작용을 '수업대화'라고 부른다. 수업 중 학습을 목적으로 주고받는 말하기를 교육연구자들은 수업대화, 교실대화, 교수대화 등의 이름을 붙여 연구해왔다. 연구의 방점은 조금씩 다르지만 대화를 학습의 기반으로 보는 사회구성주의적 관점에서 수업 중에 이루어지는 대화의 성격, 유형, 질과 양에 관심을 둔다.

　전병규는 수업에서 학생 간의 대화를 '학습대화'로 칭하였으나 이 책에서 말하는 수업대화는 학습대화를 포함한다.(전병규, 『질문이 살아나는 학습대화』, 교육과학사, 2017, 77~88쪽) 과정드라마에서 프레이리(Freire)는 교실대화의 중요성을 강조했다. 대화란 학습의 목표를 알게 되고 또 재구성하는 결합의 행위 안에서 교사와 학생을 한데 묶는 것이고, 진정한 대화는 항상 질문의 형태라고 단언했다.(필립 테일러 & 크리스틴 워너, 『시실리오닐의 교육연극』, 한국교육연극학회 역, 연극과 인간, 2013, 154쪽 재인용)

　다음 교육연극수업을 살펴보자. 수업의 중심활동이 교육연극기법으로 기술되어 샐러드 게임으로 몸풀기-핫시팅-즉흥극-소감 나누기로 구성되었다. 학생들은 샐러드 게임으로 흥분했고, 수업의 시작이라기보다는 레크리에이션 시간 같았다. 교사는 교육연극기법들을 순서대로 진행했고, 질문과 대답보다는 즉흥극을 준비하여 발표하는 것으로 대부분의 수업이 지나갔다. 수업시간 내내 학생들의 움직임은 왕성했고, 수업이 즐거웠다는 소감이 나왔고, 교사는 만족했다. 이런 교육연극수업을 볼 때면 왜 이런 수업이 설계되었는지 안타깝다. 아마 각종 교육연극수업 교사연수에서 참여자들을 위해 연극놀이로 분위기를 살리고, 연극놀이를 수업에 적용하는 방안을 모색한 것을 그대로 수업에 적용했기 때문은 아닌지 추측해본다. 수업의 시작 단계에서 승부와 경쟁을 부추기는 놀이는 비교육적이며, 매일 생활을 같이하는 교실인데 갑자기 친밀감을 위해 뜬금없이 친선게임을 하는 것도 적합하지 않다.

　핫시팅이나 즉흥극도 마찬가지다. 즉흥극을 하는 것 자체가 의미 있는 것이 아니라 즉흥극으로 무엇을 표현할지, 즉흥극을 둘러싼 질문과 대답이 더 중요하다. 간단한 정지 장면이나 즉흥극에서 숨은 의미를 찾게 하는 것은 교사와 학생들의 '질문과 대답'이다. 이 대화에 학생들이 진지하게 사고하고, 나아가 학생들 상호 간에 질문과 대답이 오가도록 유도하는 것이 바로 '수업대화'다. 교사의 통찰력과 순발력이 극도로 요구되는 부분이 이 지점이다. 여기서 수업 에너지를 끌어내지 못한다면 학생들은 그저 단순한 놀이 활동에 빠지게 되고, 영향력이 센 학생들 몇 명에 따라 수업 분위기가 흐려지기 쉽다.

교육연극수업에서 수업대화의 질을 높이려면?

가장 중요한 것은 학생들의 몰입을 이끌어내는 것이다. 대화상대가 몰입하지 않으면 깊이 있는 대화를 나눌 수 없다. 그래서 교육연극수업 도입단계에서 '마음열기'를 많이 한다. 이 단계에서 교사들이 범하기 쉬운 오류는 '연계성이 부족한 상황'을 마음열기로 제시해, 결과적으로 그 마음열기가 다음 활동으로 연계되지 않는다는 점이다. 마치 동기유발 자료가 3분간의 동기유발로 끝나고 수업으로 이어지지 못하는 경우와 같다. 마음열기는 수업으로 몰입하기 위해 에너지를 끌어 올리는 단계다.

학생들을 수업 속으로 몰입시키는 소재는 무엇일까? 아마도 학생들에게 친근한 소재이거나 교사의 사적인 이야기일 것이다. 예술성이 높은 교사라면 호기심을 자극하는 낯선 상황을 연출할 수도 있지만, 대부분의 수업에서는 경험적 소재에서 출발한다. 맥라렌은 교사를 가변적 예술가로 보았다. 가변적 예술가로서 교사는 수업에서 감성적 맥락을 구축하고, 미학적 요소를 중시하고, 학생들이 자신들만의 의미를 발견하도록 가르치는 교사다.(필립 테일러 & 크리스틴 워너, 앞의 책, 162쪽) 낯선 상황은 극적인 긴장감이 높고 학생들의 집중을 높일 수 있으며 창의적인 반응을 불러일으킨다는 점에서 도전적인 수업전략이라 할 수 있다. 그러나 매번 낯설고 예술적인 상황을 준비하는 것은 어려우므로, 소소한 일상 소재에서 학생들의 공감을 불러일으키는 것이 쉬울 것이다. 수업상황에 집중하면, 이어지는 수업활동에도 학습동기가 높아진다.

3

[수업대화 케이스 스토리 1]
수업 오프닝: 공감할 수는 주제 선정

다음은 수업자가 마음열기 단계에서 학생들에게 들려준 이야기다. 6학년 국어 비유법을 주제로 한 수업인데, 수업도입단계에서 수업자는 자신의 조카 이야기로 시작했다.

수업자   선생님에게는 조카가 한 명 있어요. 대구에 사는데, 3월에 전화가 왔어요.

(교사가 전화 받는 시늉을 하며 1인 2역을 한다. 조카는 대구 사투리 억양으로 말한다)

수업자   응, 하윤이 잘 지내니? 올해 5학년이네. 몇 반 됐어?

조카   7반요. 고모 우리집에 언제 놀러와?

수업자   방학하면 갈게. 하윤아, 올해 담임 선생님은 어때?

조카   음...(한참 생각하다가) 우리 선생님은 고모 같아.

수업자는 상황을 여기까지 제시하고 학생들에게 질문한다.

수업자	우리 조카는 자기 선생님을 뭐라고 했나요?
학생들	우리 고모요.
수업자	여기서 우리 고모는 누구예요?
학생들	선생님이요.
수업자	우리 조카는 '**우리 고모 같아**'라고 말했는데, 여러분들은 3월 2일 집에 돌아가서 부모님께 우리 선생님을 어떻게 이야기했는지 솔직하게 얘기해 볼까?

수업자가 일화로 들려준 이야기는 1분 30초 정도였다. 이 이야기로 학생들은 수업 안으로 쑥 들어왔다. 마음열기가 수업으로 연결되는 지점이다. 수업자의 질문에 학생들은 '우리 선생님은 호랑이 같다, 블랙홀 같다'라며 자신의 경험을 꺼내고 그 이유를 상세히 설명했다. 사물이나 인물을 어디에 빗대어 말할 때 더 실감나고 이해하기가 쉽다고 말했다. 국어문법을 공부로 접근하는 것이 아니라 나의 언어생활을 위해 비유법이 쓸만하다는 생각이 들었을 것이다. 이어서 생활 주변의 주제를 정해 2인 1조가 되어 몸으로 정지 장면을 만들고, 그 의미를 설명함으로써 지식을 다지는 과정을 거친다. 교사와 학생 간에 이루어지는 명확한 질문과 대답으로 사고가 깊어지고, 그것을 다양한 형태로 표현하는 과정을 거쳐 지식이 체화된다.

이 수업도입에서는 학생들의 몸동작도 없었고, 수업자의 동선도 움직이지 않았다. 소품은 당연히 없었다. 수업자의 이야기만으로도 충분히 학생들을 수업에 집중시킬 수 있었다. 좀 더 구체적으로 보면 몇 가지 주의가 필요하다.

첫째, 교육연극수업에서 사용하는 텍스트를 선정할 때도 주의가 필요하다. 텍스트라면 학생들이 공감하고 추측할 수 있는 내용이 좋을 것이다. 예를 들어, 수업주제가 '인권 존중'인데 텍스트가 1950년대 미국의 흑백 인종차별 이야기 '사라, 버스를 타다'가 적합한지 의문이다. 한국 초등학생들에게 한국사회에 없는 흑백 인종차별 문제가 얼마나 공감될까? 차라리 우리나라에서 점점 늘어나는 다문화가 정이나 외국인노동자, 난민 문제로 접근해야 하지 않을까? 소박하게 교실 내, 가정 내, 친구 간의 인권 문제를 살펴볼 수도 있다. 학생들은 흑백 인종차별 문제와 우리 교실 내 인권존중 문제 중 어느 것에 관심이 더 많을까? 수업대화는 막연하고 추상 적인 문제보다는 현실적인 문제에서 출발하는 것이 좋다. 교육연극수업이 학생을 위한 수업이라고 하면서도 여전히 시선을 외부의 높은 곳에 두는 경향이 있다. 유 명한 그림책이나 외부의 예술 프로그램이 아니라 교사와 학생들의 일상적인 이야 기가 좋은 텍스트가 된다는 것을 잊지 말았으면 좋겠다.

둘째, 활동과제가 명확해야 한다. 이 책에서 소개하는 수업에서는 학생들의 활 동과제가 미션의 형태로 제시된 경우가 많다. 정지 장면이나 즉흥극을 만들기 전 에 왜 이 활동이 필요한지, 어떤 방향으로 표현해야 하는지 학생들이 충분히 숙지 하고 이해해야 한다. 만약 이 과정이 불충분하면 학생들의 표현이 매우 피상적이 거나 방향성을 잃게 된다.

6학년 사회과 교육연극수업에서 교사는 '여러분이 미래에 어떤 대한민국을 원 하는지 즉흥극으로 만들라'고 했다. 추가되는 세부조건은 없었다. 학생들은 공부 가 없는 나라, 통일된 나라, 나라에서 아파트를 공짜로 주는 나라, 쇼핑 천국인 나 라를 즉흥극 주제로 만들었고, 수업은 떠들썩하고 웃음이 넘쳤다. 즉흥극 이후 피 드백으로 오가는 질문도 거의 없었다. 학생들은 신이 났고 즐거워했다.

만약 교사가 조금만 더 명확하게 과제를 제시했다면 즉흥극이 이렇게 장난스 럽고 막연하지는 않았을 것이다. 만약 초등학생 입장에서 어떤 국가를 희망하는 지, 대학생 입장에서는 어떤 국가를 희망하는지, 외국인 노동자 입장에서는 어떤 대한민국을 바라는지 등의 입장만 제시했어도 훨씬 구체적이고 의미 있는 즉흥극이 완성되었을 것이다. 또는 기업인의 입장에서, 취업준비생의 입장에서, 노인 입장에서 등 학생들의 사회의식을 심화시킬 수 있는 구체적이고 명확한 과제는 얼마든지 있다.

4

[수업대화 케이스 스토리 2]
즉흥극: 순발력 있는 질문과 답변

　　다음은 인권침해 상황을 즉흥극으로 만드는 과정에서 수업자가 제시한 미션이다.

　　상황 1. 생일파티 축하 장소에서 발생할 수 있는 인권침해 상황 만들기

　　상황 2. 회사 안에서 발생할 수 있는 인권침해 상황 만들기

　　상황 3. 지하철 안에서 발생할 수 있는 인권침해 상황 만들기

　　상황 4. 백화점에서 발생할 수 있는 인권침해 상황 만들기

　　이 미션에는 공간적 배경만 제시했을 뿐 다른 세부적인 기준은 없다. 그럼에도 불구하고 학생들은 각 장소에 맞는 인권침해 상황을 꽤 심도 있게 만들어냈다. 상황 4를 이용하여, 학생들은 백화점에서 불이 났는데 시각장애인과 휠체어를 탄 장애인은 대피할 수 없었다는 이야기를 즉흥극으로 꾸미며 장애인의 인권이 침해당하는 상황을 나타냈다. 이때 수업대화는 즉흥극을 관람한 학생과 발표한 학생 간, 수

업자와 즉흥극을 발표한 학생 간, 수업자와 전체 학생 간에 여러 방향으로 이루어졌다. 다음은 수업대화 중 의미 있게 오간 질문의 예이다.

관람한 학생이 시각장애자 역할을 한 학생에게 물었다.
"불이 났을 때 어떤 심정이었어요?"

수업자는 대피한 시민 역할을 한 학생에게 질문했다.
"불이 나서 대피할 때, 옆에 휠체어를 탄 장애인을 못 봤나요?"

수업자가 이어서 백화점 직원 역할을 한 학생에게 질문했다.
"백화점에서는 화재가 났을 때 어떻게 대피를 안내하나요?"

이어서 전체 학생들에게 질문한다.
"만약 내가 백화점 사장이라면 화재에 대비해 어떤 준비를 해야 할까요?"

수업자의 이 질문에 학생들은 장애인을 포함하여 모든 사람이 대피할 수 있도록 안내문과 대피로를 확보하고, 화재경보기를 설치하는 등 구체적인 방안을 제안했다. 아마도 이런 이야기가 나온 것은, 불이 났을 때 장애인들이 위험에 처할 수 있다는 것을 즉흥극에서 보았기 때문인 것 같다. 즉흥극은 구체적인 상황으로 제시되기 때문에 교사가 강의식으로 설명할 때보다 현장감이 있어서, 그 상황에 맞는 대안도 구체적으로 나온다.

만약 수업자가 인권이 침해되는 상황을 즉흥극으로 표현하라고만 했다면 학생들은 방향을 정하는 데 훨씬 더 많은 시간이 필요했을 것이고, 즉흥극의 내용도 한계가 있었을 것이다. 물론 수업이 아니라 극을 만드는 과정이라면 학생들에게 충분한 시간을 주고 주제를 정하라고 할 수 있다. 그러나 수업시간이라는 제한된 상황에서는 밀도 있는 운영이 필요하다. 그 밀도를 높이는 방법은 수업대화의 질을 높이는 것이고, 수업대화의 질은 수업연구의 범위를 벗어나기 힘들다.

교사는 학생들의 대화와 움직임에 집중해야 한다. 교사가 정지 장면이나 즉흥극을 보고 질문하려면 학생들의 말과 대화, 움직임, 표정에 집중해야 한다. 특히 많은 학생이 동시에 정지 장면을 표현한 경우 교사는 선택적으로 접근할 수밖에 없다. 순간에 이루어지는 정지 장면을 보고, 전체가 공유할 만한 정지 장면을 찾아내야 한다.

6학년 '광복'을 주제로 한 수업에서, 광복 당일 '내가 그 자리에 있었다면 나는 무엇을 하고 있을지' 정지 장면으로 만드는 수업이 있었다. 학생들 전체가 교실을 천천히 돌았고, 연극강사가 '정지!'라고 말하는 순간 학생들은 정지 장면을 연출했다. 학생들의 몸동작은 크기에서 차이가 있었다. 몸 전체로 표현한 학생이 있는가 하면 거의 서 있는 것처럼 소극적으로 표현한 학생도 있었다. 연극강사는 서 있는 학생에게 질문했다. 보기에는 아무것도 표현하지 않은 것 같았는데, 연극강사와의 수업대화를 통해 드러난 학생 내면의 생각을 듣고 놀랄 수밖에 없었다.

연극강사 지금 뭐 하고 있는 거예요?

학생 1 광복이 되었다고 해서 너무 놀라서 그 자리에 서 있는 거예요.

연극강사 놀랐다는 것은 어떤 느낌인가요?

학생 1 너무 좋아서 심장이 떨리는 벌렁거리는 거 같은 거요.

연극강사는 손을 위로 뻗은 학생에게 다가가서 전체 학생들에게 질문한다.

연극강사 이 학생은 뭘 하는 거 같아요?

학생 2 광복날 아침 늦게 일어난 학생 같아요.

학생 3 너무 좋아서 만세를 부르는 거 같아요.

학생 4 승리를 나타내는 거 같아요.

사람에 따라 생각을 몸으로 표현하는 것이 힘들 수도 있다. 소심한 학생이라면 정지 장면이나 즉흥극으로 표현하는 교육연극수업이 부담스러울 수도 있다는 것을 고려해야 한다. 이런 경험들이 많아질수록 대부분의 학생은 몸동작도 커지고, 수업태도도 서서히 변화한다. 그래서 교사는 어설픈 몸동작에도 관심을 보이고, 자기 목소리로 말할 수 있도록 기다려주는 인내심이 필요하다.

교육연극수업에서의 수업대화는 일반수업과 다르다. 일반수업에서는 교사가 질문을 미리 구상하고 차례대로 진행할 수 있지만, 교육연극수업에서는 학생들이 어떤 정지 장면을 만들지, 즉흥극에서 어떤 대화가 나올지 예측할 수 없다. 수업 중의 정지 장면이나 즉흥극은 교사와 학생이 처음 보는 장면이고, 의미를 해석하지 않으면 금방 사라져버린다. 학생들이 즉흥극을 만들어서 발표하는 시간은 20~30초 정도로 짧다. 이 짧은 시간에 의미 있는 순간을 포착하여 질문하거나 혹은 학생들이 상호 간에 질문할 수 있도록 포인트를 짚어주는 것은 교사의 몫이다. 수업대화를 이어가기 위해 교사의 에너지가 많이 필요한 이유가 이것 때문이다. 교사가 온전히 준비한 수업을 시연하는 것이 아니라, 예기치 못한 상황마다 적절한 질문을 하려면 교사의 몰입이 필요하다. 수업대화를 위해 학생몰입보다 교사몰입이 더 필요한지도 모르겠다.

5

교육연극수업, 전뇌(全腦)학습을 자극한다

　뇌과학의 발달로 좌뇌는 언어나 논리, 우뇌는 비언어나 창의성을 담당한다는 이분법적 주장은 차츰 달라지고 있다. 1990년대 이후 뇌의 작동을 색으로 나타내는 기능성 자기공명영상(fMRI)을 통해 관찰한 결과, 인간의 뇌는 좌뇌와 우뇌로 완전히 구분되어 활동하는 것이 아니라 섬유다발로 연결되어 끊임없이 긴밀하게 소통한다. 좌우의 뇌는 오랜 세월을 같이 살아온 부부와 같다. 각자의 역할을 하면서도, 필요할 때 대화하여 복잡한 일도 무리 없이 해결하는 그런 관계다.[3] 언어를 구사할 때 어떤 경우는 좌뇌보다 우뇌를 더 사용하는 경우도 있고, 개인에 따라서도 차이가 있다. 즉 좌뇌와 우뇌가 각자 담당하는 중점적인 역할은 있지만 완전히 독립적으로 작동하는 것은 아니라는 의견이 설득력을 얻고 있다.[4] 그러므로 학생들의 학습력을 향상시키기 위해서는 양쪽 뇌를 모두 사용하는 학습활동을 해야 하며, 우뇌학습 혹은 좌뇌학습이 아닌 전뇌학습(全腦學習, whole-brain learning)이 필요하다.

　근대교육 이후 학교수업은 이성과 논리를 강조하였으며, 언어작용을 중심으로 하기 때문에 좌뇌에 편중되었고, 상대적으로 상상과 느낌, 감성을 깨우는 우뇌적

활동이 적은 것이 사실이다. 이것은 현재의 교육과정과 수업시간에 이루어지는 활동을 봐도 쉽게 이해가 가는 부분이다. 우뇌활동을 확대하여 학생들이 전뇌를 활성화할 기회가 많아진다면 학습력도 향상될 것이다. 정종진(2015)이 아래에서 제시한 전뇌학습을 위한 학습전략 중에는 평소 교육연극수업에서 이루어지는 활동들이 많으며, 교육연극수업이 전뇌학습에 긍정적인 역할을 줄 수 있을 것 같다. 그 학습전략들은 대체로 우뇌를 활성화하는 역할을 한다.

이미지 활동하기   영상 이미지뿐만 아니라 청각 이미지, 미각 이미지, 후각 이미지 등을 포괄한다. 머릿속으로 그림을 그려보거나 어떤 소리가 날지, 어떤 냄새가 날지 상상해보는 활동 등이다.

긴장이완 활동하기   신체적으로나 정신적으로 이완 상태가 되면 우뇌가 활발해진다. 몸의 긴장을 풀고 걷거나 눈을 감고 생각하기 등이 이에 해당한다.

오감 연마하기   오감을 연마하면 뇌가 활성화된다. 주변의 색깔이나 향기, 소리, 냄새, 촉감 등에 관심을 가지고 느껴보는 것이다.

– 정종진(2015), 『뇌기반학습의 원리와 실제』, 학지사. 50~51쪽

교육연극수업 속 우뇌 활성화 활동은?

'이미지 활동하기'는 수업 중 그림을 보여주고 연상되는 색깔로 표현하거나 상상한 이미지를 몸동작으로 표현하는 활동들에 해당한다. 이미지로 상상한 것을 신체 움직임으로 연결한다는 점에서 전뇌학습전략보다 한 발 더 나간 적극적인 수업 방법이다. 신체 움직임을 언어로 설명함으로써 감성과 언어능력을 동시에 자극한다. 이 책 6부의 수업 중 〈꿈을 찍는 사진관과 간도 할머니〉가 있다. 수업자는 할머

니의 꿈을 4개의 이미지로 제시하였는데, 2개는 사진(태형령과 토막집)으로 1개는 색깔(빨간색 액체)로, 1개는 단어(도망처)로 제시했다. 학생들은 제시된 단서를 보고 이미지를 상상하고 먼저 느낌과 이유를 말한다. 이어서 그 느낌을 정지 장면으로 나타내고, 다시 질문과 대답을 반복한다. 뇌와 신체가 적극적으로 사용되는 예이다.

'긴장이완 활동하기'는 교육연극수업의 도입단계에서 많이 사용한다. 학생들의 신체적 긴장감을 풀어주거나 과도하게 들뜬 마음을 안정시킬 때 짧게 명상을 하거나 마음의 소리를 듣게 한다. 수업 중에 특정한 인물이 되어보는 시간이 있다. 예를 들면, 을사늑약이 체결되었다는 소식을 들은 아침 9시, 나는 어떤 인물이 되어 무슨 일을 하고 있을지 상상하는 활동이다. 이때 예술강사는 학생들을 모두 일어나서 천천히 걷도록 했다. 천천히 교실을 두 바퀴 정도 걸으면서 특정한 인물을 상상하여 그 인물이 되어보게 했다. 약 30초밖에 소요되지 않았는데 그사이에 학생들은 독립운동가, 친일파, 시장 상인이 되기도 했다. 의자에 앉아서 경직된 자세로 상상하는 것과 걸으면서 상상하는 것 사이에는 분명한 차이가 있다. 몸이 이완되고 자유롭게 움직일 때 뇌는 더욱 활성화되어 다양한 상상으로 이어질 수 있다.

'오감 연마하기'는 교육연극수업 전체와 관련이 있다. 인간의 뇌는 외부로부터 오는 감각 자극을 받아들여 반응하는 과정에서 발달한다. 오렌지주스를 상상하면 직접 먹지 않아도 단맛과 신맛으로 침이 고인다. 보드라운 이불을 떠올리면 부드러운 촉감이 떠오른다. 3부 수업 중에 〈주인공의 마음 발자국을 따라가다〉가 있다. 수업자는 학생들에게 그림책 속 주인공 소녀가 뭔가를 간절히 기다리는 마음을 색깔로 표현하게 했는데, 학생들이 표현한 색깔들은 매우 다양했다. 소녀의 마음에 확신이 없어서 검은색으로 나타내기도 했고, 기다림을 채워간다는 의미에서 흰색을, 희망을 품고 있다는 의미에서 파란색으로 나타낸 학생도 있었다. 장면을 상상해서 색깔로 이끌어내고 이를 즉흥극 표현으로 연결했다. 교육연극수업은 학생들의 감각을 다양한 방법으로 자극하고, 집중하게 하고, 몸으로 표현하게 함으로써 오감을 연마하기에 좋다. 교육연극수업 중에 이루어지는 많은 활동이 학생들의 뇌를 자극하고, 전뇌학습 방법으로 효과적일 수 있다는 점은 앞으로 연구해볼 만한 과제다.

교육연극수업이 수업으로서 의미가 있으려면 몸의 움직임과 통합적 표현들이 학생들의 인지발달에 도움이 되어야 한다. 최근 뇌영상 기술을 비롯한 뇌연구 발달로 인간의 인지 및 학습과정에 대한 과학적 연구가 가능해졌다. 생리학·교육학·인지심리학·정신의학 등에 기초한 융합적 이론이 '뇌기반학습이론'이다. 뇌기반학습(Brain Based Learning)은 신경과학(Brain), 인지심리학(Mind)과 교육학(Education)이 결합한 학제 간 결합학문으로 학생들의 행동, 심리, 뇌의 기능적 작용을 통합적으로 이해한 지식을 교육적 상황에 적용하는 새로운 학문영역 패러다임이다. 즉, 어떻게 학습이 일어나는가에 대한 과학적 이해를 기반으로 학습을 지원하기 위한 교수-학습전략 구안, 학습환경 설계, 교수-학습실행에 대한 연구까지를 포함하는 학문영역이라고 할 수 있다.(한국특수교육문제연구소, '뇌기반교육이란' 2018.07.16, http://rikse.blog.me) 학생들의 뇌기능을 활성화하는 데는 영양, 환경, 움직임, 주의집중, 음악이 있지만[5] 교육연극수업과 관련하여 '움직임과 주위집중'에 주목해보고자 한다.

몸의 움직임은 뇌에 여러 작용을 한다. 첫째, 순환활동을 촉진해 각각의 뉴런이 산소와 영양분을 더 확보할 수 있도록 한다. 학습에 몰두하기 위해서는 이것이 더욱 중요한 역할을 한다. 둘째, 뇌의 기능을 향상시키는 호르몬을 자극한다. 셋째, 큰 동작을 반복할 경우 기분 전환 신경전달물질인 도파민의 생성을 촉진하고 뇌세포 생성에 도움을 준다.

몸의 움직임이 학생들의 학습능력을 촉진하는 역할을 한다면, 수업시간에 학생들의 신체 움직임을 늘여야 할 것이다. 체육 교과나 놀이시간이 아니라도 일상적인 수업시간에 학생들이 움직일 수 있는 시간과 공간을 제공해야 한다. 교육연극시간에 하는 마임, 정지 장면, 즉흥극, 흉내 내기, 따라하기, 역할극 등과 같은 신체활동은 다른 교과 시간에도 단편적으로나마 활용할 수 있다.

신체활동과 두뇌 활성화의 관계는?

최근 학생들의 몸의 움직임과 두뇌 활성화의 관계를 밝힌 흥미로운 연구를 보았다.[6] 대구 관천초는 학생들을 대상으로 1주일에 3번 30분씩 중간 체육 시간을 운영하고, 이외에도 아침시간, 쉬는시간, 방과후에도 운동장에서 놀게 했다. 특히 맨발로 걷고 달릴 수 있는 운동장을 만들어 학생들이 맨발운동을 했다는 점이 특이하다. 3년간 운영한 결과 전교생의 질병 결석일 날짜가 30%에서 15%로 감소하였고, 학생들의 71%가 맨발운동으로 더 건강해졌다고 스스로를 평가했다. 2018년 3월과 11월에 전교생 242명의 '두뇌 활용능력 뇌파검사'를 각각 실시했다. 8개월간의 시간적 차이에서 학생들의 정보처리능력 변화가 있었다. '인지강도, 인지속도, 집중력' 면에서 크게 향상되었고, 스트레스는 줄었다. 오른쪽 그림은 맨발운동을 한 관천초 학생들의 변화를 나타낸 것이다.

관천초 학생들의 변화를 통해 지속적인 신체활동이 학생들의 뇌를 활성화하고 나아가 인지능력을 향상시킨다는 것을 알 수 있었다. 선진국이 학생들의 신체활동을 강조하여 체육 시간과 방과후 운동을 늘리는 것과는 대조적으로 한국은 OECD 35개국 중 학력은 상위권이지만, 학생들이 가장 운동을 하지 않는 나라로 꼴찌를 차지했다.[7] 뇌의학 전문가 존 레이티 하버드 교수는 작은 움직임도 뇌를 깨우는 역할을 한다고 주장하며, 한국처럼 학생들을 꼼짝하지 못한 상태로 공부하게 하는 것은 뇌를 쪼그라지게 해 창의력과 집중력을 향상시킬 수 없다고 덧붙였다.[8] 교육연극수업이 일반수업보다 학생들의 몰입도가 높은 이유는 간단하다. 일반수업에서는 학생들이 수동적인 자세로 들어야 하는 시간이 길다. 반면 교육연극수업에서는 정답을 말해야 한다는 긴장도가 낮고, 일반수업보다 새로운 상황들이 많으며 무엇보다 몸을 움직일 기회가 많기 때문이다. 교육연극수업에서 학생들은 각자 자기 나름의 존재감을 나타낼 수 있으므로 몰입할 수 있다. 몰입은 능동적인 활동에서 자신의 의지가 결합할 때 가능하다. 몰입하기 위해서는 주의집중이 필요하다. 주의집중은 학생이 학습자극에 주의를 기울여야 가능하다.

교육연극수업은 일반수업보다 학생들의 주의를 집중시킬만한 요소가 많다. 주의는 학생들이 학습에 몰입하기 위한 필요조건이며, 몰입을 통해 학생들은 학습효과를 극대화할 수 있다.

두뇌활용능력 뇌파검사 결과

6

교육연극수업은 '학습' 과정이다

아이의 뇌가 건강한 인간의 뇌로 변화하는 과정에서 '놀이'는 절대적이다. 아이는 놀이를 통해 인간의 방식을 탐구하고 배우고 익힌다. 뇌 과학은 마음껏 놀기 (free play)에 주목하고 있다.[9] 놀이가 아이들의 뇌 발달에 매우 핵심적인 요소라는 면에서 신체를 움직이는 각종 연극놀이는 수업에서 활용할 가치가 높다. 다만 '학생들의 재미'만을 위하여 수업 중에 맥락 없이 등장하는 놀이는 재고의 여지가 있다.

수업은 단계마다 연속성이 있어야 한다. 교육연극수업은 교육과정을 재구성한 수업이다. 김주연(2016)이 쓴 『생각이 터지는 교실 드라마』를 보면 참가자들을 낯선 허구세계로 초대하여 그들이 느끼고 생각하는 것을 꺼내놓도록 요구하고, 이를 새롭게 바라보도록 하면서 확장된 의미를 구성하게 하는 과정드라마로 진행하는 수업은 흥미롭고 재미있을 뿐만 아니라 그 과정이 인지적이라고 했다. 즉 학습의 과정이라는 것이다. 레크리에이션 같은 활동으로 학생들을 흥분시키는 것이 아니라, 핵심문제를 학생들의 삶의 문제와 연관지어 구조적으로 접근시키는 과정이다. 수업을 시작하는 마음열기는 수업주제에 접근하기 위한 몰입단계다. 아이스 브레이

킹이나 레크리에이션 같은 접근은 수업의 몰입을 방해할 뿐만 아니라 본 수업과의 인지적 연결을 방해하기도 한다.

온갖 소품들을 이용하여 즉흥극을 만드는 것은 교육연극수업의 본질이 아니다. 교육연극수업에서 소품을 사용하는 건 참여자의 표현에 꼭 필요한 경우일 때뿐이다. 학생들의 공감과 상상력을 몸으로 표현함으로써 소품 이상의 실감을 만들어내는 것이 교육연극수업이다.

교육연극수업에서 학생들이 운전하는 장면이 있었다. 교사는 필요한 것은 무엇이든지 사용하라고 여러 가지 소품을 제공했다. 학생들은 팔을 움직여 운전하는 장면을 충분히 표현할 수 있었고, 보는 학생들도 상상력으로 추측할 수 있었는데 실제 운전대가 등장하면서 상상할 기회가 사라졌다. 학생들은 여러 가지 소품을 만지작거리며 몸에 걸쳐보고 갖고 노는 데 꽤 많은 시간을 보냈다. 소품을 사용할 경우 진짜 소품이 필요한지, 소품이 학생들에게 어떤 의미가 있는지 신중하게 고려하지 않는다면, 수업이 웃고 떠드는 시간으로 전락하기 쉽다. 학생들의 움직임과 활동은 많았는데, '재미있기만 했던' 수업은 좋은 수업이 아니다. 자극적인 동영상, 재미있는 게임, 방임에 가까운 모둠활동은 수업에서 경계해야 할 사항이다. 수업은 재미와 함께 의미가 있어야 한다.

학생들이 움직임을 표현하면서 그 이유를 말할 수 있어야 교육연극수업으로서의 의미가 있다. 학생들의 내면의 소리를 끌어내지 못한다면 교육연극수업이 아니라 맥락 없는 놀이에 머무르게 된다. 자칫 지나칠 수 있는 학생들의 감정과 사고와 욕구는 교사의 질문을 통해 밖으로 드러나 빛날 수 있다.

김홍도의 〈타작〉을 교육연극수업으로 재구성하여, 학생들이 모둠별로 타작 장면을 정지 장면으로 나타내고, 한 줄 대사를 하는 수업이 있었다. 이때 교사의 역할은 의미 없는 칭찬이 아니라 정지 장면의 의미를 학생들이 공유할 수 있도록 질문하는 것이다. 왜 이런 대사를 했는지, 어떤 심정이었는지 물어보고, 청중 역할을 하는 학생들에게도 질문할 기회를 주어야 한다. 〈타작〉에서 보이는 피상적인 감상이 아니라 그 속에 나타난 양반과 농민의 감정을 느끼고 입장을 바꿔 생각하도록 유도해야 교육연극을 활용한 감상수업으로 바로 서게 된다.

수업활동은 퍼포먼스가 아니다

교육연극수업은 분명한 수업주제가 있고, 학생들이 성취해야 할 목표가 있다. 교육연극수업을 하는 어느 교사에게 교육연극수업을 왜 하는지 물었더니 "학생들이 교육연극수업을 하면 너무 재미있어해요"라고 답했다. 그래서 "어떤 재미요?"라고 물었더니 "그냥 학생들이 재미있어하니까 좋아요"란다. 이런 수업관을 들으면 아쉬움과 안타까움이 앞선다. 학생들이 말하는 '재미'가 무엇을 의미하는지 교사는 명확히 짚어낼 수 있어야 한다. 학생들이 소품을 만지고, 장난치고, 떠들 수 있어서 재미가 있는 것인지, 아니면 진지하게 생각하고 배우는 것이 재미있는 것인지 명확한 구분이 필요하다. '기법'으로 접근하는 교육연극연수가 위험한 이유는 그 달콤함과 편리함이 너무 커서, 정작 고민해야 할 교재연구와 학생 이해보다 교육연극기법을 사용해 재미있게 수업하고 그것이 좋은 수업이라고 착각할 수 있기 때문이다.

마임을 하든 즉흥극을 하든 수업활동에는 이유가 있어야 한다. 극적 체험은 재미가 아니라 다른 인물의 역할을 통해 다른 세상을 이해하는 것이 목적이다. 실제 수업사례를 이야기해보고자 한다. 도덕이나 사회 교과에서 개인의 의견과 느낌을 표현할 때는 교육연극수업으로 다양하게 접근할 수 있지만, 자연과학적인 지식을 다루는 고학년 과학 수업의 경우 교육연극수업으로 접근하기가 쉽지 않다.

학습주제가 '계절의 변화'인 과학 수업이 있었다. 모둠별로 계절의 변화와 자연물의 관계를 즉흥극으로 표현하라는 수업자의 요구에 학생들이 재잘거리며 열심히 움직였다. 겨울을 주제로 한 모둠의 경우 학생들이 선택한 자연물은 태양, 바람, 얼음, 곰, 동굴이었다. 태양이 뜨면 기온이 올라가고 얼었던 얼음이 녹는 모양, 태양이 지면 기온이 내려가면서 바람이 불고 다시 얼음이 어는 모양, 해가 떠 있는 시간이 짧기 때문에 날씨가 추워져 겨울잠을 자는 두 마리의 곰의 모습 등을 표현하고 설명했다. 이어서 수업자는 이 내용들을 태양의 고도, 기온과의 관계 등과 같은 과학적인 지식과 연결지었다.

이것이 교육연극수업의 백미(白眉)다. 일반수업으로 했다면 도저히 이런 상상력이 나올 수 없었을 것이다. 내가 살아가는 세상을 좀 더 자세히 들여다보고, 그 세상에 애정을 갖고 이해하고 만나는 것이 가능한 수업이다. 그것도 혼자 하는 것이 아니라 '함께' 할 때 더 진지하고 더 의미 있는 시간이 될 수 있다. 학생들에게 배우는 것이 재미없고, 딱딱하고, 지겨운 것이 아니라 '나도 뭔가 할 수 있는 시간'으로 만들 수 있도록 노력하는 것이 우리의 과제다.

인지적 수업과정은 학생들을 집중시키고, 상상하게 하고, 촘촘하게 질문해서 답을 하도록 만드는 일련의 과정이다. 교사의 질문이 살아 있어야 교육연극수업이 학습과정으로서의 제 역할을 다할 수 있다.

7

교육연극수업기획의 출발점,
'학생'과 '수업주제'에 주목하다

학교에는 각종 매뉴얼이 참 많다. 학교폭력 처리방안도 매뉴얼이 있고, 학부모 민원대처도 매뉴얼이 있고, 생활기록부 작성도 매뉴얼이 있는 상황이니, 상시평가 문항 제작도 매뉴얼을 제공해 달라고 할 정도이다. 대체 매뉴얼이 뭘까? 과제를 일련의 과정대로 순서대로 처리하는 규정이다. 학교폭력이 일어나는 원인과 상황은 모두 각각 다르다. 매뉴얼은 관련 학생에 대한 이해와 장래보다는 문제상황을 절차에 맞게 진행하는 것에 초점을 둔다. 사람보다 절차에 중심을 둔 것이다. 수업에서 매뉴얼은 수업모형에 해당된다. 수업모형은 수업활동을 단계별로 제시한 매뉴얼이다. 최근 일반적인 형태는 동기유발 – 배움목표 제시(배움주제 확인) – 학습활동 – 소감 나누기(배움정리)로 큰 틀에서 보면 수업모형이라기보다는 수업의 흐름을 개괄적으로 나타낸 정도다. 문제는 교과에 따른 특정 수업모형이나 협동수업모형, 토의학습모형 등 활동유형에 따라 수업단계를 세분화하여 일괄적으로 제시하는 수업모형이다. 최근에는 수업단계와 상관없이 '역량중심수업'이라는 용어도 등장한다.

그간의 경험으로 볼 때, 특정 수업모형대로 수업을 기획하는 것과 좋은 수업을 하는 것은 전혀 관계가 없다. 고백하자면 필자 역시 석사논문을 쓸 당시(1993년) 수업을 하려면 반드시 '수업모형'이 있어야 한다고 생각했었는데, 지금 생각해보면 매우 '잘못된 신념'이다. 그때 배운 수업모형은 전부 미국교육학자의 수업모형이었다.[10] 학생들에게 필요한 것은 수업모형이 아니라 몰입할 수 있는 수업이다. 수업모형에 문제가 있다고 말하는 것은 다음과 같은 것들이 고려되고 있지 않기 때문이다.

첫째, 학습자와 수업주제에 따라서 수업단계가 달라질 수 있다는 것을 고려하지 않는다. 한국에는 외국 교육학의 영향을 받은 수업모형이 많다. 미국 사회에서 필요해 고안된 수업모형이 한국에 그대로 정착하기도 했다. 그 결과 교육현실이 전혀 다른 한국에서 미국과 같은 단계대로 수업하게 되었다. 더구나 수업주제와 수업상황에 따라서는 생략하거나 추가할 것이 있는데도 그 단계에 맞게 수업을 기획하려고 애쓰는 것을 보면 한국교육학의 식민지성이 느껴지기도 한다.

둘째, 대부분의 수업모형은 큰 틀에서 도입 – 전개 – 정리로 구성된다. 그런데 모든 수업이 차시별로 항상 분절되는 것은 아니다. 단원별 또는 프로젝트별로 본다면 10시간이나 15시간이 유기적으로 연속된다. 매시간 동기유발은 불필요할 수도 있다. 선수학습 상기도 마찬가지다. 필요할 때도 있지만, 어제 한 것을 오늘 또 반복해서 설명하지 않아도 된다. 도입 없이 바로 본 활동으로 들어간다고 해서 잘못된 수업은 아니다.

셋째, 거의 모든 수업모형에서는 배움목표나 학습주제를 수업 도입부분에 제시하라고 한다. 수업을 참관하면서 학습목표를 제시하지 않고도 수업이 훌륭하게 진행되는 경우를 많이 보았다. 교사에 따라서는 질문형태로 제시하기도 하고, 수업 중간에 판서로 나타내기도 하며, 수업 정리단계에서 마무리 짓는 경우도 보았다. 수업 흐름은 고정된 것이 아니라 교사의 진술 방식과 학생들의 이해를 위해 융통성 있게 변하는 것이 당연한 것이다. 수업목표를 제시했다고 해서 배움의 동기가 높아지거나 수업에 더 집중하는 것은 아니다. 활동 1, 활동 2, 활동 3을 칠판에 쓴다고 해서 학생들이 수업에 더 몰입하는 것은 아닌 것과 마찬가지다. 필요에 따라 핵심질문을 제시할 수도 있고 그렇지 않을 수도 있다. 때에 따라서는 수업 전에 제시하지 않는 것이 학생들의 호기심을 더 자극할 수도 있다. 경직된 사고로 특정 수업모형이나 특정 수업흐름을 고수할 때 교조적인 태도가 되기 쉽고, 이는 교사로서 경계해야 할 자세다.

수업, 고정된 단계는 없다!

수업주제마다 수업단계가 다르고 수업활동이 다르다. 이 책에서 제시한 수업에는 특정한 수업모형이나 고정된 단계가 없다. 모듈화된 수업절차보다는 수업주제에 맞게 학생들을 몰입시킬 수 있는 내용요소에 집중했다. 3년 동안 교육연극수업을 한 결과 우리는 교육연극수업을 위해 일률적인 수업모형이나 절차가 필요한지 확신이 서지 않았다. 오히려 교육연극수업을 위해 어떤 모형을 만들었을 때 장점보다는 단점이 더 많을 것이라고 예상한다. 그 형식 안에 수업을 고정시켜야 한다는 강박관념이 생기고, 수업의 자연스러운 흐름보다는 형식적 절차에 얽매이게 된다는 말이다.

이 책에 제시하는 3부에서 6부까지의 수업계획을 보면, 동일한 수업단계로 이루어지는 수업은 거의 없다. 수업주제에 따라 교사가 일화를 텍스트로 들려주는 경우도 있고, 아들의 일기를 읽어주는 경우도 있으며, 상황극을 보여줄 때도 있다. 학습주제를 따로 제시하지는 않았지만 수업 마지막 단계에서 학생들 스스로 오늘 학습한 내용과 소감을 반드시 기록하게 했다. 수업은 고정된 단계가 아니라 수업의 중요한 내용요소를 중심으로 유기적으로 연결하는 것이 중요하다. 그 내용요소를 심화시키는 방법으로 연극적 체험을 활용하였기 때문에 동일한 단계의 수업은 거의 없었다.

수업자와 필자가 수업을 기획할 때 학생들의 인지적·정서적 상황은 중요한 조건이었다. 선행지식이 부족한 주제에 대해서는 수업자가 의도적으로 자세히 설명했고, 공감이 필요한 수업은 수업자의 경험담으로 시작했다. 수업의 방향을 결정짓는 것이 수업모형이나 수업단계는 아니었다. 어떤 수업을 할지 결정하는 것은 '학생'과 '수업주제'다.

학생들에게 배움의 과정은 길고, 인내가 필요하다. 그래서 배움에 환호하는 학생보다 무기력해지거나 일탈행동으로 자신을 표현하려는 학생이 많다. 교육연극수업으로 무기력해진 학생이 수업 안으로 들어올 수 있다면, 소외된 학생이 자기 생각을 만들어낼 수 있다면, 친구와 함께 순간순간 공동의 작품을 만들어갈 수 있다면, 이것이 교육연극수업의 강점이라 할 수 있을 것이다.

학생들에게 '다르게 생각하기'와 '더 생각하기'를 자극하기 위해, 수업자는 수업을 기획할 때 재미없는 교과서와 지도서를 꼼꼼하게 읽는다. 가르칠 것과 버릴 것을 골라내는 작업을 하기 위해서다. 그 기준은 학생들이 반드시 알아야 할 내용이다. 가르칠 것을 골라 살을 덧붙이고 가지를 다듬는다. 그 과정이 매우 조밀하다. 때로는 수업 전에 수업시간에 할 말을 미리 기록하기도 한다. 좋은 수업이 저절로 되는 것은 아니다. 몇 가지 교육연극기법을 적용한다고 되는 것도 아니다. 이때 교사에게 필요한 것은 화려한 소품과 수업모형이 아니라 학생들이 도전적으로 내면을 표현할 수 있는 예리한 질문을 할 수 있는 역량이다. 공부하는 교사만이 가능한 일일 것이다.

8

교육연극수업에서 '사람'을 배우다

　요즘 학교에서는 작은 갈등이 큰 분쟁으로 변하는 경우가 잦다. 사회문화적 변화와 맞물려 학생들의 자존감과 공감능력은 낮아지고, 스트레스 지수는 상승하여 공격적이 된 탓이다. 이런 학생들을 대상으로 수업하려면 변화가 필요하다. 앉아서 듣기만 하는 수업에서 학생들은 존재감을 느낄 수 없다. 존재감을 갖기 위해서는 수업 속에 '내'가 있어야 한다. 만약 수업시간에 내가 광복하는 날로 돌아가 독립운동가가 된다면 어떤 기분일까? 어떤 말을 했을까? 일본순사라면 어떤 기분일까? 어떤 말을 할까? 학생들은 자기를 드러내는 친구들을 만난다. 이런 수업에는 졸고 있는 학생이 없다.

　다양한 표현들을 통해 학생들의 타인에 대한 이해와 공감대가 확장된다. 즉흥극은 공연처럼 미리 준비하는 것이 아니라 수업시간 중 4~6명이 즉각적으로 만들어낸다. 밀도 있게 협력하지 않으면 즉흥극을 완성하기가 힘들다. 교육연극수업 중 가장 몰입도가 높은 순간은 모둠으로 무엇인가를 창작할 때다. 짧은 시간에 많은 대화가 오가고, 대화를 몸짓으로 연결한다. 평소 같으면 갈등과 대립이 될 만한 신체 부딪힘이나 의견 충돌도 그냥 넘어간다. '협동학습'이나 '민주시민수업'이라고 명명하지 않아도 교육연극수업의 바탕에는 이해와 공감이 흐른다. 5부에 우리 역사 속 인권 수업이 있다. 역사 속 인권침해 상황을 즉흥극으로 표현하는 것이었는데, 한 모둠에서 조선시대 신분에 따른 차별을 즉흥극으로 만들었다. 신분이 높은 사람들이 모이는 자리에 신분이 낮은 사람이 갔다가 문지기에게 봉변을 당하는 장면이다. 수업자가 문지기 학생에게 질문했다.

수업자   왜 신분이 낮은 사람을 몽둥이로 때렸나요?

학생(문지기)   여기는 신분이 높은 사람만 참석하는 자리인데 신분이 낮은 사람이 와서 귀찮게 굴어서요.

다른 학생이 질문   그냥 말로 하지 왜 사람을 때렸나요?

학생(문지기)   (머뭇거리며) 그냥 습관적으로 신분이 낮은 사람은 늘 몽둥이로 때렸기 때문인 것 같아요.

다른 학생 질문   신분이 낮은 사람이 맞고 아파하는 것을 보고 기분이 어땠나요?

학생(문지기)   그때는 좀 미안하다는 생각이 들기도 하고...

짧은 즉흥극이었다. 이 속에서 학생들은 내가 아닌 시대를 초월하여 다른 시대의 역사적 인물이 되어보는 경험을 할 수 있다. 학생들은 각자 하나의 역할을 할 뿐이지만 차별을 하는 사람과 받는 사람, 그리고 신분차별이 일어나는 사회 모두를 만날 수 있다. 그뿐만 아니다. 구체적인 상황을 통해 비판적인 시선을 가질 수 있으며, 타인에 대한 이해와 공감의 폭을 넓힌다. 이렇게 교육연극수업은 자기를 표현하는 시간일 뿐만 아니라 타인을 바라보는 시선을 성찰할 좋은 기회가 된다.

교육연극수업은 사람이 중심이다. 학생들은 시대를 초월하여 역사적 인물로 살아볼 수도 있고, 자연물이 되어 세상을 바라볼 수도 있고, 물건이 되어 대화를 나누기도 한다. 각자의 생각과 표현방식은 다르지만 자신의 존재를 드러내고 상호 인정하는 시간이다. 즉흥극은 함께 만들어야 하므로 친구가 소중하고, 함께 만든 이야기이기 때문에 더 그 이야기가 소중하게 느껴진다. 굳이 인성교육이나 전인교육을 언급하지 않더라도 교육연극수업 과정을 보면 학생들은 평소보다 표정이 밝고 서로에게 관대하다.

교육연극수업에서 교과지식은 내용이고, 그 내용을 습득하는 것은 사람(학생)이다. 사람이 중심이 되어 그 지식을 습득할 때 인지와 감성이 함께 작동한다.

9

교육연극수업의 3가지 키워드
: 동료, 지속성, 학교문화

교육연극수업을 경험한 교사들은 공통적으로 "참 좋기는 한데 수업을 구상하고 진행하는 것이 엄청 힘들다"고 말한다. 맞는 말이다. 한 회기 수업을 기획하려면 교과서 재구성부터 연극적 활동을 고안하기까지 에너지가 많이 필요하다. 힘들게 기획한 수업이 꼭 성공한다는 보장도 없다. 그래서 교사들은 지치고 다시 시도하기가 두려워한다. 이때 필요한 것이 '동료'다. 교육연극수업을 위해 꼭 필요한 요소는 다음과 같다.

첫째, '함께할 동료'이다. 함께할 동료가 서로의 '수업친구'가 된다. 수업친구가 수업 전문성이나 성향 면에서 서로 도움을 주고받을 수 있으면 더 좋다. 필자와 수업자의 관계가 여기에 해당한다. 필자는 수업을 코칭한 경험이 많고, 수업자는 수업 아이디어와 질문 능력이 탁월하기 때문에 공동으로 수업을 기획하고 새로운 수업에 도전하는 데 최적의 조건이었다. 수업친구는 서로에게 칭찬과 격려만 하는 관계가 아니다. 그런 상태라면 자극과 도전과제가 없어서 발전이 없다. 서로에게 자극이 되고, 자극에 대한 새로운 반응이 생성되어야 의미 있는 수업친구가 된다. 학년이나 경력으로 엮이는 수업멘토와는 다르다.

만약 수업친구의 수준이 같다면 조금이라도 강점이 있는 부분을 찾는 것이 좋다. 예를 들면 A 교사는 전체적인 수업 구상력이 뛰어나 필요한 주제 선정을 잘하고, B 교사는 상황에 맞는 연극적 활동을 잘 만들어낸다면 둘이 함께 알맞은 주제를 선정하고 수업활동을 엮어가는 것이 가능하다. 교사에 따라 수업의 큰 그림을 잘 구상하는 사람이 있고, 큰 그림으로 구상된 수업을 잘게 나누는 작업을 잘하는 사람이 있다. 이 두 사람이 만나면 좋은 조합이 되어 수업기획이 창의적일 수 있다.

둘째, 지속성이다. 교육연극수업이 아무리 좋다고 해도 단기간으로 학생들의 인지와 감성이 달라지지는 않는다. 10회기 정도의 교육연극수업으로 학생들의 창의성이나 자기존중감이 향상되었다는 글들을 보면 의문이 든다. 실험연구를 끝낸 직후에는 실험의 사전과 사후에 유의미한 차이가 있을 수는 있다. 그러나 25명 남짓한 학생들을 대상으로 평균 0.1~0.2점 차이 나는 것을 유의미한 차이라고 말할 수 있을지, 이것을 근거로 향상되었다고 해석하는 것은 지나친 해석이 아닌지 재고해볼 문제이다. 6개월 후에도 그 차이가 지속될지 궁금하다. 유의미한 차이가 지속되려면 간헐적이라도 교육연극수업이 계속되었을 때만 가능하기 때문이다. 여기서 말하고 싶은 것은 단기간의 교육연극수업에 너무 많은 것을 기대하고, 그것이 효과가 있었다고 말하는 것은 위험하다는 것이다. 우리에게 중요한 것은 평균 0.1점 차이가 나는 것을 근거로 '유의미한 차이가 있다'라고 결론짓는 통계상의 실적이 아니라, 실제로 학생들의 인성과 감정 그리고 공부에 대한 태도가 어떻게 달라졌는가이다. 필자는 교육연극수업에서 나타나는 학생들의 반응과 이 수업에 대한 학생들의 의견을 간략하게 학회지에 실은 적이 있다. (「교육과정연계 교육연극수업 실천사례연구」, 「교육연극학」 제9권 2호, 한국교육연극학회, 2018) 가령 어떤 학교가 6년 동안 연극

놀이와 교육연극수업을 했더니 인근 학교보다 학교폭력 사안이 줄었고, 학생들이 정서적으로 안정되었다고 한다면 그것은 신뢰할 만하다. 왜냐하면 6년은 학생들의 인성과 감성, 그리고 태도를 변화시킬 수 있는 충분한 시간이기 때문이다. 우리는 흔히 학생들의 변화를 수치로 측정하려고 든다. 그것도 단기간에 말이다.

필자 역시 오래전에 이런 단기간의 양적연구로 '특정 수업모형을 적용하면 학습효과가 높다'라는 논문을 쓴 적이 있다. 사실 논문을 쓰기 전에 이미 원하는 결론이 정해져 있었고, 평균 1~2점의 차이를 근거로 유의미하다고 해석했다. 그렇게 특정 수업모형이 효과가 있는 것으로 결론지었다. 이런 양적연구가 당시 교육학에서 주류를 이루었고, 지금도 성행하고 있는 것으로 알고 있다. 연구자의 연구, 관찰과 해석으로 이루어지는 질적연구는 객관성이 부족하다는 이유로 교육계에서 기피하는 경향이 있다. 우리가 정량적 수치에 조급해하지 않는다면, 학생들의 변화를 서서히 느낄 수 있을 텐데 말이다. 교육연극수업을 지속적으로 하기 위해서는 인내심과 함께 위에서 말한 '함께할 동료'가 반드시 필요하다.

셋째, 수업은 물론 교사의 몫이다. 그런데 학교가 교사의 수업을 지원하는 문화라면 큰 힘이 된다. 교사들이 수업분야에서 필요한 지원은 예산, 인력, 물품, 시설 지원 등 다양하며 상황에 따라서도 다르다. 더운 여름에 체육수업을 할 때는 그늘막 설치가 필요하고, 온 책 읽기를 할 때는 도서 구입이 필요할 것이다. 생태체험을 위해서는 텃밭이나 수생식물원이 필요하기도 하고, 과학실험을 위해서는 친절한 과학 실무사가 필요하다. 다양한 수업을 하는 데는 여러 가지 주변 도움이 필요하다. 새로운 수업을 고민하는 교사일수록 필요한 준비물이 많고 요구할 사항이 많은 것은 당연한 일이다. 그래서 필자는 학교에서 수업과 관련해 요구사항이 많은 교사를 존중한다. 그들의 열정을 인정하기 때문에 그 요구가 합당하다면 기꺼이 지원하려고 한다. 수업고민이 적은 교사는 주어진 조건 내에서만 수업하기 때문에 상대적으로 요구할 것이 별로 없다.

교육연극수업의 경우 필요에 따라 '예산'이 드는 경우가 있다. 교사들만으로는 극적인 체험을 지도하는 데 한계가 있을 때 예술강사를 단기간 채용한다면 큰 도움이 된다. 학교예산에서 강사비를 지원해주면 된다. 절대 불가능할 만큼 큰 예산이 드는 것이 아니다. 수립한 예산에서 불필요한 행사 비용이나 덜 필요한 예산을 전용하면 된다. 학교에 따라서 이것을 쉽게 허용하는 학교도 있고, 억지로 해주는 학교도 있고, 불가능한 학교도 있다. 여기서 수업을 지원하는 학교문화를 볼 수 있고, 학교가 얼마나 교육과정 운영을 중시하는지를 엿볼 수 있다. 관행적인 행사나 보여주기식 행사를 축소한다면 수업을 지원할 최소한의 예산은 확보할 수 있을 것이다. 예산을 전용하는 것보다 진짜 어려운 것은 '생각을 바꾸는 것'이다. 시도하기도 전에 안 될 거라고 생각한다면 될 리가 없다. 되지 않을 것이라고, 변하지 않을 것이라고 미리 포기한다면 우리에게 변화란 요원한 일이다. 학교에서는 '어쩔 수 없이, 관행대로, 작년에 했던 대로' 이어지는 일들이 많다. 이 책을 읽는 독자들의 학교는 어떤지 궁금하다.

지금까지 왜 수업을 고민하는 필자가 교육연극수업에 기대는지를 살펴보았다. 교육연극수업의 필요성은 나의 수업을 성찰하는 데서 시작해야 한다. 내 수업에 학생들이 어느 정도 몰입하는지, 어느 정도 소외되어 있는지 눈빛을 마주해보자. 교사가 수업을 고민하고, 변화를 시도해야 하는 이유다. 또 이런 노력의 과정들이 교사로서 자존감을 지켜나가는 길이다. 교육부가 아무리 교육과정을 개정해도, 교육청의 정책이 큰 비전을 제시해도, 교사 개개인의 수업을 관장할 수는 없다. 교사 각자가 자율적인 변화의지와 공적 책무성을 가질 때 수업성장이 가능하다. 이 책을 읽는 독자가 함께한다면 기대해볼 만하다.

교실공간이 수업의 무대가 된다

　'앗! 이게 뭐야! 교실이 왜 이 난장판이지? 이게 수업시간 맞아?' 맞다! 교실이 난장판인 것도 맞고 수업시간인 것도 맞다. 그런데 자세히 보면 아이들은 나름의 질서가 있고, 어딘가에 시선이 고정되어 있다. 의자에 바르게 앉는 자세가 늘 수업 자세인 것만은 아니다. 이제 생각을 바꾼다면?

모든 공간이 수업의 무대가 된다(공간)

　우리는 왜 교실을 네모로만 기억하고, 네모 안에서 수업하려고 하는가? 혹시 기존 관념에 익숙하여 교실은 '좁고 융통성 없는 공간'으로 인식하고 있는 것은 아 닐까? 물리적으로 공간을 확대할 수 없다면 교실공간에 대한 발상을 바꾸어보자.

6.25 전쟁에서 기차를 타는 장면

　　교실 책상을 쭈욱 연결하여 기차를 만들었다. 6.25 전쟁을 하는데, 피난민들이 기차를 타는 절박감을 연출하고 싶었다. 그래서 책상을 기차로 활용했다. 교사가 맨발로 책상(기차) 위에 올라가 기관사 역할을 했다. 연극강사는 차장이 되어 학생들을 기차에 태우는 역할이다. 연극강사의 우렁찬 목소리로 긴장감이 한층 고조되었다.

　　"기차 떠나요. 기차 떠나요. 지금 이 기차 놓치면 피난 못 가요. 자, 빨리 줄 서요! 빨리 줄 서세요!"

　　이 수업으로 공간 사용에 대한 고정관념을 깰 수 있었다. '이렇게까지 난장판을 만들며 수업할 필요가 있을까?' 하고 의문이 생긴다면 단연코 한번 해보기를 권한다. 교실은 넓이가 매우 제한적인 공간이다. 우리가 그 공간 안에서 가장 안전한 움직임만을 생각한다면 우리는 늘 최소한의 공간만 이용할 수밖에 없다. 수업에서 공간을 좀 더 적극적이고 도전적으로 활용할 수 있다면 내 수업이 달라지지 않을까? 책상 25개를 연결하면 그럴싸한 기차가 된다. 그 순간 책상 앞에 줄을 길게 선 학생은 아무도 그것을 책상이라고 생각하지 않는다. 기차를 타기 위해 애가 타는 피난민이 된다.

이론과 실제 수업 사이에는 아이러니가 있다. 수업 속에서 학생들이 '참 창의적이구나!' 하고 감탄하는 순간이 있는데, 그런 감탄을 자아내는 아이들의 창의성이 이론에서 말하는 독창성인지, 정교성인지, 융통성인지, 유창성인지가 명확히 구분되지 않는다. 더 중요한 것은 그 유형을 굳이 구분하는 것이 수업에서 별 의미가 없다는 사실이다. 학생들은 소소한 상황에서 바로 공간을 상상하고 상황을 만들어낸다. 학생들의 사고는 유연하고 상상력의 힘은 우리가 생각하는 것보다 크다. 책상에 걸터앉는 순간 학생들은 기차에 올라탄 피난민이 된다. 기차를 탔다는 안도감과 기차를 타지 못한 이들에게 느끼는 미안함마저 교차한다. 이 교실이 바로 1시간 전 도형의 넓이를 구했던 딱딱한 공간이었다는 것이 믿기지 않는다. 같은 교실, 다른 수업이라고나 할까.

3부

단위수업형 교육연극수업, 작은 몸짓으로 표현하다

0
프로젝트 주제
: 일상수업이 교육연극수업이 되기까지

　　교육연극수업을 처음 접하는 교사들이 시도해볼 수 있는 단위수업형 교육연극
수업이다. 교육연극 연수에서 배운 연극기법들을 수업 안으로 접목시키고, 교육연
극을 놀이가 아니라 수업으로 전환시키는 지점이다. 교실에서는 모둠토의수업, 실
험수업, 야외수업 등 여러 가지 형태의 수업이 일상적으로 이루어진다. 교육연극
수업도 그중 한 가지다. 교육연극수업은 '연극'을 발표하는 수업이 아니다. 이 수
업을 준비하느라 다른 수업준비가 소홀하다면 잘못된 선택이다. 교육연극수업에
서 교사가 첫 번째로 할 일은 학생들이 적극적으로 수업에 몰입하고 몸으로 표현
할 수 있는 '적절한' 주제를 선택하는 것이다. 모든 주제가 교육연극수업에 적합한
것은 아니므로 블록수업으로 운영할 수업 주제를 선택하는 것은 중요하다. 여러
교과를 프로젝트형으로 연결하는 수업은 교과별 성취기준과 내용을 명확하게 이
해하고 연결해야 한다는 하는 부담이 있다. 이에 비해 단위수업형 교육연극수업은
적절한 주제를 선정하여 독립적으로 운영할 수 있어 수업에 대한 부담이 적다. 또
한 교육연극을 여러 교과에 적용할 수 있다는 장점이 있으니 한번 시도할 만하다.

학생들의 일상 언어가 교육연극의 주제다(비유)

1) 단원: 국어 1. 비유적 표현

2) 주제: 비유적 표현을 사용할 때 좋은 점 알기

3) 핵심질문: 나는 왜 비유적 표현을 사용하는가?

4) 수업고민

'사과 같은 내 얼굴, 천사 같은 마음' 등 비유적 표현을 기능적으로 익히고 사용하는 경우가 많다. 국어책에서 활용하는 방식을 중심으로 비유적 표현을 다루기 때문이다. 하지만 수업자는 '비유'의 문학적인 표현기법보다 학생들의 언어지식 활용 면에 초점을 두었다. 소설, 시 등의 문학작품이 아니라 학생들이 일상적인 생활언어 속에서 쓰는 비유적 표현을 수업의 텍스트로 설정한 것이다. 즉, 자기 생각을 말할 때 비유적인 표현을 사용하면 어떤 점이 좋은지를 알고 비유적인 표현을 왜 사용하는지 그 필요성을 이해하는 데 목표를 두었다.

그렇다면 이미 비유적 표현을 사용하고 있는 학생들에게 그 개념을 어떻게 설명하면 좋을까? 교과서에 나온 비유의 개념은 '어떤 현상이나 사물을 비슷한 현상이나 사물에 빗대어 표현한 것'이지만 이 설명 자체가 더 어렵게 느껴질 수 있다는 생각이 들었다. 국어사전식 의미해석은 학생들에게 국어를 어렵고 재미없게 만들기 쉽다. 그래서 수업자는 교과서에 나온 개념을 단순화하여, '비유란 어떤 것을 그것과 비슷한 다른 것으로 빗대어 표현하는 것'으로 정리한 후 수업에 적용했다.

이 수업에서는 학생들이 기능적으로 특정한 표현법을 아는 것보다는 그 표현이 '나의 언어생활에 왜 필요하고, 어떻게 사용할 수 있는가'를 이해하는 것이 중요하다. 그리고 학교, 가족, 친구, 선생님처럼 학생들이 표현하고 싶은 주제를 선택하여 그 내용을 정지 장면으로 만들고 비유적인 문장으로 표현하는 것이 핵심활동이다.

5) 수업계획

활동주제	세부활동 내용
3월 첫 만남 떠올리기	○ 3월 선생님의 첫인상은? '무서운 우리 선생님': 첫날 만난 선생님에 대해 가족에게 설명하기
일상적인 대화 속 비유적 표현 찾아보기	○ ①의 활동에서 쓰인 표현 중 비유적 표현 찾아보기 '왜' 생각해보기: '왜' 그렇게 설명했나?, '왜' 이해할 수 있었나? 등 –처럼, ~같이를 넣어 표현했을 때 → 상상한다, 그려본다, 더 생생하다 등
비유적 표현 이해하기	○ 어떤 현상이나 사물을 비슷한 현상이나 사물에 빗대어 표현한 것 (앞에서 학생들이 표현한 문장을 예로 설명하기) 어떤 것을 그것과 비슷한 다른 것으로 빗대어 표현하는 것
주어진 사물이나 현상을 비유적으로 표현하기 – 정지 장면으로 표현하기	○ **모둠별로 사물이나 현상을 비유적으로 표현하기** 표현하고 싶은 사물이나 현상 정하기 → 모둠별 주제어 정하기(원하는 것으로) → 빗대어 표현할 수 있는 여러 가지 사물이나 현상 찾기 → **공통점이 드러나게 정지 장면으로 표현하기** → 빗대어 표현하고 있는 사물이나 현상 추측하기 → 비유적 표현을 넣어 문장으로 만들어보기

활동주제	세부활동 내용
비유적 표현의 좋은 점 알기	○ 비유적인 표현을 사용한 경우 vs 사용하지 않는 경우 비교해보기 → 비유적 표현의 좋은 점 알기 생생한 느낌, 장면이 쉽게 떠오름, 내용을 이해하기 쉬움 등 ○ 비유적으로 표현할 때 주의할 점 알기 – 어떤 현상이나 사물을 비슷한 현상이나 사물에 빗대어 표현하는 것 　　　　　① 　　　　　　　　　　② ①, ②를 모두 알아야/①, ② 중 하나는 알아야 비유적 표현이 가능함.
정리하기	○ 배운 내용 정리하기(복습노트)

6) 수업의 실제

가. 어느새 수업은 시작되고

수업을 참관할 때 늘 긴장한다. 수업자는 절대로 수업시작을 알리거나 칠판에 학습목표를 기술하지 않기 때문에 참관자가 정신을 똑바로 차려야 한다. 지금 수업자가 하는 멘트가 농담인지 아니면 수업상황 속 질문인지 헷갈릴 때가 있다. 오늘도 필자는 카메라를 설치해 놓고 언제 녹화버튼을 눌러야 할지 기다리고 있다. 수업자는 3월에 조카와 나누었던 전화통화 내용에 대해 이야기하고, 학생들은 연신 깔깔거린다.

수업자	3월 2일, 선생님 조카는 담임 선생님이 엄청 무서웠다고 했어요. 여러분은 부모님이나 친구들에게 선생님을 설명할 때 어떻게 말했어요?
학생	무섭다고 했어요. 카리스마 대마왕이라고 했어요. 도깨비 같다고 했어요.
수업자	왜 설명할 때 도깨비 같다고 했어요?

학생	도깨비같이 무서운 생각이 들어서요.
수업자	'선생님은 무섭다'와 '선생님은 도깨비 같다'를 들었을 때, 어느 쪽이 더 무섭게 느껴지나요?
학생	'도깨비 같다'라고 할 때가 더 무서워요.
수업자	왜 더 무섭게 느껴질까요?
학생	도깨비가 떠올라서요.
수업자	선생님을 도깨비에 빗대어 설명하니까 듣는 사람은 어때요?
학생	듣는 사람이 이해하기 좋아요. 상상할 수가 있어요.
수업자	그래요. 이렇게 어떤 것을 그것과 비슷한 다른 것으로 빗대어 설명하는 것, 이것을 비유적 표현이라고 해요.

수업은 그렇게 시작된다. 오늘의 수업주제가 '비유법'이라는 것을 학생들은 모른다. 그런데 이미 비유적 표현을 사용하고 있다. 조카와의 일화를 통해 깔깔거리는 유머로 시작한 수업은 비유적 표현을 왜 사용하는지, 어떻게 사용하는지 칠판에 판서하기에 이르렀다.

생활 이야기로 시작하는 수업   비유적 표현

불행히도 대부분의 학생에게 '공부'는 지겨움의 시작이요, 졸림의 포문이다. 만약 학생들이 공부의 시작을 유쾌하게 생각한다면 교사들이 느끼는 수업은 훨씬 덜 부담스러울 것이다. 그래서 필자는 배움문제와 배움목표 중 어느 것이 더 효율적인지, 또 이것을 언제 제시하는 것이 좋은지 갑론을박 하는 것보다는 학생들이 배우는 것을 조금 덜 지루하게 생각할 수 있도록 접근하는 것이 진정한 학생중심 수업이라고 생각한다. 지극히 평범한 일상의 대화가 학생들의 웃음소리와 눈빛을 모을 수 있다면 충분히 의미 있는 수업의 시작이 될 수 있다.

나. 3월 학급문화가 엿보이는 마음열기

학생들에게 새 학년, 새 담임의 영향력이 얼마나 큰지 알 수 있다. 비유적 표현을 나타내는 정지 장면의 주제로 학생들이 선택한 것은 친구, 학교, 부모님, 우리반, 숙제, 선생님, 동생, 애완동물, 마인드맵이었다.

학생들이 선택한 주제들

여기서 엿볼 수 있는 것은, 학생들의 생활반경이 그다지 넓지 않으며 학교가 학생들에게 미치는 영향력이 크다는 것이다. 그래서 학교에서 제공하는 다양한 교육 프로그램과 질 높은 수업은 학생들에게 절대적인 역할을 할 수밖에 없다.

학생들은 수업시간 내내 선생님이 무섭다고 성토대회를 하고 숙제가 많다고 투덜댔으며 마인드맵이 어렵다고 호소했지만, 그 속에는 '우리 반, 우리 선생님'에 대한 신뢰와 애정이 묻어 있다. 학생들은 공부한다기보다는 3월을 지낸 우리 반 문화를 있는 그대로 쏟아내는 것 같았다. 비유적 표현으로 나타내기 전에 그 주제에 대해 충분히 이야기를 나누고 느끼면서 자연스럽게 래포(Rapport)가 형성된다.

다. 정지 장면으로 나타내는 비유적 표현들

교육연극수업이 수업의 흐름을 놓치면 놀이마당이 된다. 일단 학생들은 일반 수업보다 신체적으로 훨씬 자유롭고 친구 간의 물리적 거리가 매우 가깝기 때문에 틈새를 이용하여 수다를 떨 수도 있다. 이런 단점을 극복하기 위해서는 교사가 학생들이 명확히 인지할 수 있도록 활동의 방향성을 제시해야 한다.

수업자는 학생들에게 정지 장면으로 만들어야 하는 내용을 강조한다. 즉 무엇을 정지 장면으로 만들 것인가가 중요한 미션이고, 그 은유적 표현을 해석하는 것이 활동의 핵심이다. 특히 이번 정지 장면은 수업자가 수업내용에 맞게 세분화하여 변형했다. 모둠에서 대주제를 정하고, 다시 2인 1조로 나누어 비유적 표현이 들어간 정지 장면을 만들었다.

다음 장면은 선생님이 의자에 앉아 있고, 그 앞에서 몇 번이나 반복해서 검사받는 학생들을 나타낸 정지 장면이다. 이 두 학생은 '마인드맵은 무한계단 같다'라는 비유적 표현을 만들었다. 그다음 남학생과 여학생은 두 눈을 부릅뜨고 손바닥을

세우고 주변을 오락가락한다. 이 학생들은 '마인드맵은 미로 같다'를 표현한 것이
다. 정지 장면을 보고, 수업자는 학생들에게 질문한다.

"이 모둠의 주제는 뭘까요?"

"이 사람은 누굴까요?"

"이 두 사람은 무엇을 나타내는 걸까요?"

마인드맵을 정지 장면으로 표현

이 활동에 무임승차하는 학생은 없고, 각자 주제에 맞는 비유적 표현을 만든다.
학생들이 만든 비유적 표현에는 학교생활이 절대적인 비중을 차지한다. 필자는 학
생들이 '우리 반은 지옥 같다, 우리 반은 북한 같다'라는 말을 스스럼없이 하고 기
발한 정지 장면을 만들어 유쾌하게 설명하는 것을 보면서, 역설적이게도 그 표현
안에서 온기를 느꼈다. 학생들이 사용한 비유적 표현은 화려하지도 않고 문학적이
지도 않지만 나의 일상, 나의 감정을 그대로 빗대어 말한 것이다. 실제로 이 수업에
서 중요한 것은 바로 그것이다.

비유적 표현들

7) 수업성찰

수업 전에 수업자는 문학적 경험이 적은 학생들이 수업자의 질문을 이해하지 못할까봐 염려했다. 그러나 수업자의 단계적이고 구체적인 질문으로 학생들은 비유적 표현의 개념을 쉽게 이해했고, 해당 주제에 맞게 비유적으로 표현할 수 있었다. 이것이 가능했던 것은 수업자가 제시한 비유의 소재가 학생들에게 친근했기 때문이다. 첫 주제는 바로 '선생님'이었다. 학생들은 이 기회에 선생님에 대해 평소 못 했던 말들을 마구 쏟아냈다. '선생님은 도깨비처럼 무섭다, 귀신같이 무섭다, 숙제는 감옥이다' 등 끊임없이 쏟아내며 카타르시스를 느끼는 것 같았다. 비유적 표현을 공부했다기보다는 6학년이 되어 이런저런 힘들었던 속내를 토로하는 데 비유적 표현을 활용했을 뿐이다.

이번 수업에 활용한 교육연극기법은 정지 장면 만들기 한 가지다. 교육연극수업에 여러 가지 기법들을 활용해야 하는 것은 아니다. 정지 장면만으로도 자기 이야기를 쏟아내기에 부족함이 없었다.

2

주인공의 마음 발자국을 따라가다(인물)

1) 단원: 국어 3. 마음을 표현하는 글 / 창체. 동아리: 온 작품 읽기

2) 주제: 인물의 마음 생각하며 글 읽기

3) 핵심질문: 내가 소녀라면, 소녀와 같은 상황에서 어떤 마음일까?

4) 수업고민

　수업자는 늘 답이 뻔한 교과서 속 인물의 성격이나 마음 찾기가 식상했었다. 생각하고 상상할 필요도 없이 정답이 나와 있기 때문에 수업시간에 할 일이란 교과서에 줄을 긋고, 빈칸에 써넣는 정도만 하면 된다. 그렇다고 교과서 지문이 학생들의 흥미를 불러일으킬 정도로 재미있는 것도 아니다. 그래서 새로운 일탈을 시도했다. 서점에서 그림책을 뒤졌다. 학생들이 관심을 가질 만하고, 너무 두껍지 않으며 인물의 마음을 상상해볼 수 있는 책으로 『빨간나무』(숀탠, 2002년)라는 그림책을 골랐다. 그림 장면이 추상적이라 해석하기가 쉽지는 않았지만, 주인공 소녀의 감성이 섬세하게 그려지고 복합적인 심리변화가 담겨 있어서 인물의 마음을 파악하는 활동에 적절하다는 생각이 들었다. 그래서 소녀의 표정과 장면을 상상하고, 내

가 이 소녀였다면 어떤 마음이었을지 정지 장면으로 만들어봄으로써 인물의 마음을 알아가는 활동으로 수업을 계획했다.

5) 수업계획

활동주제	세부활동 내용		
일상적인 이야기 나누기	○ 영화 〈우아한 거짓말〉 떠올리기 – 영상을 보면서 선생님이 눈물을 흘린 까닭 생각해보기		
그림책 속 인물의 마음 느끼기	**정지 장면으로 표현하기**	○「때로는 기다립니다/기다리고/기다리고/기다리고」 – 기다릴 때 소녀의 마음 알아보기 – 소녀의 마음을 어떻게 파악했을까?/소녀의 동작, 표정 등으로 – **소녀가 기다리는 것이 무엇인지 정지 장면으로 표현하기**(보는 사람이 마음을 짐작할 수 있도록 동작과 표정이 잘 드러나게 표현하기)
	색으로 표현하기	○「때로는 자신도 모릅니다. 무엇을 해야 할지, 내가 누구인지」 – 소녀의 마음을 색으로 표현해보기(내가 소녀라면 어떤 마음일까?)
	즉흥극으로 표현하기	○「그러나 문득 바로 앞에 조용히 기다리고 있는 것이 있습니다」 – **소녀를 기다리고 있는 것이 무엇인지 즉흥극으로 표현하기**
그림책 제목의 의미 알아보기	○ 책의 제목 예상하기 ○ 빨간 나무의 의미 알아보기		
그림책 읽기	○ 인물의 마음을 무엇을 통해 느낄 수 있을까? ○ 인물의 마음을 짐작하면서 글을 읽으면 무엇이 좋을까? ○ 인물의 마음을 생각하며 다시 읽기 ○ 빨간 나뭇잎의 의미 찾기		
정리하기	○ 배운 내용 정리하기(복습노트)		

6) 수업의 실제

가. 글을 조밀하게 읽고, 곱씹어 생각하도록 질문하기

교사가 "이 글의 느낀 점을 발표해봅시다"라고 했을 때 바로 답할 수 있는 학생들은 많지 않다. 질문이 너무도 포괄적이기도 하지만 짧은 시간에 발표할 내용을 정리하지 못하는 경우가 많기 때문이다. 그래서 상황에 따라서 확산적 발문보다는 학생들이 글을 이해하고 상상할 수 있도록 유도하는 조밀한 질문이 필요하다. 수업자는 중심 텍스트를 꺼내기 전에, 지난 시간에 봤던 영화 〈우아한 거짓말〉을 통해 다른 사람을 이해하는 것이 얼마나 중요한지 상기시킨다. 이것은 오늘 수업주제가 인물의 마음을 아는 것이고, 인물의 마음을 알기 위해서는 공감이 필요하다는 것을 강조하는 대목이다.

수업자 누군가 내 이야기를 알아주고 공감하면 어떤 느낌이 들까요?

학생 1 힘이 될 것 같아요.

학생 2 감동할 것 같아요.

학생 3 위로가 될 것 같아요.

수업자 오늘 여러분의 이해가 필요한 친구를 한 명 소개할게요. 몸집이 작은 소녀예요.

수업자는 텍스트를 제시하기 전에 학습 분위기를 매우 진지하게 조성한다. 학생들이 내용을 이해하고 관찰할 수 있도록 안내하고, 작은 그림마다 그 의미를 찾아보게 했으며 작가의 입장이 되어 상상할 수 있도록 이끈다.

"왜 물고기가 등장했을까?"

"물고기는 왜 슬픈 표정을 짓고 있을까?"

"물고기의 마음과 소녀의 마음은 어떤 관계가 있을까?"

"왜 이 기계가 여기 있을까?"

"왜 세상은 나를 이해하지 못하는 답답한 기계라고 생각한 걸까?"

이어서 수업자는 학생들에게 눈을 감고 이야기를 들으며 소녀가 뭔가를 기다리는 간절함을 느껴보도록 한다. 그리고 그것을 정지 장면으로 표현하게 한다.

『빨간 나무』   책 보면서 듣기

눈감고 이야기 듣기

나. 소녀의 마음이 나의 마음

뭔가를 기다리고 갈구하는 소녀의 마음은 어떨까? 개인별 정지 장면으로 만들어본다. 다음 사진에서 한 남학생은 몸을 바닥에 웅크리고 시선을 떨어뜨리고 있다. 학생들은 이를 강아지 같다고 한다. 강아지가 주인이 오기를 기다리는 애절함이란다. 오지 않는 것에 대한 좌절을 표현한 것 같다고도 했다. 수업자의 터치로 남학생은 자신의 표현을 설명한다. 처음에는 서서 기다렸는데, 기다려도 오지 않아 실망하고 좌절하여 바닥에 털썩 주저앉은 모습이라고 한다. 이 외에도 하늘을 향해 두 팔을 벌린 모습, 기도하는 모습, 가만히 고개를 숙인 모습 등 학생들은 소녀가 간절히 기다리는 '그 무엇'을 함께 기다리고 있는 것 같다.

기다림에 지친 상태

정지 장면 자체는 매우 단순한 기법이다. 그러나 수업자는 많은 학생들이 생각을 동시에 표현하고 이를 공유할 수 있는 장치로 효율적으로 활용했다. 이 활동에서 수업자가 집중하는 부분은 각 정지 장면에 대해 '왜?'라고 질문하는 것이다. 수업자는 절대로 수업을 조급하게 진행하지 않는다. 학생들이 각자 말할 수 있도록 기회를 주고 충분히 기다린다. 많은 시간이 필요한 것은 사실이지만, 누군가 자기 말을 들어줄 때 학생들은 수업에 몰입한다.

오늘 수업의 핵심활동은 소녀가 기다리던 것을 모둠별로 정지 장면으로 만들고, 소녀의 기다리는 마음과 심정을 나타내는 것이다. '내가 소녀라면 무엇을 기다렸을까?' 수업자는 학생들이 타자로서 인물을 이해하는 것이 아니라, 소녀가 되어 느끼고 상상하게 한다. 한 모둠이 소녀의 외로움과 기다림을 달래주는 위로 공연을 펼치고, 소녀는 사람들의 관심과 위로로 자존감을 회복했음을 표현한다. 소녀가 기다리는 것은 사람들의 관심이었다는 것이다. 장면 속 소녀는 사람들의 비난으로 상처를 받았으나, 이제 따뜻한 관심으로 자신감을 갖게 되었다.

어쩌면 6학년 학생들도 이 소녀처럼 사춘기의 갈망과 상처를 가슴에 담고 다른 사람의 따뜻한 관심을 기다리는 것인지도 모르겠다. 또 다른 모둠은 소녀가 기다리는 것을, 힘든 상황을 함께 나누고 격려해주는 '가족'으로 표현한다. 소녀에게 힘이 되고 살아가는 동력이 되게 하는 것이 가족이라고 것이다. 한편, 하루하루가 지나고 기다리는 것이 나타나기를 바라는 소녀의 마음을 쉼 없이 돌아가는 큰 시계로 표현한 모둠도 있다. 장면 속 소녀는 시계 뒤에서 소심하게 시간이 흘러가기를 기다리고 있다.

소녀를 위로하는 공연

하루가 지나기를 기다리는 소녀

　이 책의 하이라이트는 마지막 페이지다. 작은 빨간 나뭇잎은 어느덧 큰 나무로
성장하여 세상을 향해 가지를 크게 펼쳤다. 어린 소녀도 어엿한 성인으로 성장했
다. 수업자는 다시 질문한다.

수업자　소녀에게 나무는 무슨 의미일까요?

학생　내 곁에 있는 것, 나와 함께하는 것을 의미하는 것 같아요.

수업자　그럼, 나무는 무엇일까요?

학생 1　내 마음이요.

학생 2　내가 원하는 것이요.

학생 3　나의 또 다른 모습이 아닐까요?

수업자　빨간 나뭇잎은 어떻게 큰 빨간 나무로 성장했을까요?

학생　소녀의 관심과 보살핌이 있었기 때문인 것 같아요.

수업자　빨간 나무가 크게 성장한 것을 보는 소녀의 마음은 어떨까요?

학생 4　뿌듯한 마음이 들어요.

학생 5　자신이 자랑스러울 것 같아요.

학생 5   뭔가 해낸 것 같은 기분이 들 것 같아요.

수업자   여러분 옆에도 작은 빨간 나뭇잎이 있을지 몰라요. 그 어린 나뭇잎을 어떻게 큰 나무로 성장시킬지 고민해봅시다.

7) 수업 성찰

그림책 『빨간 나무』는 글이 거의 없는 책이다. 그래서 어렵다. 이 책에서 말하고자 하는 콘텐츠를 그림으로만 해석하고 수업주제와 연결시켜야 한다. 수업자는 이 책을 수십 번 읽었다. 소녀가 되어, 작가가 되어 곱씹어 생각하면서 학생들에게 제시할 질문거리를 찾았다. 그런데 학생들은 의외로 쉽게 받아들였다. 무채색의 색채와 시계, 나뭇잎, 기계, 무대 등 소녀의 슬픔과 함께 하는 갖가지 물건들을 유연하게 생각했다. 인물의 마음이란 한 가지 정답이 있는 것은 아니다. 추측과 상상으로 다양하게 답할 수 있는 질문이다.

수업을 마치고 책이 어렵지 않았냐고 한 학생에게 슬쩍 물어보았다. "아뇨, 재미있었는데요. 뭐가 어려워요!" 학생들은 직관적으로 상상하고 대답했다. 어른들처럼 현실성을 고민하지 않기 때문에 생각에 제약이 없고 부담 없이 상상을 확장시켜 나간다. 교과서의 고정된 지문을 읽고 빈칸을 메꿔야 하는 읽기 수업이 아니라, 그림으로 상상하고 주인공의 마음이 되어보게 한다면 인물의 마음을 더 쉽게 이해할 수 있을 것이다.

이 수업을 보면서 많은 학생들이 인물의 마음을 이렇게 배운다면 얼마나 좋을까 생각했다. 최소한 학생들이 앎에 질리지 않도록 말이다. 수업은 성취기준을 달성하기 위한 것이 아니라 결과적으로 성취기준에 도달하는 것이다.

3

괜찮아, 잠시 잊고 있었던 것뿐이야(휴머니즘)[11]

1) 단원: 미술 10. 건축가의 눈으로 / 창체. 장애이해교육

2) 주제: 장애인 바르게 이해하기

3) 핵심질문: 내가 장애인이라면, 친구들이 나를 어떻게 대해주기를 바랄까?

4) 수업고민

4월, 장애인의 날이란다. 특별한 프로그램을 운영할 계획은 없었는데, 의욕에 가득 찬 신규 특수반 선생님이 학생들에게 장애의 날을 맞이하여 특수반 소식지를 만들어 배부해주었다. 순간 이 시기에 맞춰 학생들을 대상으로 장애이해교육을 제대로 해보면 좋을 것 같다는 생각이 들었다.

지금까지 장애인식교육이나 장애이해교육을 어떻게 해왔는지 기억나지 않는다. 왜 그럴까? 도덕규범을 가르치듯이 '장애인을 도와야 한다, 우리가 배려해야 한다, 친절하게 대해야 한다' 식으로 수업해왔기 때문이다. 하지만 우리가 장애인을 도와야 한다는 규범을 가르치는 것이 아니라, 내가 장애인이라면 친구들이 어떻게 대해주었으면 좋겠는지 실제상황 속에서 '사람과의 관계'를 익히는 것이 중

요하다고 생각한다. 그래서 올해는 장애이해교육를 다른 방식으로 진행해보기로 했다. 미술 건축 단원과 연계하여 역동적인 상황을 설계했다. 이게 진짜 교육연극 수업으로 가능할지 확신은 없었지만 아이들에게 색다른 경험이 될 수 있겠다는 생각이 들었다.

이번 수업은 3부로 구성된다. 1부는 디자인 연구소라는 공간을 설정하여 놀이터 공모사업에 응모하는 것부터 시작한다. 이때 학생들은 4개의 연구소팀이 되고 팀장, 부팀장, 기록자, 놀이기구디자이너, 공간디자이너 등 각자의 역할이 있다. 학생들이 상황을 실감나게 느낄 수 있도록 교실 전면에 '디자인 연구소'라고 써 붙였다. 학생들은 복도에서 교실로 들어가면서 자연스럽게 연구소 직원이라는 역할을 입게 된다. 2부는 공모에 탈락한 이유를 장애인과 관련지어 찾고, 4가지 미션과제를 해결하는 것으로 구성했다. 이 수업의 중심 부분으로 정지 장면과 즉흥극을 만들어보면서 학생들이 장애인에 대해 어떤 생각을 갖고 있는지 알아보았다. 이 수업이 놀이터를 만드는 재미있는 활동만으로 기억되지 않도록 수업자는 핵심질문을 상기시켰다. 공모사업이라는 상황 설정이 학생들이 몰입할 수 있는 동기가 되었다.

5) 수업계획

활동주제		세부활동 내용
1차 건축물 디자인 하기	상황 설정하기	○ 상황 속으로 들어가기 – 연구소로 출근하는 직원되기 '아이들이 행복한 공간을 만드는 디자인 연구소' – 교사: 연구소 대표 학생: 디자인 1~4팀(팀장, 부팀장, 놀이기구디자이너, 공간디자이너) – 프로젝트: ○ ○ 유치원 놀이터 디자인(창의, 다양, 조화, 안전 등) ※ 비용 제한 없음

활동주제		세부활동 내용
1차 건축물 디자인 하기	상황 설정하기	(팀별 테이블 위에 활동순서, 역할안내, 공문 및 자료 등을 보고 활동 이해하기) – 4팀의 디자인 중 하나의 디자인을 선정할 예정 – 총 2번의 회의 진행 후 결정
	주변환경 탐색하기	○ 놀이터를 만들 공간 둘러보기(사진)
	놀이터 디자인하기	○ 주변 환경과 어울리는 놀이터 디자인하기(제한시간 50분)
	디자인 공유하기	○ 완성된 놀이터 디자인 발표 및 공유하기–1차 발표 ○ 디자인 수정 보완하기
2차 장애 이해 교육	디자인 공유하기 및 문제의식 갖기	○ **상황 속으로 들어가기** 연구소로 출근 → 2차 발표 → 교육부 연락 → 4개 디자인 공모전 제출 → 모두 탈락 → 이유 탐색 ○ 놀이터 디자인 상황 속 문제 파악하기 – 유치원생 모두가 즐겁고 안전하게 이용할 수 있는 놀이터인가? – 왜 유치원에 장애를 가진 친구가 있을 것이라는 생각을 하지 못했을까?
	장애친구 바르게 이해하기	○ 장애친구들에 대한 우리들의 생각 알아보기 – 특별하다고 생각하는 경우/소수이기 때문에 그 존재를 잊게 되는 경우 등 – 장애친구들이 바라는 우리들의 생각 짐작해보기 ○ 장애친구 바르게 이해하기 – **장애친구들에 대한 오해와 진실, 즉흥극으로 표현하기**(미션 제시) 　상황 1. 우리를 힘들게 한다 → 마음을 표현하는 것이다 　상황 2. 모두 태어날 때부터 그런 것이다 → 누구나 장애인이 될 수 있다. 　상황 3. 무조건 잘 해줘야 한다 → 꼭 필요한 도움만 준다. 　상황 4. 꿈이 없거나 꿈을 이룰 수 없을 것이다 → 노력, 극복, 성장할 수 　　　　있다.
	정리하기	○ 복습노트 정리하기

활동주제		세부활동 내용
3차	디자인 수정하기	○ 모든 아이들이 안전하고 즐겁게 이용할 수 있는 놀이터로 디자인 변경하기 ○ 완성된 놀이터 디자인 발표 및 공유하기–3차 발표

6) 수업의 실제

가. 교실공간이 디자인연구소가 되다

수업자는 교실공간 구성을 완전히 새롭게 만들었다. 교실 전면에는 '아이들이 행복한 공간을 만드는 디자인연구소'라는 문구가 있고, 디자인 1, 2, 3, 4팀으로 책상을 배치했다. 전면에 '디자인연구소'라고 붙였을 뿐인데 학생들은 금방 교실을 연구소로 생각한다. 공간변화가 의외로 간단하게 이루어졌다.

수업자가 연구소의 팀장이 되어 놀이터 디자인을 의뢰하는 전화를 받는 것으로 수업을 시작한다. 수업자가 감색 코트를 입은 것은 연구소 대표의 카리스마를 보여주는 연출이다. 학생들은 한순간에 모두 디자이너가 된다.

디자인연구소로 수업 시작

팀별 공모전 토의

나. 공모사업으로 치밀한 상황 설정하기

교육부가 유치원 놀이터를 공모하고, 학생들은 디자인 연구소의 직원이 되어 공모사업에 응모하는 것으로 시작한다. 수업자는 디자인 연구소의 분위기를 연출하기 위하여 치밀하게 준비했다. 학생들 각자에게 역할을 입히고, 공모에 필요한 문건을 실제처럼 작성하게 한다. 수업자는 학생들이 수업상황 속으로 몰입할 수 있도록 실제 공모에 필요한 문건을 인터넷 검색과 관련 공문들을 검색하여 준비했다. 학생들은 관련 문건이 들어있는 봉투를 하나씩 받아들고 고민하기 시작한다.

- 교육부의 공모 개최 공문
- 유치원 놀이터 창의 디자인 아이디어 공모전 참가신청서
- 개인정보 동의서
- 아이디어 도용금지 확약서
- 유치원 놀이터 창의 디자인 아이디어 설명서

교사에 따라 이런 문건을 만드는 것이 불필요하다고 생각할 수도 있지만, 때에 따라서는 이런 형식들이 학생들을 상황 속으로 몰입하게 하는 강력한 장치가 된다. 또 학습에서 소외되거나 무임승차하는 현상이 생기지 않도록 학생들 각자가 다른 역할을 맡게 한 점도 중요하다.

* 학생 1. 팀장: 팀 이끌기, 진행상황 체크하기, 팀장회의에 참여해 3회 보고하기
* 학생 2. 부팀장: 회의 내용 정리 및 제출 서류 챙기기
* 학생 3~4. 놀이기구디자이너: 주변 환경에 어울리고 유치원생에게 필요한 안전한 놀이기구 디자인하기

* 학생 5~6. 공간디자이너: 놀이기구를 제외한 놀이터에 필요한 시설 디자인하기

〈공모 관련 문서양식〉

<table>
<tr><td>

교 육 부

제목 「○○유치원 놀이터 창의 디자인 아이디어 공모전」
　　　개최 알림

1. 관련: 교육부 아동복지과-2429(2018.04.24.)
2. 「○○유치원 놀이터 창의 디자인 아이디어 공모전」을 다음과 같이 개최하오니, 해당 연구소 직원들이 참가할 수 있도록 **직무 안내 · 홍보**하여 주시기 바랍니다.

가. 행 사 명: 「○○유치원 놀이터 창의 디자인 아이디어 공모전 - 모두가 즐겁고 안전하게 이용할 수 있는 놀이터」
나. 주최/주관 교육부, 스포츠조선 / (사)한국체육진로교육협회
다. 후　　원: 건강코리아(주), 건강피크(주), 건강연구소
라. 참가대상: 각 관련 연구소 직원
　　　　　　　(개인 참가 불가능. **1팀 5~7명으로 구성**)
마. 신청기간: **2018.04.26.(목) 마감일 11:25까지 제출**
바. 제출 서류
　　1)【서식 1】참가신청서 1부
　　2)【서식 2】개인정보 제공 동의서 1부
　　3)【서식 3】아이디어 도용금지 확약서 1부
　　4)【서식 4】아이디어 설명서
　　※ 도용 확인 시 3년간 공모 신청 불가

</td><td>

○○유치원 놀이터 창의 디자인 아이디어 공모전
〈 참 가 신 청 서 〉

	접수번호	※ 미기재
제목	(팀의 콘셉트 적기)	

단체 참가	팀 명	

위 팀은 위와 같이 「유치원 놀이터 창의 디자인 아이디어 공모전」참가를 신청합니다. 제출한 작품에 허위사실이 있을 시 수상 취소 결정에 따를 것을 동의합니다.

(※ 응모된 작품에 대한 저작권은 응모자에게 있으며 교육부와 스포츠조선은 수상작에 한하여 1년 동안 복제배포할 수 있다. 향후, 교육부와 스포츠조선은 필요한 경우 응모작에 대한 저작재산권 중 일부를 양수하거나 이용허락을 받을 수 있으며 이 경우에는 저작자와 별도로 협의하여 정한다.)

2018. 4.
교육부장관 귀하

아이디어 도용금지 확약서

□ 제목: (팀의 콘셉트 적기)

응모자는 「유치원 놀이터 창의 디자인 아이디어 공모」에 응모작을 제출함에 있어 제3자의 저작권을 침해하지 않도록 주의와 의무를 다할 것이며, 공모전에 제출한 아이디어가 제3자의 아이디어 도용으로 확인될 시 3년간 공모 자격이 정지됨에 이의가 없음을 확약합니다.

2018. 4.
　　　　　　성명: 　　　　　(서명)

교육부장관 귀하

</td></tr>
</table>

　　디자인해야 할 놀이터 공간은 학생들에게 익숙한 실제 운동장으로 정한 후 사진을 찍어서 A2 용지 크기로 인쇄해 나눠주었다. 학생들은 유치원 놀이터를 공모하는 활동에 최선을 다한다. 평소 수업시간에 말이 없던 학생들도 이 시간만큼은 진지하다. 온갖 놀이기구들이 이야기되고, 그것을 학교 운동장 사진 위에 만들어 넣는 일이 학생들 모두에게 얼마나 신나는 일이었을까? 이때까지도 수업자는 핵심질문을 칠판에 제시하지 않았고, 학생들은 이 수업이 장애이해교육과 연결된다는 것을 전혀 눈치채지 못한다. 학생들은 조금 색다른 미술수업이라고 생각하고 있었다.

다. 반전을 만드는 도전적인 수업 기획

수업은 놀이터 공모전에서 시작하여 놀이터 공모 탈락 → 공모 탈락 이유 찾기 → 교육연극 미션과제로 문제의식 갖기 → 공감하기 → 놀이터 수정하기 → 자기 느낌 쓰기로 진행된다. 이렇게 표현하면 수업이 단순하게 보이겠지만 교육연극으로 진행하는 실제수업은 매우 역동적이다. 수업자가 공모전에서 탈락했다는 통보 전화를 받는 장면에서 반전이 시작된다. 이어 수업자는 질문한다.

수업자	우리 작품들이 왜 탈락했을까요? 눈을 감고 우리가 했던 걸 생각해보자. 혹시 뭐 빠진 것은 없는지 다시 생각해보자.
학생	장애인이 있을 수 있다는 걸 생각하지 못했어요.
수업자	우리는 왜 장애인을 생각하지 못했을까?
학생 1	우리는 재미있게 놀 수 있는 놀이터만 생각했어요.
학생 2	우리가 장애인이 아니라서 생각을 못 했어요.
학생 3	장애인이 별로 없어서 생각할 수 없었던 것 같아요.
학생 4	장애인이 놀이터를 이용한다는 생각을 아예 안 한 것 같아요.

수업자는 평소에 우리가 장애인에 대해 생각하지 않고 생활한다는 것을 학생들 스스로 찾게 한다. 정성 들여 만든 놀이터가 아깝기는 했지만, 공모에 탈락하는 과정을 통해 비로소 학생들은 장애인을 간과했다는 사실을 인지할 수 있었다. 교사가 당위적인 지식을 가르치려고 할 때 수업은 지루하고 학생들은 산만해진다. '장애인은 몸이 불편하니까 우리가 도와야 해, 도와주지 않으면 나쁜 사람이야'라고 그저 가르친다면 학생들은 장애인을 어떻게 생각하고 있는지 스스로 성찰해볼 기회가 없을 것이다.

학생들은 지난번에 디자인한 놀이터를 수정한다. 학생들이 상상하는 놀이터에서는 이제 장애인도 함께 놀 수 있다. 학생들의 생각이 어떻게 달라졌는지 제작한 놀이터를 살펴보자.

〈팀별 놀이터의 수정 전후 비교〉

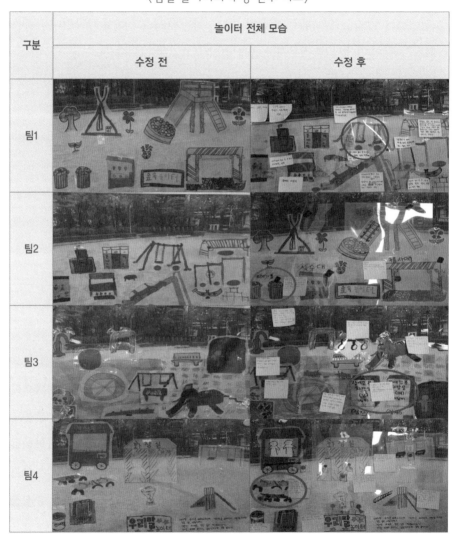

학생들이 처음에 제작한 놀이터는 '재미'있고 다양한 놀이시설이 있는 놀이터였다. 그러나 장애인이 함께 사용하는 놀이터는 '재미'뿐만 아니라 '안전과 편의성'이 고려되었다. 각 시설에는 장애인을 위한 점자와 음성지원, 자동 화장실, 버튼 등의 시설이 추가되었다. 다음 그림은 팀별로 수정한 놀이터 시설의 예다. 학생들이 얼마나 구체적으로 놀이터 시설을 고민하며 상상했는지 알 수 있다.

학생들은 그네 뒤에 등받이를 설치하고, 쓰레기통을 알리는 음성지원서비스를 추가했다. 놀이터에 장애인 화장실을 만들고, 휠체어를 타고 이용할 수 있는 시소시설을 고안했다. 형식적인 장애이해교육 수업이 아니라 모두가 사용할 수 있는 놀이터 공간을 디자인해봄으로써 함께 살아가는 것을 직접 고민해보는 수업이었다.

〈팀별 세부 수정사항〉

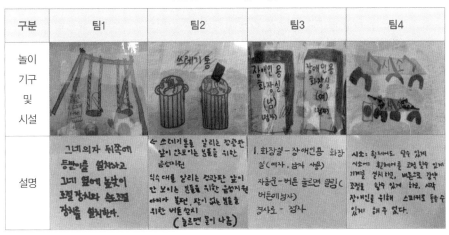

구분	팀1	팀2	팀3	팀4
놀이 기구 및 시설				
설명	그네의자 뒤쪽에 등받이를 설치하고 그네 밑에 높낮이 조절장치와 속도조절 장치를 설치한다.	←쓰레기통을 알리는 깡통안 날이 안보이는 빙통을 위한 음성지원. 식사 때를 알리는 깡깡한 날이 안 보이는 빙통을 위한 음성지원 아이가 붙어, 작이 교는 빙통을 위한 버튼 설치 (누르면 물이 나옴)	1.화장실 - 장애인용 화장실(여자, 남자 사용) 자동문 - 버튼 누르면 열림(버튼에 점자) 경사로 - 점자	시소: 휠체어도 탈수 있게 시소에 휠체어를 고정 할수 있게 까깨를 설치하고, 버튼으로 감속 조절 할수 있게 하고, 시각 장애인을 위해 스피커를 달수 있게 해 주었다.

라. 장애인에 대한 오해와 진실, 즉흥극으로 표현하기

이 수업의 핵심질문은 '내가 장애인이라면 친구들이 나를 어떻게 이해해주는 것이 좋을까?'다. 그래서 우선 우리가 가진 장애인에 대한 오해들을 찾아본 후 크게 4가지로 구분하여 미션과제를 만들었다.

미션 1. 장애인들은 우리를 힘들게만 할까?
미션 2. 장애인은 모두 태어날 때부터 그런 것일까?
미션 3. 장애인에게는 무조건 잘해줘야 하는 걸까?
미션 4. 장애인은 꿈이 없을까? 또는 꿈을 이룰 수 없을까?

이 중 세 번째 주제를 다룬 즉흥극을 자세히 살펴보자.

교실에서 청소 중인 상황이다. 청소하는 사람은 시각장애를 가진 장애인이다. 오른쪽 3명의 학생은 청소를 제대로 하지 못하는 시각장애인에게 청소를 똑바로 하라고 짜증을 낸다. 왼쪽 3명의 학생들은 아픈 친구니까 도와줘야 한다고 편을 들어주었다. 그런데 장애인 친구는 양쪽 모두에게 불편한 기색을 드러냈다. 왜 그럴까?

즉흥극을 정리하면, 장애인 친구가 청소하는 상황을 두고 두 가지 입장이 대립된다.

A: 장애인도 똑같은 사람이니까 제대로 청소해야 한다는 입장
B: 장애인은 아픈 친구니까 무조건 청소를 대신해줘야 한다는 입장

장애인을 어떻게 대할까?

　학생들은 A 입장에 대해 차이를 인정하지 않고 무조건 정상인과 같은 기준을 요구하는 것이 공정하지 않다고 했다. B 입장에 대해서도 장애인을 항상 '아픈 사람'으로 취급하면 장애인은 스스로 무기력해지고 독립적으로 생활하기 힘들 것 같다고 했다. 즉 차이는 인정하되 '장애인이기 때문에 할 수 없을 것이다'라고 단정짓지 말고 할 수 있는 것은 스스로 하도록 하는 것이 진정한 배려라고 결론지었다.

　미국에서 시각장애인이 등산과 스키 등의 취미생활을 하는 것을 본 적이 있다. 우리나라에서는 보기 힘든 모습이었다. 장애인을 보호의 대상이 아니라 주체적으로 살아가야 할 존재로 대해야 할 것이다. 이번 수업은 장애인에 대한 막연하고 감성적인 시선들을 구체적이고 실제적인 시선으로 바꾸는 기회가 되었다.

7) 수업 성찰

　수업 후 학생들이 쓴 수업 이야기는 잔잔한 파도가 되었다. 학생들이 쓴 몇 개의 소감을 그대로 옮겨본다. 이 소감문은 학생들이 수업이 끝나고 그 느낌을 공책에 적은 것이다. 글쓰기가 서툰 학생들이지만 군데군데 감성이 묻어났다.

◆ 내가 지금까지 받았던 인권이나 장애인수업에서는 장애인은 우리보다 부족하고 도움이 필요한 사람들이라고 배웠던 것 같다. 대부분 이런 내용을 반복했던 것 같다. 내가 장애인이 된다면 나를 사회의 약자라고 판단하지 말고, 너무 동정하지도 말고 동등하게 대했으면 좋겠다.

◆ 내 주변에 장애인이 없어서 때때로 그들을 잊을 때도 있겠지만 오늘 이 수업만큼은 잊지 않고 살았으면 좋겠다.

◆ 이번 수업에서 장애인에 대해 새로 생각하게 되었다. 내가 만약 장애인이라면 사람들이 나를 평범한 사람들과 똑같이 대하면 좋겠다.

◆ 오늘 수업에서 친구들이 장애인 몸짓을 했다. 사람들이 차별할 때 그 느낌을 말하는 것을 보며 마음이 울컥했다. 오늘 연극을 실감나게 잘해서 좋았다.

이번 수업으로 학생들의 몰입과 표현이 성장한 것 같이 느껴졌다. 여전히 학생들은 부끄러움이 많고 생각을 조리 있게 말하지는 못하지만 예전에 비해 할 말이 많아진 듯하다. 강력하고 진한 체험은 학생들에게 더 많은 말할 거리와 생각거리를 남긴다.

4

과학, 연극과 만나다(과학)

1) 단원: 과학 1. 계절의 변화

2) 주제: 자연물의 관계로 계절 변화 표현하기

3) 핵심질문: 내가 자연물이라면 계절에 따라 달라지는 모습을 어떻게 표현할까?

   자연물의 변화는 서로 어떤 관계가 있을까?

4) 수업고민

　　과학 교과에서 학생들이 유난히 어려워하는 단원이 지구과학 영역이 아닐까 싶다. 달, 지구, 태양의 움직임을 연관시켜 계절의 변화와 낮과 밤을 이해하는 것이 쉽지 않다. 수업자의 경우에도 학창 시절 내내 지구과학이 어려웠다. 밤하늘을 아무리 봐도 별자리는 찾을 수 없었고, 남들 눈에 북두칠성이 국자 모양으로 보인다는데 수업자의 눈에는 그렇게 보이지도 않았다. 자전, 공전, 태양의 고도 등의 개념들도 어려웠다. 이 분야에 관심도 흥미도 없으니 '앎'의 의지도 당연히 없었고, 수업시간은 늘 지루했다.

　　수업자 같은 학생들을 최소화하려면 어떻게 해야 할까? 이것이 이번 수업고민의 출발이다. 학생들이 과학 수업을 어려워한다면 그 이유가 무엇인지 살펴봐야 한다. 고학년 교과서는 교과내용이 많고 어렵다는 공통점이 있다. 재구성이 필요한 이유가 여기에 있다.

우리는 과학 수업에 탐구수업, 실험수업, 융합수업 등 많은 수식어를 붙여왔다. 그럼에도 불구하고 수업 자체가 달라졌는지는 의문이다. 실험수업이지만 자세히 들여다보면 지시적인 수업이 많고, 탐구수업이라고 하면서 수업은 지극히 절차만을 강조하는 비탐구적인 수업이 많다. 과학 수업을 좀 다르게 할 수는 없을까? 학생들이 이해하기 쉽게 할 수는 없을까? 그래서 교육연극수업을 과학 수업에도 적용할 수 있는 방법을 찾아보았다.

5) 수업계획

활동주제	세부활동 내용
계절, 어떻게 느끼지?	○ 'ㅁㅁ의 일기'로 사람에 따라 느끼는 계절이 다른 상황 알기 – 일기 속 상황 파악하기 – 일기의 제목이 무엇일지 예상해보기(예: 엄마는 겨울이래, 나는 아직 가을인데)

계절 이해하기	○ **동서남북 정지 장면으로 각 계절에 대한 생각과 느낌을 정지 장면으로 표현하기**
	– 교사가 계절에 따라 위치 바꾸기 → 그 계절의 느낌이나 모습 표현하기
	  (봄 → 여름 → 가을 → 겨울 → 봄)
	– 활동의도 파악하기: 움직이면서 계절의 느낌을 표현한 이유?
	– 계절 이해하기
	  1. 시간이 흐르면 바뀌는 것
	  2. 우리나라 계절은 1년을 기후(기온)의 변화에 따라 봄, 여름, 가을 겨울로 나눈 것
	  3. 모든 나라가 동시에 같은 계절을 경험하는 것은 아님
	  4. 모든 나라에 우리나라처럼 사계절이 있는 것도 아님
	  5. 다른 나라의 계절 알아보기(예: 적도지방 – 우기/건기)
	    → 계절이란? 규칙적으로 되풀이되는 자연현상에 따라서 일 년을 구분한 것

활동주제	세부활동 내용

계절의 모습
표현하기
	○ **즉흥극으로 계절별 자연 표현하기**
	– **계절**(여름/겨울)**의 모습**(자연현상)**을 미션에 맞게 즉흥극으로 만들기**
	  (미션 예) 계절: 여름
	    조건 1. 각 모둠원들은 모두 자연물이 되어 계절의 모습을 구체적으로
	         표현할 것(자연물은 모둠에서 토의해서 정하기)
	    조건 2. 각 자연물의 관계를 연관 지어 표현할 것
	    (즉흥극 활동순서)
	    ① 여름(겨울) 자연의 모습을 조각상으로 표현하기
	    ② 어떤 자연물인지, 어떤 현상을 표현한 것인지 추측해보기
	    ③ 즉흥극으로 표현하기
	    ④ 즉흥극과 연관된 우리들의 생활모습 이야기 나누기
	○ 각 계절 자연현상 문장 만들기(모둠활동)
	– 핵심 단어 적기 → 단어 연결하기 → 자연현상 문장 만들기 → 칠판에 기록하기
	○ 자기 질문 만들기
	– 이 단원에서 공부하고 싶은 것을 질문으로 만들어보기
	  (날씨가 더울 때 태양의 위치는 어디일까?)
	○ 단원 학습 내용과 연결짓기
	※ 학생들이 기록한 내용과 관련된 과학적인 용어, 내용 등에 대한 피드백하기
	  예) 용어 정리: 태양의 높이=태양의 고도/태양의 남중고도
	– 하루 동안의 태양고도와 그림자의 길이, 기온의 변화 및 관계
	– 계절에 따른 낮 길이의 변화
	– 계절에 따라 기온이 달라지는 까닭, 계절이 변하는 까닭

정리하기	○ 학습내용 정리/자기 질문 구체화하기

6) 수업의 실제

가. 내공이 묻어나는 수업 인트로

수업 인트로가 재미있다. 수업자 아들의 실제 일기가 학습자료였다. 11월 29일을 가을로 생각하고 늦게까지 놀고 싶어 하는 아들과 추운 겨울이니 밖에서 놀지 말라고 하는 엄마와의 갈등을 적은 일기였다. 이 일기와 관련된 질문으로 수업이 시작된다.

수업자　왜 사람들은 똑같은 날인데, 느끼는 계절이 다를까요?

학생 1　느끼는 온도가 달라서요.

학생 2　계절이 명확하게 구분되는 것이 아니기 때문입니다.

수업자　사람들은 계절을 어떻게 구분할까요?

학생 3　달력을 보고 4계절로 대충 구분해요.

학생 4　땀이 나는 것으로 구분해요.

학생 5　땀이 나기 시작하는 4월은 여름, 땀이 안 나는 10월부터는 가을이요.

학생 6　매미가 울면 여름이에요.

학생 7　저는 추위를 많이 타서 5~8월만 여름이고 나머지는 전부 겨울같이 느껴져요.

수업자는 학생들이 '계절'을 어떻게 느끼는지 10분 정도 편안하고 재미있는 대화를 나눈다. 이렇게 나눈 대화를 정지 장면으로 나타내는데, 특별히 '동서남북 정지 장면'이라는 이름을 붙인다. 수업자는 이 부분에서 다시 중요한 질문을 한다.

"동서남북 정지 장면, 선생님이 왜 이렇게 이름을 지었을까요? 정지 장면을 어떻게 만드는 걸까요?"

학생들이 할 활동이 어떤 의미인지, 왜 하는지 주체적으로 생각하게 하는 질문이다. 이 질문을 통해 학생들은 교사의 의도를 파악하고, 미션의 방향을 스스로 만들어낸다.

나. 내 몸이 바로 계절을 표현하는 소품이다

'동서남북 정지 장면'으로 사계절을 몸으로 표현하는 활동이다. 교실에 '동서남북'으로 방위를 표시하고 북쪽은 겨울, 동쪽은 봄, 남쪽은 여름, 서쪽은 가을로 했다. 공간이 제한적이라 학생들은 같은 위치에 있고 수업자만 옮겨 다닌다. 수업자가 '봄'의 위치에 가서 말한다.

"내가 봄을 느낄 때가 언제인지 정지 장면으로 만들어보세요. 터치하면 그 상황에 맞는 대사를 말하세요."

학생들은 벚꽃길을 걷는 장면, 캠핑 와서 누워 있는 장면, 냇물을 바라보는 장면, 얼음이 녹고 있는 장면 등을 표현한다. 이어서 여름을 나타내는 장면들 중 인상적인 표현이 있었다. 한 학생이 매미가 되어 맴맴 울고 있다. 그 학생의 등 뒤에는 다른 남학생이 팔을 벌리고 있는데 그 학생은 여름철 나무 위에 핀 꽃이다. 학생 두 명이 나무, 매미와 꽃을 표현한 것이다. 가을을 나타내는 장면에서는 누워서 책을 읽다가 잠이 들어 코를 고는 모습, 추위를 느껴 담요를 뒤집어쓰는 모습도 있다. 겨울을 나타내는 정지 장면 중 땅을 열심히 파는 학생이 있었는데 땅속에서 겨울잠을 자는 왕사슴벌레 애벌레를 캐는 모습이란다. 곤충채집이 취미인 남학생이다.

가을 정지 장면   겨울 정지 장면

학생들의 사계절 표현 다음에 수업자의 전체 피드백이 이어진다.

수업자   왜 선생님은 한 곳에 있지 않고, 굳이 4개 방향으로 돌아다니며 계절을 표
          현했을까?

학생 1   계절이 달라지는 걸 표현하기 위해서요.

학생 2   지구가 태양 주변을 도는 것을 교실에서 나타내기 위해서요.

수업자   시간이 지나면서 계절이 달라지고, 또 반복되는 것을 나타내기 위해 동서
          남북 정지 장면으로 표현해봤어요.

학생들은 별다른 소품 없이 자기 몸을 활용하여 사계절의 이미지를 형상화했
다. 그리고 이 상황을 구체적으로 보여주는 적절한 대사를 만드는 작업을 했다. 여
기까지는 유쾌하고 쉬운 과정이다.

다. 어려운 과학적 개념, 과연 교육연극으로 정리가 될까?

수업자는 심화질문을 이어갔다.

"우리나라는 1년을 4계절로 나타냈어요. 이렇게 4계절을 나누는 기준은 무엇이었을까요?"
"1년이 사계절이 아닌 지역은 어디일까요?"
"적도 부근은 계절을 어떻게 나눌까요?"
"극지방은 여름과 겨울을 어떤 기준으로 나눌까요?"

수업자는 학생들이 중요한 개념을 말할 때마다 판서하였고, 그 내용을 바탕으로 '계절'의 의미를 찾아냈다. 유쾌하게 몸으로 정지 장면을 만들 때도 그 내용이 실제 과학적 개념과 연결되도록 섬세하게 안내했다.

학생들이 각 계절의 모습을 즉흥극으로 표현할 때 가장 중요한 것은 각 자연물 간의 연관성을 설명하는 것이다. 즉 자연물은 독립적으로 존재하는 것이 아니라 상호 영향을 주고받으며 존재한다는 것을 표현하고, 말로 설명해야 한다는 것이 미션이었다.

겨울 즉흥극 속에 등장한 자연물은 눈, 동굴, 곰, 태양, 바람이었다. 겨울잠을 자는 곰에게 가장 큰 영향을 미친 것은 '추위'고, 추운 것은 일조량이 적고 찬 바람이 불기 때문이다. 학생들의 즉흥극에서는 바람이 불고 태양이 진 후 산등성이에 눈이 쌓였다. 그리고 동굴을 뺏긴 곰은 돌 틈에 웅크린 채, 동굴을 차지한 곰은 그 안에서 겨울잠을 자고 있었다.

7) 수업성찰

　　교육연극수업이 특정 교과에만 한정되는 것은 아니라는 것을 알았다. 주제에 따라 어느 교과에서든지 활용할 수 있다는 자신감을 갖게 되었다. 이번 수업에서 가장 염려했던 것은 과학 수업을 교육연극수업으로 해서 학생들이 즐겁기만 하고, 진짜 알아야 할 중요한 과학적 개념을 모르고 지나가는 것이었다. 이번 시간에는 태양의 고도, 계절, 기온의 변화 등 분명히 알아야 할 과학적 개념이 많았고, 후속 수업을 위해 꼭 짚고 넘어가야 할 것들이었다.

　　이번 수업은 교과서에서 다루는 내용보다 훨씬 심화된 학습이었다. 계절의 개념을 이끌어내는 데 많은 용어가 등장했고, 수업자의 질문은 학생들의 입에서 적도, 극지방, 일조량, 강수량, 우기와 건기 등이 나오게 했다. 학생들의 사고를 넓힌 것 역시 교사의 질문이었다. 수업자는 학생들의 일상 용어를 과학적 용어로 전환하고, 단순한 대답도 과학적 지식으로 완성했다.

자연현상 문장 만들기

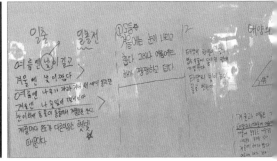

학생이 만든 문장을 교사가 피드백하기

교육연극수업에서 만나는 즐거움: 몰입

어떻게 하면 아이들이 광복을 맞이한 조선인이 될 수 있을까? 우리는 일단 지도를 그렸다. 학생들은 그 지역의 민족주의자가 된다. 함경도 사람, 평안도 사람, 경상도 사람……

학생들의 몰입이 수업을 완성한다 – 몰입

6학년 학생들에게 광복이라는 단어는 어떤 느낌일까? 학생들에게 BC 7천 년 전이나 조선시대는 다 같은 '옛날'일 뿐이다. 독립운동과 3.1운동이 헷갈리는 중학생도 많다. 멀고 막연한 역사를 현재 나의 문제로 인식하게 하려면 어떻게 해야 할까?

수업자 여러분은 자기 지역의 민족지도자입니다. 나라는 광복을 하였지만 아무런
준비가 안 되어 있어요. 그렇다면 여러분은 이 지역의 지도자로서 무엇을
해야 할지 생각해봅시다. 지역의 자연환경도 살펴보고, 이용할 수 있는 환
경도 모두 고려해보세요.

광복 이후 내가 지역의 민족지도자라면?

상황과 역할이 구체적일수록 학생들을 더 깊은 몰입으로 이끈다. 먼저 다음 세
가지 질문을 살펴보자.

질문 1. 광복 이후 우리 민족이 어떤 노력을 해야 했을지 생각해보자.

질문 2. 광복 이후 내가 우리나라의 민족지도자라면 어떤 노력을 할지 생각해보자.

질문 3. 광복 이후 내가 이 지역의 민족지도자라면 어떤 노력을 할지 생각해보자.

(지도와 함께 제시)

학생들의 입장에서 상상을 만들어가기 위해서는 질문 3처럼 구체적이어야 한다. 또한 수업자가 지도를 벽이 아닌 교실 가운데에 펼쳐서 제시한 것도 학생들의 시선을 모으는 데 효과적이었다.

학생들은 각 지역의 지도자가 되어 나라를 부강하게 만드는 방법을 모색하기 시작했다. 대략 자신이 어디쯤 살고 있는지 가늠했고, 주변에 바다가 있는지 산이 많은지 정세를 살펴가며 방법을 고민해나갔다.

모둠 1: 함경도는 지하자원이 많으니까 뭔가 광산을 만들면 좋을 것 같소. 땅속에 있는 지하자원을 파내면 돈이 되지 않겠소?

모둠 2: 부산은 바다가 쭈욱 있으니까 배를 이용해서 무역을 하면 좋을 것 같소.

모둠 3: 나라가 강해지려면 국민들이 똑똑해져야 하니까 먼저 학교를 짓고 공부를 시켜야 하오. 학교를 짓고 공부를 가르칠 수 있는 선생님을 뽑는 건 어떻소?

4부

교과 프로젝트형 교육연극수업, 협력하는 아이들을 만나다

0

프로젝트 주제: 지식이 아니라 삶의 문제다

　6학년 도덕의 주요 덕목들을 연결하여 교육연극수업으로 재구성한 수업이다. 3부가 단위수업 중심의 수업이었다면, 4부는 한 교과 안에서 운영할 주제를 선정하여 연결고리를 이어가는 프로젝트 수업이다. 필자는 도덕 수업을 하다 스스로 움찔한 적이 많다. 교과서를 읽은 후 추상적인 개념을 자세히 설명하거나 중요한 내용을 파악해서 각자 반성할 점을 발표시키는 등 도덕 수업을 국어 수업처럼 하고 있었던 것이다. 돌이켜보면 도덕 시간에 늘 반성할 점을 찾게 하고, 실천가능성도 없는 방안을 만들어내도록 강요하면서 학생들을 모두 원죄의식으로 몰아넣었다. 그때마다 눈에 띄는 것은 학생들의 지루한 표정이었다. 관련 동영상을 보여주면서 반응을 바꿔보려고 했지만 학생들의 집중 시간은 무척 짧았다. 강력한 영상 뒤에 남는 건 달라지지 않는 아이들의 무기력한 표정이었다.

　학생들이 도덕 교과를 지식이 아닌 '사는 문제'로 배울 방법을 찾아야 했다. 이것이 4부에서 소개하는 수업의 출발점이다. 그래서 도덕의 덕목이 교과지식으로 인식되지 않도록, 수행평가로 끝나지 않도록, 형식적인 협력으로 끝나지 않도록 일상의 삶에서 동력을 발휘할 수 있는 수업이 되는 방법을 고민했다.

교육연극으로 도덕 수업을 재구성하는 것이 가능할지 자신은 없었지만 새로운 시도가 필요했다. 우선 재구성을 위해 교과서와 지도서를 꼼꼼하게 살펴보았다. 모든 단원의 목표가 지식, 기능, 태도로 구분되어 있지만 일상 수업에서 구분해서 가르치는 것은 아니다. 사실 도덕이 별도의 교과로 존재해야 하는지도 의문스럽다. 생활 속에서 체득해야 하는 삶의 덕목들을 교과로 억지로 분리해 학습시키는 느낌이다. 제도적으로는 각 교과를 세분화시켜 놓고, 이제는 교과를 통합하여 수업을 재구성하라는 상황이 다소 모순되게 느껴지기도 한다.

'자긍심'의 경우 지도서를 보면 수업목표가 지식 목표와 기능(태도) 목표로 구분되어 있다. 하지만 실제 수업에서 지식과 기능(태도)을 명확하게 구분해서 지도하지는 않는다. 자긍심 수업의 목표는 이 수업을 끝낸 학생들이 자신에 대해 자긍심을 갖고, 자긍심이 있는 '인간'으로 성장해 나가는 것이다. 그렇다면 학생들은 '자긍심'이라는 용어에 대해서 어떻게 생각할까? 매우 건조하고 어렵게 느껴지는 개념이다. '자긍심' 같은 철학적 개념이나 덕목이 교과서에 여러 번 반복해 등장하지만 학생들은 매우 무감각하다.

도덕 시간은 반성을 강요할 때가 많다. 쓰레기를 버린 것도, 친구와 싸운 것도, 질서를 지키지 못한 것도 잘못이다. 그리고 그 일들을 덕목에 비추어 고해성사처럼 회개하고, 반성으로 죄 사함을 받을 때가 있다. 또 도덕 시간은 잔소리가 넘쳐나는 시간이기도 하다. '~해야 한다, ~는 안 된다' 등 이견이 필요 없는 당위적인 지식으로 평소 학생들의 잘못된 행동들을 지적한다. 문제는 이렇게 지적받은 도덕적 결함이 고쳐지지 않는다는 것이다.

그렇다면 이런 상황에서 수업을 어떻게 구성해야 할 것인가? 학생들이 자긍심을 가지려면 먼저 자신의 존재에 대한 긍정이 필요하며, 자신이 좋아하는 것과 잘하고 싶은 것을 말할 수 있어야 한다. 학생들은 겨우 13살이다. 그런데도 자신에 대해 부정적이고 못났다고 생각하는 경우가 많았다. 고작 13년을 살아온 아이들이 왜 스스로를 못났다고 생각하는 걸까? 어디에서 이토록 많은 실패를 경험한 것일까? 자신을 알게 하는 과정이 학생들에게 진정으로 필요한 학습이고 배움의 과정일 것이다. 그래서 '자신'에 주목하는 것을 수업의 중심활동으로 설정했다.

자긍심 1: 나는 소중하다

1) 단원: 6학년 도덕 1. 소중한 나, 참다운 꿈

2) 주제: 소중한 나의 모습 알아보고 자신을 사랑하고 존중하는 마음 기르기

3) 핵심질문: 내가 잘하는 것/못하는 것/좋아하는 것/싫어하는 것은 무엇일까?

　　　　　나는 어떤 사람이 되고 싶을까?

4) 수업계획

활동주제	세부활동 내용
일상적인 생활이야기 나누기	○ '눈을 감는 활동'으로 자연스럽게 연결될 수 있는 소재의 이야기로 수업 시작하기
주변의 소리 이야기 나누기	○ 눈을 감았을 때 들린 소리에는 어떤 것들이 있는지 이야기 나누기
① '마음의 소리' 정지 장면으로 표현하기	○ **정지 장면으로 표현하기** → 어떤 소리를 표현한 것인지 이야기 나누기

활동주제	세부활동 내용
내 마음이 나에게 하는 말 알아보기	○ '마음의 소리'를 들을 수 있는 다양한 상황 정리하기 ○ 마인드맵으로 정리하기 내가 잘하는 것 – 기특해, 훌륭해, 멋져 등 내가 좋아하는 것 – 행복해, 좋아, 즐거워 등 나 내가 못하지만 잘하고 싶은 것 – 할 수 있어, 용기를 내 등 내가 싫어하지만 고치고 싶은 것 – 그러면 안 돼, 참아 등
각각의 상황을 즉흥극으로 표현하기	○ **각각의 상황을 즉흥극**(2인릴레이극)**으로 표현하기** → 학생–학생 간, 교사–학생 간 피드백을 통한 즉흥극 상황의 의미 찾기
자긍심에 대해 알아보기	○ 나를 사랑하고 존중하는 마음(자긍심)에 대해 알아보기
'나는 ○○○입니다' 책 만들기	○ '나는 ○○○입니다' 책 만들기(8쪽 기본책 만들기) <table><tr><td>책표지 책제목 '나는 ○○○입니다'</td><td>나는 내가 무엇을 잘하는지 압니다. *글, 이미지, 그림 등 다양하게 표현하기*</td><td>나는 내가 무엇을 못하는지도(잘하고 싶은지도) 압니다.</td><td>나는 내가 무엇을 좋아하는지도 압니다.</td></tr><tr><td>나는 내가 무엇을 싫어하는지도(고치고 싶은지도) 압니다.</td><td>나는 내가 어떤 사람이 되고 싶은지 생각합니다.</td><td>그래서 나는 무엇을 할지 생각합니다.</td><td> 책표지</td></tr></table>
② 마음의 소리 들어보기	○ 다시 한번 마음의 소리 들어보기 → ①의 마음의 소리와 비교해보기

5) 수업의 실제

가. 마음열기: 일상적인 생활이야기 나누기

수업자는 마음열기에 상당한 비중을 둔다. 요란하게 수업을 시작하진 않지만 집중을 강요하기보다는 집중할 수밖에 없는 상황을 만든다. 책상을 교실 뒤로 모두 밀고 학생들은 수업자 앞에 동그랗게 모여 앉는다. 수업자가 조용한 목소리로 말한다.

"선생님은 오늘 엄청 눈이 아프고 피곤하네. 그 이유가 뭘까?"

학생들은 선생님의 안색을 살피면서 이유를 찾아본다. 그렇게 학습문제나 배움목표에 대한 설명이 아니라 선생님의 안색을 살피는 것으로 수업은 시작된다. 눈의 피로를 풀기 위해 다 같이 눈을 감아보자는 수업자의 말에 교실은 쥐죽은 듯한 정적이 흐른다. 하지만 눈을 감는 것은 피로를 풀기 위해서가 아니라 다음 활동으로 이어가기 위한 하나의 장치다. 눈을 감았을 때 들은 소리에 대해 이야기를 나누고 자기만 들을 수 있는 '마음의 소리'까지 이어간다.

우리는 수업을 시작할 때 매우 화려하게 동기유발을 하려는 경향이 있다. 수업 공개에서 동기유발로 동영상을 보여주는 것이 인기였던 때도 있었다. 시선을 끌만한 자료를 찾아 관련 사이트를 찾아 헤맸던 시절이 생각난다. 수업 시작은 교사가 학생들의 눈을 모으는 시간이며, 무엇을 공부할지 시선을 맞추는 시간이다. 그리고 그때 필요한 것은 화려한 동기유발 자료가 아니라 수업 속 몰입이다.

나. '나' 알기

내가 잘하는 것(기특해. 훌륭해), 내가 좋아하는 것(행복해. 좋아), 내가 못하지만 잘하고 싶은 것(노력해), 내가 싫어하지만 고치고 싶은 것(도전해 봐) 등 마음의 소리를 4가지로 분류한 후 각각에 어울리는 상황을 2인 릴레이 즉흥극으로 표현한다. 2인 1조가 되어 한 명은 주인공이 되고, 다른 한 명은 소품, 도구 또는 상대역이 된다.

2인 1조 즉흥극

위의 그림에서 보는 것처럼 ○○이는 친구를 색종이로 설정하고 두 팔을 접는 장면을 표현했다. 그리고 이유를 말했다.

"나는 색종이 접기를 잘하고 싶어요. 종이접기를 잘하면 미술시간에 다른 친구들을 도와줄 수 있을 거 같아요."

학생의 눈빛에서 진솔함이 느껴졌다. 목소리도 작고 수줍어하는 표정이 역력했지만 자신의 속마음을 드러낸다. 만약 이 수업을 일반적인 도덕 수업처럼 진행했더라면 학생들의 속 깊은 이야기는 듣지 못했을 것이다. 하지만 모든 아이들이 수업상황 속에서 늘 진지한 것은 아니다. 남학생들이 잘하는 것, 잘하고 싶은 것은 주로 게임이었다. 아쉽지만 그것이 요즘 아이들의 놀이문화고 대중화된 취미라는 사실을 인정해야 한다. 즉흥극에 이어 수업자는 조용한 목소리로 질문한다.

"왜 우리는 우리가 잘하는 것을 알아야 할까요?"

그리고 학생들이 그 답을 찾도록 충분히 기다려준다. 학생들은 '다른 사람에게 인정받기 위해서, 진로를 알기 위해서, 자신을 잘 알기 위해서' 등으로 대답한다. 우리는 학생들에게 많은 지식을 가르치지만 정작 학생들이 자기 생각에 집중할 수 있도록 물길을 터주는 시간이 부족하지는 않았는지 생각해볼 필요가 있다.

다. '나는 ○○○입니다' 책 만들기

수업자가 이 수업에서 가장 강조한 질문들은 "왜 우리는 우리가 좋아하는 것을 알아야 할까요?, 왜 우리는 우리가 못하는 것이 무엇인지 알아야 할까요?, 왜 우리는 우리가 잘하고 싶은 것이 무엇인지 알아야 할까요?" 등이다. 학생들이 자신의 모습을 들여다보게 만드는 자기 탐색적인 질문이다. 그리고 그 질문에 대해 각자가 찾은 답을 정리하는 활동이 8쪽짜리 책(A4 1장을 접어서 만든 손바닥 크기 책) 만들기다. 만약 선행된 질문 없이 8쪽짜리 책을 만들라고 했으면 학생들은 몸을 뒤틀면서 적당한 그림으로 여백을 채웠을 것이다. 학습과제가 2시간 동안 몰입했던 수업과 연계되었기 때문에 쓰는 것을 싫어하는 학생들도 무리 없이 완성할 수 있었다. 학생들에게 과제(활동)를 부여할 때는 수업과 연계된 선상에서, 할 수 있는 범위 내에서 적당히 제시해야 한다. 이 적당함을 판단하는 것은 교사의 몫이다.

책 만들기

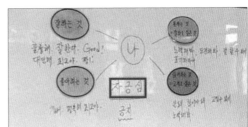

자긍심 정리

6) 수업 성찰

　이 수업은 학생들이 자신을 깊이 있게 들여다보고 궁극적으로 자신을 긍정할 수 있도록 이끌어가는 시간이었다. 일반적으로 학업성취도가 낮은 학생들은 자긍심이 낮고 자기표현에 소심한 편이다. 교육연극수업의 장점은 이런 학생들도 자기표현의 기회를 충분히 갖게 된다는 점이다. 학생들은 자신의 생각을 표현하였고, 자기가 잘하는 점을 칭찬하는 경험을 할 수 있었다.

　13세 학생들, 아직은 자기를 칭찬하고 용기를 가질 때다.

자긍심 2: 친구도 소중하다

1) 교과: 도덕 1 소중한 나, 참다운 꿈

2) 주제: 친구의 자긍심 길러주기

3) 핵심질문: 친구가 자긍심을 키울 수 있도록 어떻게 도와줄 수 있을까?

4) 수업계획

활동주제		세부활동 내용
일상적인 생활 이야기 나누기		○ 나의 일주일 동안의 모습 돌아보기
자긍심을 기를 방법 알아보기	내가 기르는 나의 자긍심	○ '내가 참 마음에 들어' 하는 생각이 들었던 상황 이야기 나누기 – 그중에서 나에게 해주고 싶은 말 직접 해보기(마음 느껴보기) ○ 중1 학생의 자존감(자긍심) 이야기 들려주기
	내가 길러주는 친구의 자긍심	○ 13살의 우리 모습 돌아보기 – '내가 부끄럽다/싫다/부족하다/맘에 들지 않는다'라고 생각하는 경우 알아보기(외모, 성격, 공부, 재능, 인성 등)

활동주제		세부활동 내용
자긍심을 기를 방법 알아보기	내가 길러주는 친구의 자긍심	**– 모둠별 2단계 즉흥극 만들기**(미션지) 주제에 알맞은 2단계 상황극 만들기 1단계는 문제상황, 2단계는 해결상황 ○ 문제상황 즉흥극 보기 → 인물의 마음 들여다보기 → 공감하기 → 문제 해결 방법 찾아보기 → 해결방안 즉흥극 보기 → 인물의 마음 들여다보기 ○ 선생님의 수업친구 이야기 들려주기
함께 기르는 자긍심		○ 함께 자긍심을 기르는 데 필요한 것 알아보기 – 긍정적인 생각, 자신감, 나와 친구에 대한 신뢰, 진정한 마음 등
정리하기		○ 꼴찌에서 2등 하던 고등학생이 국어 선생님이 된 사연 들려주기 ○ 복습노트 정리하기

5) 수업의 실제

가. '생활 속 나 칭찬하기'로 수업 시작

수업자는 지난 한 주 동안 '내가 참 잘한 일, 내가 꽤 괜찮은 사람으로 생각된 순간'을 발표하게 한다. 눈을 감고 30초 정도 생각한 후 이야기를 나눈다. 학생들은 태권도 학원에서 어린 동생을 돌봐주었을 때, 숙제를 다 끝냈을 때, 쪽지시험을 잘 봤을 때, 운동한 후 등을 떠올렸고 그때 자신의 모습이 뿌듯했다고 말한다. 수업자는 학생들의 이야기를 듣고 다음과 같이 질문하면서 수업을 이어간다.

"스스로 뿌듯하다고 느꼈을 때, 자신에게 어떤 말을 해주고 싶어요?"

"자신을 칭찬할 때 속으로만 하는 경우가 있고, 밖으로 소리를 내서 몸을 토닥거리며 칭찬할 때가 있어요. 이 두 가지는 느낌이 다를까요?"

"우리 다 같이 좀 부끄럽지만 자신을 칭찬하는 말을 스스로에게 말해줍시다"

학생들은 쑥스러워하면서도 소리를 내서 자신을 칭찬한다. 표정이 밝아진다. 수업자는 그때 각자 느낀 그 마음이 '자긍심'이라고 설명하며 또 하나의 사례를 든다. 어떤 중학생의 이야기이다.

"운동을 매우 잘하는 남학생이 중학교에 입학한 후 자신보다 운동을 더 잘하는 친구들이 많다는 사실을 알고 몹시 위축되었어요. 그래서인지 1학년 때 학교에서 자존감 검사를 했는데 학년에서 자존감이 가장 낮았죠. 운동을 잘하는 다른 친구들을 비난했고 뒷말을 할 정도였대요. 중학교 3학년이 되었을 때 그 학생은 전과 달리 자신에 대한 믿음이 있었는데, 그 변화는 저절로 생긴 것은 아니었어요. '다른 친구들의 재능과 장점을 인정하고, 또 스스로 거울을 보면서 잘하는 점을 소리 내서 계속 칭찬했다'는 학생의 말에서 힘든 노력의 결과임을 알 수 있었습니다."

이제는 고등학생이 된 수업자의 아들 이야기다. 학생들은 담임 선생님의 개인적인 이야기를 참 좋아한다. 수업자가 진솔하게 아이들 눈높이에 맞추어 이야기를 해주기 때문인 듯하다. 수업자는 이 이야기를 통해 학생들이 자긍심을 기르기 위해서는 끊임없는 노력과 시간이 필요하다는 것을 알기를 바랐다.

나. 학생들의 사고를 확장시키는 수업대화

자신을 칭찬하는 것으로 수업을 시작한 후 고치고 싶은 점이나 더 잘하고 싶은 점, 부족한 점은 없는지 이야기하도록 한다. 청소를 잘하지 못한다는 학생, 발표를 잘하지 못한다는 학생, 게임 시간을 못 지킨다는 학생, 눈이 나빠서 고민인 학생, 키가 작아서 고민인 학생 등 학생들의 생각은 다양하다. 수업자는 학생들의 이야기를 칠판에 적고 그것을 4가지로 분류한다.

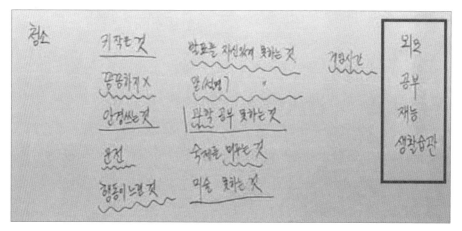

주요 수업 흐름을 나타내는 판서

수업자가 학생들의 부족한 점과 단점을 개인의 부끄러움으로 만들지 않고, '13세 우리들의 고민'으로 공론화하고 그것을 4가지로 범주화한 점이 인상적이다. '외모, 공부, 재능, 생활습관'으로 범주화하자 학생들은 각각의 고민을 나만의 단점이 아닌 우리들의 고민으로 받아들인다. 개인의 무능함으로 돌리거나 질책하는 것이 아니라, 사람은 누구나 부족한 점이 있다는 것과 그것을 어떻게 발전적인 방향으로 만들어갈 것인가가 중요하다는 것을 시사하는 수업이다. 이 수업흐름은 다음과 같이 구조화할 수 있다.

〈자긍심 수업의 흐름〉

지난 1주일 생활에서
'내가 뿌듯하다고   나의 부족한 점이나   13살 고민을   한 가지 범주를
느낀 때' 이야기하기 ➡ 고치고 싶은 습관 ➡ 4가지 범주로 ➡ 선택하여
                    이야기하기   분류하기   즉흥극으로 만들기

다. 즉흥극, 다 똑같은 즉흥극이 아니다

　수업자는 학생들에게 즉흥극을 만들기 전에 미션과제에 대해 충분히 이야기를
나누라고 강조한다. 학생들이 해야 할 과제를 명확하게 이해하지 못한 채 즉흥극
을 만들면 내용이 없기 때문이다. 교육연극수업에서는 학생들의 연기나 표현력이
아니라 '무엇을' 담아내는지가 중요하다. 그래서 수업자는 모둠의 주요 스토리를
파악한 후 피드백을 통해 즉흥극으로 표현하고자 하는 내용이 일관성 있게 이어지
도록 꼼꼼하게 지도한다.

즉흥극 모둠별 지도

이번 수업시간에 만든 즉흥극은 6명 중 3명이 문제가 되는 상황을 즉흥극으로 표현하고, 나머지 3명은 그 문제를 해결하는 방법을 찾아 즉흥극으로 표현하는 것이다. 이때 관람하는 학생들이 문제상황의 즉흥극을 보고 문제점과 해결방안을 찾아보게 한다. 학생들이 만든 즉흥극은 모두 일상적인 본인들의 이야기로, 그 내용은 매우 생생했다. 예를 들면 다음과 같다.

〈문제상황〉

숙제하려고 했는데 그때 친구가 게임을 하러 가자고 해서 PC방에 갔다. 정신없이 게임을 하다 보니 저녁 8시가 되어 집에 허둥지둥 들어가게 되었다. 저녁 늦게까지 숙제를 못 하고 있어서 엄마에게 야단을 맞았다.

이런 상황에서 어떤 부분을 고치면, 자긍심을 기를 수 있는 상황으로 만들 수 있을까?

〈문제해결 상황〉

일단 숙제를 다 하지 않은 친구를 PC방에 가자고 꼬드기지 않는다. 또 PC방에 가더라도 7시 전에는 집으로 돌아가도록 한다. 엄마한테 야단맞기 전에 숙제한다. 엄마는 무작정 아들을 야단치는 대신 아들의 이야기를 들어주려고 노력한다.

6) 수업 성찰

지난 수업이 학생 스스로 자긍심을 갖도록 하는 것이 목표였다면, 이 수업은 친구가 자긍심을 갖도록 도와주는 것이 목표였다. 자긍심 수업을 2회에 걸쳐 진행한 이유는 자긍심은 스스로 기르는 것이기도 있지만, 친구와 주변 사람들이 도와줄 때 훨씬 더 높아질 수 있다고 생각했기 때문이다. 수업자도 수업친구가 수업을 잘

했다고 칭찬해줄 때 수업에 대한 아이디어도 생기고 자신감도 커진다고 했다. 수업을 마무리하면서 성적이 아주 부진하고 존재감이 없었던 한 고등학교 남학생이 국어 선생님의 "글을 제법 잘 쓰네!"라는 칭찬 한마디를 듣고 죽을 만큼 열심히 공부하여 국어 선생님이 되었다는 이야기를 실감나게 들려주었다. 실제로 수업자의 남편 이야기였다. 이 이야기를 통해 학생들의 한마디 한마디가 친구에게 큰 힘이 될 수 있음을 확인시켜준 것이다.

3

절제: 나의 욕구를 조절하는 힘

1) 교과: 도덕 2. 알맞은 행동으로

2) 주제: 나를 다스리는 내 안의 힘

3) 핵심질문: 내 생활에서 알맞게 조절해야 할 것은 무엇일까?

4) 수업계획

활동주제	세부활동 내용
사전준비	자긍심 수업에서 만들었던 '나는 나의 주인' 책 만들기 결과물을 참고하여 즉흥극 주제 정하기 → 미션으로 제시하기
일상생활 속 문제상황 이해하기	○ '쏟아진 물, 찢어진 종이' 상황 살펴보기 물이 쏟아지면서 벌어진 상황(문제) – 종이가 젖어 찢어짐? – 물이 쏟아진 이유(물을 쏟지 않으려면 어떻게 했어야?) – 조절을 못 해서?

활동주제	세부활동 내용
조절을 못 해서 문제가 생긴 경험 찾아보기	○ '쏟아진 물, 찢어진 종이'의 상황(조절을 잘해서/못해서 생기는 좋은 점/문제점)을 나의 생활 속에서 찾아보기
문제상황 즉흥극으로 표현하기	○ **조절을 못 해서**(지나치게/넘치게) **생긴 문제상황 즉흥극으로 표현하기** (자긍심 책 만들기 결과물에서 공통적인 4가지 주제를 정하여 미션으로 제시) '지나치게/넘치게'의 의미 – '많다'와 '적다'를 모두 포함하는 것 ○ '쏟아진 물, 찢어진 종이'와 즉흥극 상황 비교하기 　　쏟아진 물 – 조절 실패 　　찢어진 종이 – 되돌릴 수 없는 결과 → 생활 속의 잘못된 모습도 종이처럼 되돌릴 수 없을까? → 찢어진 종이처럼 되지 않기 위해서 필요한 것은 무엇일까?
절제의 의미 파악하기	○ 절제의 의미 파악하기 내가 생각하는 절제의 의미 정리하기 절제란? 너무 지나치고 넘치는 것/무조건 참는 것 → 알맞게 조절하여 제한하는 것 (적당한 때에 스스로 멈출 수 있는 마음의 힘)
정리하기	○ '작은 성공'으로 절제 실천방법 찾아보기 → 자긍심 기르기 – 예: 일어날까/더 잘까, 숙제하고 놀까/놀고 숙제할까, 게임 그만할까/더 할까 – 단순한 것부터 한 가지 정해서 시작해보기 – 내 마음속 갈등 현명하게 이겨내기(자긍심↑) → 타인과의 갈등으로 연결하기 ○ 배운 내용 정리하기(복습노트)

가. '자긍심'과 '절제' 연결하기: 수업과 수업 연결 짓기

　도덕 덕목은 상호 연관되고 공통된 부분이 많으므로 이 덕목을 유연하게 연결시키는 활동들이 필요하다. 자긍심이 높은 사람은 자신에 대한 신뢰가 높고 자신을 절제하는 힘이 강하다. 그래서 지난 자긍심 수업시간에 만든 '나는 ○○○입니다' 결과물 중에서 학생들이 '내가 못하지만 잘하고 싶은 것'이라고 적은 내용을 4가지 영역으로 간추려 절제 수업시간에 활용했다. 그 내용은 주로 게임시간, 용돈 사용, 감정표현 등 욕구를 조절하지 못하는 경우가 많았다. 수업자는 욕구를 조절하지 못해서 문제가 발생하는 장면을 '물을 마시는 장면'으로 연출한다.

물을 쏟는 장면 연출

　학생들은 단순히 선생님이 실수로 물을 쏟았다고 생각했지만, 수업자의 의도로 일부러 만든 상황이다. 물컵 밑에는 가정으로 배부할 통신문이 있었는데, 물에 젖어 찢어지는 바람에 통신문을 배부하지 못하게 되었다. 수업자의 연기가 너무 자연스러워서 학생들은 아무도 이것이 연출된 상황이라는 것을 알지 못한 채 수업자의 질문과 함께 수업이 시작된다.

"왜 선생님은 물을 쏟게 되었을까?"
"어떻게 했으면 물을 쏟지 않았을까?"
"물을 쏟아서 어떤 불편한 일이 발생했을까?"
"뭘 못해서 이런 상황이 발생했을까?"
"여러분도 선생님처럼 잘 조절하지 못해서 이런 경우가 발생한 적은 없을까?"

학생들은 화를 참지 못해서 친구와 싸운 일, 가족관계 속에서 감정을 조절하지 못해 갈등을 빚은 일 등을 발표한다. 학생들이 쉽게 일상의 경험을 발표할 수 있었던 것은 수업자가 '절제' 개념으로 수업을 시작한 것이 아니라 '조절하지 못한 경험'을 학생들의 눈앞에서 보여주고, 이런 경험은 누구나 갖고 있다는 심리적 안정감을 주었기 때문이다.

나. 13세 학생들의 생활문화 공간, PC방

이 수업의 과제는 '음식섭취 문제, 게임시간 문제, 용돈 사용 문제, 감정표현 문제'였다. 음식섭취 문제는 식당 공간에서 즉흥극이 이루어지고, 나머지 세 문제는 모두 PC방이 배경공간이다. 필자는 수업을 참관하면서 학생들의 생활과 정서에 절대적인 영향을 주는 PC방을 새롭게 이해하게 된다. PC방은 주로 게임을 하는 공간으로 일부 학생들의 경우 용돈의 대부분을 지출하는 곳이다. 또 친구를 새롭게 사귀고, 때로는 다투기도 하며, 게임에 져서 분노가 치밀어 오르는 경험을 하는 공간이기도 하다. 학생들의 정서를 지배하는 절대적인 공간이자 남학생의 경우 주말에 5시간 이상 긴 시간을 PC방에서 지내는 경우도 있다는 것을 즉흥극을 통해 알게 되었다. 편의점에서 게임머니를 산다는 것, PC방 자판기는 형광빛을 발산한다는 것, PC방에서 남학생들의 서열이 정해진다는 것은 필자에게는 참으로 낯선 이야기다. 그러나 PC방 이야기가 학생들에게도 늘 유쾌한 것만은 아니다. PC방을 주제로 한 즉흥극을 본 후 나온 학생들의 소감을 들어보자.

"게임에 저렇게 많은 시간과 돈을 쓰는 것을 보니 한심한 생각이 든다."
"게임에 빠져서 스스로 조절하지 못하는 것 같다."
"한꺼번에 용돈을 다 써서 엄마한테 혼나는 일이 많다. 그럴 때마다 후회한다."
"게임 때문에 엄마 잔소리를 많이 듣게 되고 갈등이 생긴다."

학생들도 PC방에서 유희를 즐기면서도 마음이 편한 것 같지는 않다. 게임을 좋아하면서도 게임시간을 조절해야 한다는 것, 자신이 정한 시간을 지켜야 한다는 것, 즉 절제가 필요하다는 것에 공감한다. 남학생들은 '절제'를 '게임'과 연결하였을 때 쉽게 공감하고 자기반성을 한다. 그럼에도 불구하고 학생들이 게임시간을 절제하고 용돈 사용을 자제하기란 쉽지 않은 것 같다. 아마도 게임의 유혹이 너무 큰 것이리라.

6) 수업성찰

절제는 어른들도 실천하기 힘든 덕목이다. 자신의 욕구와 욕망을 조절한다는 것은 마인드 컨트롤이 이루어질 때 가능하다. 수업자는 절제의 개념을 학생들의 눈높이로 재구성하여 '내 생활에서 조절해야 할 것'과 '조절하지 못했을 때 생기는 문제점'을 즉흥극으로 나타내고, 즉흥극을 통해 절제하지 못했을 때 후회할 점이 많다는 것을 발견하도록 했다. 가르치는 것이 아니라 스스로 생각하게 만드는 것, 그것이 이 프로젝트의 핵심이다. '절제해야 한다'를 가르치는 것이 아니라, 내 생활에서 조절해야 할 것이 무엇인지 스스로 성찰할 수 있는 시간을 주는 것이 '도덕'의 출발이 아닐까!

'내가 생각하는 절제'의 의미 적어보기

조절하지 못했을 때 생기는 문제

4

갈등: 신이 준 선물 상자?

1) 교과: 도덕 3. 갈등을 대화로 풀어가는 생활

2) 주제: '갈등'이 주는 선물의 의미 찾기

3) 핵심질문: 내가 겪고 있는 갈등에는 어떠한 것이 있을까?

　　　　　　나라면 갈등을 어떻게 해결할까?

4) 수업계획

활동주제	세부활동 내용
해설이 있는 마임으로 마음열기	○ **학생들과 함께 준비하는 해설이 있는 마임으로 '친구'와의 '갈등' 만나기** – '신, 친구'의 역할을 제시하고 해설에 따라 함께 마임극 꾸미기 　〈신이 준 선물 하나 = 친구〉 – 마임 상황 이야기 나누기 – '신'이 나에게 준 것은?/왜 주었나? – 서로 다툼이 생기게 된 이유는?

활동주제	세부활동 내용
갈등의 의미와 다양한 상황 탐구하기	○ 갈등의 의미 알아보기 – 갈등의 의미 생각 나누기 – 색으로 표현하기 ①(생각이 달라 다투는 것, 서로 풀기 힘든 것이지만 풀어야 하는 것 등) 색칠카드 ◯ ☐ ◯ – 葛藤의 의미 알기: 갈등이란 사람들 사이의 풀기 어렵고 결정이 힘든 상황을 표현한 말(등나무와 칡의 관계 설명) – '나' 혼자 있을 때는 없던 갈등이 '친구'와 함께 있으면서 생김 → 우리의 삶에서 갈등의 발생은 피할 수 없음 ○ 갈등상황 알아보기 – 친구 간의 갈등, 가족 간의 갈등, 이웃 간의 갈등(층간소음), 지역 간의 갈등, 나라 간의 갈등 등
갈등상황과 해결방법 탐구하기	○ **더하기/빼기 즉흥극으로 만들기**(여러 가지 갈등상황 중 선택하여 표현하기)**: 학생들의 경험을 바탕으로 표현하기** – '인물'과 '갈등' 더하기: 갈등상황 정하기 → 갈등 더하기(인물이 추가되면서 갈등이 심해지는 상황으로 만들기) ○ 갈등상황 해결하기 – '인물'과 '갈등' 빼기: 등장인물이 되어 극 속으로 들어가기 → 갈등의 원인 제거하기 → 해결하기
갈등의 진정한 의미 찾기 – 신이 준 선물 둘 = 갈등	○ 마임 속 '신이 준 선물' 추측하기 – 각자 생각하는 선물과 그 이유는? – 색칠카드에 적기 ○ '마임' 속 선물 확인하기 〈신이 준 선물 둘=갈등〉 – 신의 선물이 왜 '갈등'일까? – 갈등의 진정한 의미: 갈등은 힘들지만 잘 극복하면 더 큰 발전의 기회가 됨. – 갈등의 의미 생각 나누기 – 색으로 표현하기 ② – 갈등 해결에서 가장 중요한 것: 서로의 마음과 의도를 아는 것 = 내 마음과 의도를 제대로 표현하는 것

5) 수업의 실제

가. 학생이 하는 '해설이 있는 마임(mime)'

마임은 대사가 없는 연기다. 그러나 마임을 수업에 활용할 경우 대사가 전혀 없는 상태에서 학생들의 몸짓만으로는 내용을 전달하기가 어려워 해설을 추가한 형식으로 진행했다. 수업이 시작될 즈음 여학생 한 명이 자리에서 일어나 화장실을 가는 것처럼 복도로 나간다. 복도에는 마이크가 준비되어 있고, 복도에서 해설(낭독)하면 교실 내 앰프로 울려 퍼진다.

이때 '지금부터 수업을 시작하겠습니다'는 교사의 말도 칠판 판서도 없다. 다만 학생의 목소리와 몸짓으로 수업이 시작된다. 앰프로 들리는 해설을 듣고 남학생 두 명은 자신만의 표정, 자세, 동작으로 연기를 한다. 교사는 해당 학생들을 미리 선정하여 연습할 수 있도록 지도했다. 학생을 선정할 때 수업자는 고민을 많이 했다. 키가 아주 작은 학생과 키가 아주 큰 학생을 친구관계로 설정함으로써 시각적인 차이를 연출하였고, 그들의 몸짓이 학생들에게 재미를 더해주었다.

〈해설이 있는 마임 내용〉

아주 먼 옛날,

이 세상에는 딱 한 사람만 살고 있었대.

바로 '나'라는 사람.

혼자 사는 건 정말 편안하고 행복한 일이었지.

배가 고프면 먹고, 졸리면 자고.

그런데 점점 시간이 지나면서 외롭고 힘들어지는 거야.

누군가가 있으면 좋겠다는 생각이 들었지.

그래서 신을 찾아갔어.

큰소리로 신을 불렀고 신이 나타나자 '나'는 도와달라고 간절히 부탁하고 돌아왔어.

신은 고민에 빠졌어.

한참을 곰곰이 고민하다가 좋은 생각이 났는지

'그렇지!' 하면서 무릎을 탁! 치는 거야.

그리고 얼마 후 신은 '나'를 찾아왔어. 그리고는 '나'에게 '친구'를 선물해주었지.

그런데 돌아서서 가려는 '나'와 '친구'를 불러세우고는

예~쁜 상자를 내미는 거야.

풀어보려고 했지. 그런데 안 된다고 손사래를 치는 거야.

둘이 함께 있다 보면 분명히 힘든 일이 생길 거라고.

그러면 그때 풀어보라고 하더라구. 큰 도움이 될 거라면서 말이야.

------------------중략------------------

그러던 어느 날 '나'는

들판으로 잠자리를 구경하러 놀러 가고 싶었어.

그런데 '친구'는 바다로 물고기 구경을 가고 싶다고 했지.

또 '나'는 눈사람을 만들고 싶었어.

그런데 '친구'는 눈싸움을 하자고 했지.

그렇게 서로 다툼이 생기고, 서로 말도 안 하기 시작한 거야.

'나'도 '친구'도 너무 지치고 힘들었어.

그러다 문득 상자가 생각난 거야.

'아, 맞다! 그 상자. 힘들 때 도움이 된다고 했지.'

상자 안에는 무엇이 들어있을까? 상자를 열어보니...

마임하는 학생들

　　마임의 내용은 학생들을 완전히 몰입시킬 정도로 재미있고 생동감이 있었다. 수업자의 질문은 마임에서 시작하여 '갈등'의 개념으로 이어졌다.

　　"친구가 생겨서 어떤 점이 좋았을까요?"

　　"시간이 지나면서 친구와 어떤 일이 일어났나요?"

　　"생각이 다르면 왜 다툼이 생길까요?"

　　"생각이 달라서 다투게 되는 것을 무엇이라고 할까요?"

나. 보태고, 빼는 즉흥극: + − 즉흥극

　　이번 즉흥극은 2단계에 걸쳐 이루어진다. 1단계는 인물 또는 상황이 보태질수록 갈등이 고조되는 상황을, 2단계는 1단계 즉흥극에서의 갈등의 원인을 찾아본 후 그것을 줄여가는 상황을 표현하는 것이다. 이 과정에서 중요한 부분은 학생 상호 간의 피드백이다. 평소에는 수업자가 즉흥극에 대해 피드백을 하지만, 이 수업에서는 1차 즉흥극을 보고 학생들이 질문하고 대답하는 방법으로 진행되었고, 그 과정이 유난히 길었다. 층간소음으로 갈등이 고조되는 즉흥극을 보고 학생들이 질문한다.

"아이들이 떠들고 뛸 때 아래층 사람들이 어떨지 생각해본 적 없나요?"
"자식들의 생활습관에 대해 어떻게 생각하시나요?"
"이웃이 화를 내는 이유를 알고 있나요?"
"입장을 바꿔 생각하면 본인도 화가 나지 않을까요?"
"이웃 간에 삿대질하고 싸우고 나면 이후에 불편하지 않을까요?"
"어떻게 해야 이웃과의 불편을 줄일 수 있을까요?"

그동안 학생들의 질문이 단순하게 내용의 사실 여부를 묻는 질문이었다면 이 수업의 질문은 확산적 사고를 요한다. 이런 질문과정을 통해 갈등상황을 줄이는 2차 즉흥극을 표현할 수 있었다. 그리고 갈등을 해결하기 위해서는 자신의 생각과 의견을 분명히 말해야 하며, 무조건 참는 것은 좋은 방법이 아니라고 결론지었다. 또 억지를 부리는 것은 서로의 감정을 상하게 하므로 인정할 것은 인정하는 것이 갈등을 줄이는 방법이라고 덧붙였다.

〈갈등 수업 즉흥극 흐름〉

1차 즉흥극 ➡ 학생 상호 피드백
– 질문과 대답 ➡ 2차 즉흥극 ➡ 내 생활에서 갈등을
줄이는 방법

6) 수업성찰

이번 수업에서는 갈등을 표현하는 즉흥극의 형태가 돋보였다. 똑같은 상황이라도 사람이 어떻게 행동하는지에 따라 갈등이 심해질 수도 줄어들 수도 있다는 것을 보여주었다. 즉 갈등상황 자체가 문제라기보다는 그 갈등에 대처하는 '사람'에 따라 똑같은 갈등상황도 달라질 수 있다는 것을 배웠다.

학생들의 즉흥극에는 충간소음을 주제로 한 것이 있었다. 실제로 충간소음 문제로 폭력사태까지 발생하는 것이 현실이다. 평소 이웃 관계가 좋았다면 서로 양보하고 이해할 수 있는 것도 익명 사회가 된 지금은 갈등과 분쟁의 원인이 된다. 위층에 사는 어린아이 두 명이 밤낮없이 뛰고 떠들어서, 결국 위아래층 사람이 서로 삿대질하며 싸우는 장면은 갈등이 최고조에 이른 상황이었다. 이것이 1차 즉흥극이다. 그다음 갈등의 주된 이유와 어느 부분에서 삿대질까지 하게 되었는지, 어떤 말에서 서로 감정이 상했는지를 찾는다. 2차 즉흥극에서는 갈등을 악화시킨 말과 행동을 구체적으로 바꿈으로써 갈등을 줄여갔다.

사람이 함께 살아가는 세상은 어떤 식으로든 갈등이 존재한다. 갈등을 없애는 것이 목표가 아니라 갈등이 생겼을 때 어떻게 해결할 것인가가 중요한 삶의 문제가 된다. 이것이 학생들이 키워야 할 공동체 역량이다. 이번 수업시간에 한 보태고(+) 빼는(-) 즉흥극은 하나의 문제 사태를 양방향에서 접근했다는 점에서 학생들에게 '더 생각하기'를 자극하는 역할을 했다.

5

배려: 독이 되는 배려 vs 약이 되는 배려

1) 교과: 도덕 5. 배려하고 봉사하는 우리

2) 주제: 배려, 왜? 어떻게?

3) 핵심질문: 내가 실천할 수 있는 배려에는 어떤 것이 있을까?

4) 수업계획

활동주제	세부활동 내용
주말 이야기 나누기	○ '주말에 뭐했어? 이야기 나누기' 주말에 있었던 선생님의 엘리베이터 이야기 극으로 만나보기 등장인물: 무거운 짐을 들고 있는 담임교사/같은 동에 사는 주민/장터에서 과일 파는 상인/과일 사는 다른 아파트 주민 [상황] 1. 아파트 현관 올라가는 계단에서 같은 동 주민과 눈이 마주침 2. 중앙현관에서 짐을 내려놓고 현관 비밀번호를 누름

활동주제	세부활동 내용
주말 이야기 나누기	3. 엘리베이터 문이 닫히면서 올라가버림 4. 기분이 상한 담임교사 상황제시 – 교사 상황에 맞는 대본 작성 및 극 만들기 – 학생 – 선생님과 같은 경험을 해본 적이 있나?
왜 배려해야 할까?	○ **개인별 정지 장면으로 표현하기** (서로의 표현과 생각을 잘 주고받을 수 있도록 원 대형으로 진행) – 배려의 이유를 각자 정지 장면으로 표현하기 → 교사의 터치+학생의 한마디 → 비슷한 생각을 가진 친구들 자리에 앉기 ○ 배려해야 하는 이유 정리하기 – 나의 즐거움, 행복, 기쁨 + 다른 사람의 즐거움, 행복, 기쁨 = ??
어떻게 배려해야 할까?	○ **문제상황+해결방법 즉흥극 만들기** 모둠별로 주어진 이야기를 정리해서 문제상황을 즉흥극으로 보여주기(발표모둠) → 내가 할 수 있는 배려 보여주기 → 진정한 배려 찾기 ① 휠체어를 타다 넘어진 히카리 이야기 – 상대방의 입장에서 해야 하는 것이 배려! ② 인사를 할까? 말까?(목욕탕에서 학생을 만난 선생님) – 상황에 따라 달라지는 배려 ③ 가난한 소년과 책방 주인 – 상대방에 대한 세심한 관심과 마음이 필요한 것이 배려 ④ 그거 따지 말고 냅둬!(까치밥) – 대가를 바라지 않는 것이 배려(배려의 대상?)
배려의 의미 파악하기	○ 내가 생각하는 배려란? – 각자 생각하는 배려의 의미를 찾아 정리하기 ○ 배려(配慮: 짝을 생각하다), 짝을 생각하는 마음으로 다른 사람을 생각함

활동주제	세부활동 내용
정리	○ 엘리베이터 사건 되짚어보기 – 일부러? 모르고?

5) 수업의 실제

가. '배려는 왜 해야 하는 걸까?' 정지 장면

필자는 도덕 수업에 '배려' 같은 덕목이 왜 필요한지 진지하게 토의해본 적이 없다. '배려의 개념은 ○○이다, 우리는 배려를 해야 한다'는 것이 수업의 결론이었다. 수업의 방향은 정해져 있었고 학생들의 의견이나 생각은 중요하지 않았으며 덕목은 무조건 따라야 할 절대적인 지침이었다. 돌이켜보면 참 지리멸렬한 국어 수업 같은 도덕 수업이었다.

수업자의 도덕 수업을 보면서 부끄러웠다. 필자 수업과의 가장 큰 차이는 학생들이 진지하게 생각하고, 덕목의 의미를 자기 용어로 말한다는 점이다. 이번 수업에서도 수업자는 학생들에게 덕목을 강요하기 이전에 '왜' 배려가 필요한지 곰곰이 생각하고 몸으로 표현하게 한다. 학생들은 배려가 필요한 이유가 무엇인지 교과서에 나오는 이야기들이 아니라 상황극을 보면서 느끼고 생각한 것을 자기 언어로 말한다. 그 이야기들은 다음과 같다.

"다른 사람이 불편하지 않도록 보호해야 하므로"
"배려하면 상대가 편해지기 때문에"
"배려하면 내 마음이 편해지기 때문에"
"배려하면 어려운 상황을 쉽게 해결할 수 있기 때문에"

"살다 보면 양보가 필요한 상황이 많아서"

"다른 사람을 존중해야 하기 때문에"

"배려해야 갈등을 줄일 수 있어서"

배려가 필요가 이유 정지 장면

위 장면은 서로 배려하면 서로를 안전하게 보호해줄 수 있다는 것을 표현한 것이다.

나. '어떻게 배려해야 할까?' 즉흥극으로 표현하기

수업자는 학생들이 배려할 때 생각해야 할 점을 중심으로 4가지 미션을 제시했다.

① 무조건 남을 도와주는 것이 진정한 배려일까?

  - 상대방의 입장에서 해야 하는 것이 배려

② 사람들은 어떤 상황이든 늘 배려해주는 것을 바라고 고마워할까?

  - 상황에 따라 달라지는 배려

③ 배려할 때 먼저 고려해야 할 점은 무엇일까?

  - 상대방에 대한 세심한 관심과 마음이 필요한 것이 배려

④ 배려의 대상은 누구일까?

  - 사람뿐만 아니라 자연을 비롯한 주변의 모든 것이 배려의 대상

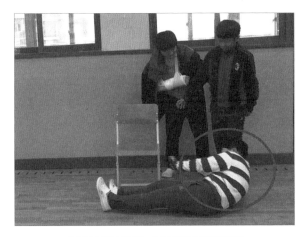

무조건 남을 도와주는 것이 진정한 배려일까?

위 장면에서 의자는 휠체어고, 넘어진 사람은 휠체어에서 떨어진 장애인이다. 지나가는 사람들이 장애인을 도와주려고 하는데 장애인은 도움을 거절했다. 혼자서 휠체어를 타려고 몸을 뒤틀면서 일어났고 힘들게 휠체어에 탔다. 수업자는 질문한다.

수업자	장애인이 넘어진 것을 봤을 때, 우리는 어떻게 할까요?
학생 1	휠체어를 타도록 도와줘요.
학생 2	119에 신고해요.
학생 3	부모에게 연락해줘요.
학생 4	도움이 필요한지 물어보고 도와줘요.

이 상황을 통해 학생들은 배려할 때도 상대방의 입장을 고려해야 한다는 것을 알게 될 것이다. 일방적인 배려는 자칫 상대방의 기분을 언짢게 하거나 불쾌하게 할 수 있다는 것에 공감한다. 수업자는 이와 관련하여 일본 작가 오에 겐자부로에 대한 이야기를 들려준다. 장애인 아들(히카리)이 넘어졌을 때 주변 사람들이 도와주려고 했으나 아들은 도움을 거절했고 혼자 힘으로 일어나려고 애를 썼다. 이때 먼 발치에서 한 소녀가 지켜보고 있었는데, 손에는 휴대폰을 쥐고 있었다는 이야기다. 아버지는 그 소녀의 태도를 '가족 또는 119에 연락할 필요가 있으면 도와주겠다'는 배려의 의미로 받아들였다고 한다. 즉흥극을 통해서 어떻게 배려할지, 배려할 때 어떤 점을 고려해야 하는지 진지하게 생각해볼 수 있었다.

다. 학생이 준비하는 수업 인트로

이번 수업은 누구나 겪을 수 있는 엘리베이터 앞 상황극으로 시작한다. 이 상황극은 4명의 학생이 대본을 쓰고 연기를 한다. 일체의 소품이나 준비물은 없다. 앉은 자리에서 벌떡 일어나 옆집 아줌마가 되고, 선생님이 된다. 돌발연기는 보는 학생들에게 신선함을 더한다.

학생이 만든 상황극

이 부분은 수업기획의 측면에서 중요한 의미가 있다. 수업의 중요한 부분을 학생에게 넘겨준 것이다. 교사만 수업을 준비하고 기획하는 것이 아니라 학생도 수업기획의 주체자가 될 수 있고, 수업의 책무성을 공유할 수 있다는 점에서 새롭다. 정책적으로 학생중심수업을 말하지만 실제 수업을 보면 교사 주도인 경우가 흔하다. 교사의 생각대로 기획하고, 교사의 의도대로 수업을 진행할 때가 많다. 여전히 현장에서는 학생들의 도전적인 참여보다는 안정된 수업 흐름을 중요한 수업철학으로 간주하기 때문인지도 모른다.

학생들이 준비한 상황극은 수업 인트로뿐만 아니라 수업정리 단계에서 '배려하는 상황'으로 다시 재현된다. 수업의 시작과 끝이 '배려'라는 개념으로 깔끔하게 피드백이 된다.

6) 수업성찰

도덕 수업의 가장 큰 난제는 형이상학적이고 도덕적인 덕목에 학생들이 얼마나 공감하는지, 수업내용이 과연 학생들의 실제 행동을 바꿀 수 있는지다. 그래서 이번 수업의 주요 방향은 학생들의 공감과 실천력 확보에 있다. 수업을 마친 학생들은 배려를 어떻게 생각할까? 학생들의 한 줄 정의를 살펴보면 생각이 보인다.

"배려는 목적 없이 나누는 것이다."

"배려는 상대방과의 관계이다."

"배려는 누구나 할 수 있다."

"배려는 상대방의 마음을 헤아리는 것이다."

"배려는 누군가의 관심이다."

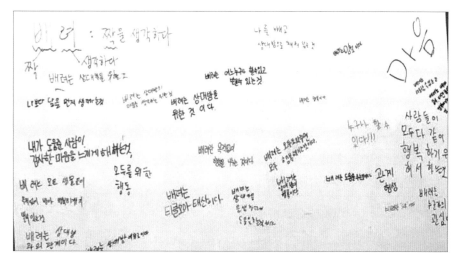

내가 생각하는 배려란?

학생들의 생각에서 배려의 출발은 나의 마음이고, 상대방을 위한 관심과 애정이라는 것을 알 수 있었다.

6

공정: 네가 X맨이었어?

1) 단원: 도덕 6. 공정한 생활

2) 주제: 공정과 불공정 사이

3) 핵심질문: 나는 공정하게 생활하는가?

4) 수업계획

활동주제	세부활동 내용
'○○이의 일기'	○ '○○이의 일기' – ○○ 일기 내용은? 제목을 재미있게 붙여보자, 한 가지 일을 자세히 써보자 등
생활 속 불공정한 상황 즉흥극 만들기	○ ○○○이의 일기 추측하기(미션지) 1모둠─공부시간/2모둠─점심시간/3모둠─청소시간/4모둠─하교 후 – 우리 반에서 있었던 일을 바탕으로 대략적인 내용 만들기 – 제목은 기발하고 재미있게 지어보기 – 일기글을 즉흥극으로 꾸며보기

활동주제	세부활동 내용
생활 속 불공정한 상황 즉흥극 만들기	○ **각 모둠별로 ○○○이의 일기를 즉흥극으로 표현하기** : 스파이 즉흥극 (각 모둠별 스파이는 2명) 스파이의 역할 – 모둠별 주제/역할 알기 → 즉흥극을 만들 때 주제에 맞는 내용으로 만들 수 있도록 이끌기 → 미리 정해진 역할을 맡아 연습 → 실제 발표에서는 연습과 다른 역할로 연기하기 → 불공정한 상황을 공정하게 만들기 ① 수업시간(스파이 – 교사, 학생): 함께 해줘서 고마워! ② 점심시간(스파이 – 급식당번, 친한 친구): 닭다리야, 넌 나의 최고의 행복이야! ③ 청소시간(스파이 – 교사, 모둠 1번 친구): 내 이름은 모둠 1번 ④ 하교 후 운동장 (스파이 – 6학년 학생, 3학년 학생): 축구는 내 인생! ※ 불공정한 상황을 공정하게 만들 때
공정의 의미 알아보기	○ 불공정/공정의 의미 알아보기 불공정이란 뭘까? 공정이란 뭘까? ○ 공정의 의미 알아보기 – 공정(공평하고 올바른 것) – 어떤 것이 공정할 걸까? 어떤 경우를 공정하다고 말할 수 있을까? ○ 불공정/공정의 사례 찾아보기 ○ 불공정한 상황 찾아 해결해보기 남아공 월드컵 공식 축구공 자블라니 이야기 *16만 원 중 1200원을 노동의 대가로 받는, 축구공 만드는 아이들 – 이런 일이 일어나는 이유는 뭘까? – 문제해결을 위해 필요한 것 – 자긍심, 절제, 갈등, 배려, 공정 등
우리가 배운 것 돌아보기	○ 자긍심, 절제, 갈등, 배려, 공정 중 내가 가장 잘하는 것 알아보기 – 잘하는 것, 이유 함께 나누기 – 복습노트에 일기글로 정리해보기

5) 수업의 실제

가. 스파이 즉흥극으로 우리 반에서 불공정 상황 찾기

학생들이 생각하는 학급 내 불공정한 상황은 매우 오밀조밀하다. 특히 수업자가 미션으로 제시한 영역은 공부시간, 점심시간, 청소시간, 하교 후다. 미션은 모든 학생들이 공감할 수 있어야 하는데, 교우관계나 가정생활을 미션으로 할 경우 개인차가 심하고 민감할 수 있어서 학교생활로 제한한다.

수업자가 학생들의 학교생활을 미션으로 도입하는 과정은 절묘한 절차가 있다. 먼저 수업자의 아들이 초등학교 때 쓴 일기장을 갖고 와서 읽어준다. 제목과 내용이 자세히 기술된 재미있게 잘 쓴 일기글이다. 그러고 나서 우리 반 이야기를 4가지 시간 영역으로 구분하여 일기로 쓰고, 즉흥극으로 표현하게 한다.

이번 즉흥극에서 특이한 것은 각 모둠에 스파이를 2명씩 사전에 배치하여, 돌발적인 행동으로 즉흥극 상황을 불공정하게 만드는 것이다. 예를 들면, '공부시간'을 주제로 발표하는 즉흥극에서 첫 번째 스파이인 학생이 갑자기 발표를 못 하겠다고 주저앉아서 투정을 부린다. 두 번째 스파이인 교사는 투정을 부리며 발표를 제대로 하지 않은 학생을 칭찬한다. 학생들은 돌발적인 상황에 매우 당황스럽다. 예측하지 못한 상황이라 수업의 긴장감을 높일 수 있다.

스파이 즉흥극

이 즉흥극을 보고 수업자는 다음과 같은 질문을 한다.

"통과되지 못한 학생은 어떤 느낌이 들었을까요?"
"이 이야기에서 불공정하다고 생각되는 부분들은 어느 부분인가요?"
"투정을 부렸더니 운 좋게 통과되었을 때, 투정을 부린 학생은 어떤 생각이 들었을까요?"
"이 이야기가 공정하게 되기 위해서는 어떻게 바뀌어야 할까요?"

학생들이 생각하는 '불공정'의 기준은 '부당함'이다. 발표를 잘하지 못했는데 칭찬받는 것 자체가 부당함이다. 그 부당함을 공정하지 못한 상황으로 인식하고, 그 상황은 개선되어야 할 대상이 된다. 이 과정은 학생들이 적극적인 도덕성을 갖는 데 중요한 의미가 있다. 학생들이 부당함을 인식하고, 그 부당함이 개선되어야 한다는 변화의지를 갖게 하는 것은 도덕교육에서 지향해야 할 방향이기도 하다.

나. 즉석에서 즉흥극 바꾸기 – 닭다리의 깨달음

급식시간이다. 모든 학생들이 닭다리를 한 개씩 받는데, 급식당번 ○○이 △△가 키가 크다는 이유로 닭다리를 두 개 주었다. 실제 이유는 ○○이가 △△를 좋아하기 때문이었다. △△는 당황했지만 그냥 두 개를 받았고, 이를 지켜보는 옆 친구들은 부럽기도 하고 짜증도 났다.

학생들은 닭다리에 민감하다. 누군가 이유 없이 닭다리를 두 개 받는다는 것은 용서할 수 없는 일이다. 이 상황을 다른 친구들이 불만이 없는 상황으로 즉석에서 바꿔보기로 한다. 7명의 지원자를 교체하여 즉흥극을 바꾸어서 상황을 새롭게 구성해본다. 누군가가 닭다리 두 개를 받아도 다른 학생들이 불만이 없는 경우는 언제일까?

- 자기가 받은 닭다리를 좋아하는 친구에게 줄 때
- 학생들이 돌아가면서 두 개를 받는데, 오늘 △△가 두 개를 받는 날일 때
- △△가 우리 반을 위해서 힘든 일을 해줘서, 우리 반 전체가 고마워서 두 개를 줄 때
- △△가 아파서 고기를 먹고 힘을 내야 할 때

여기서 중요한 것은 어떤 일을 결정할 때 학급 전체의 '합의'가 필요하다는 것이다. 누군가 닭다리를 두 개를 먹는다고 하더라고 그것이 학급에서 합의된 사항이라면 그 자체가 불공정한 일은 아니라는 것이다. 그 합의에 이르는 과정이 민주적이어야 하며, 다른 사람이 동의할 수 있어야 한다. 민주적으로 합의를 이끌어내는 과정은 학급뿐만 아니라 우리 사회에서 꼭 필요한 조직문화이기도 하다.

새로운 합의 만들기

다. 학생들이 생각하는 '공정'

학생들이 수업하고 난 후 공정함에 대한 생각을 나눈다.

"공평하고 올바른 상황"
"서로 손해 보는 것이 없는 것"
"솔직한 것"
"억울하지 않은 상황"
"서로 불만이 없을 때"

학생들이 말하는 공정에 대한 생각은 즉흥극을 통해서 습득된 매우 명확한 이미지다. 상황을 통해서 인식한 도덕적 덕목은 매우 현실적이다.

6) 수업 성찰

'공정'의 개념을 어디에서부터 접근해야 할지 고민이 많았다. 커피콩 따는 캄보디아 아이들의 공정무역으로 시작할까 생각하다가 가장 현실적으로 접근하자는 결론을 내렸다. 우리 학급에서 학생들이 민감하게 생각할 수 있는 불공정한 상황을 중심으로 접근했다. 우리 반 학생들에게 '공정'한 삶이란 차별받지 않고, 부당하지 않으며 공평하게 대우받는 것이었다.

수업자는 학생들의 사고를 확대시키기 위해 무진장 애를 썼다. 불공정한 사례로 월드컵 공식 축구공 자블라니 이야기를 했다. 축구공이 16만 원인데 축구공을 만드는 아이들은 1200원을 받는 현실을 들으면서 학생들은 어이가 없다는 표정을 지었다. 세상의 불공정한 상황을 우리가 모두 해결할 수는 없지만 적어도 불공정한 상황이라는 것을 인식하도록 가르치는 것은 필요하다. 이것이 학생들의 도덕적 민감성을 깨우치게 하는 교육적 과정이다.

더 욕심을 낸다면 학생들이 미션과제를 학급 상황뿐만 아니라 '불공정한 사회의 모습'으로 시선을 확대하여 비판적인 의견을 제시하고, 어떻게 공정한 사회로 변화시킬 것인지 즉흥극으로 표현했다면 더 발전적인 수업이 되었을 것 같다. 그러나 이것은 어디까지나 요망사항이다. 6학년 학생들에게 필요한 것은 도덕적 덕목에 관한 거대담론이 아니라 '나의 주변' 이야기에서 출발하여 공감하고 실천의지를 갖게 하는 것이다. 그것이 중요하다.

이 프로젝트에서는 자긍심, 절제, 갈등, 배려, 공정을 중심으로 수업했다. 물론이 덕목 외에도 학생들에게 필요한 덕목은 많다. 기회가 있다면 '평화'를 주제로 수업해보고 싶다. 수업자와 필자는 자긍심을 프로젝트 수업의 시작으로 설정했다. 학생들에게 가장 중요한 덕목은 자신에 대한 신뢰와 안정감에서 출발한다고 믿기 때문이다. 자신을 긍정하는 힘이 타인과의 관계를 원만하게 형성하는 초석이 된다. 요즈음 학교에서 발생하는 이른바 학교폭력 사안들을 보면, 학생들이 자아에 대한 부정적인 신념과 왜곡된 정서에서 비롯되는 경우가 많다. 긍정적인 자아를 가져야 할 학생들이 자기를 상실한 결과라고 생각한다.

이제 학생이 수업의 주인공이 된다

    교육연극수업을 하면 일반수업에 비해 학생들의 신체적 움직임이나 대화가 자유롭다. 온종일 의자에 앉아 있어야 하는 학생 입장에서 본다면 숨통이 트이는 수업일 것이다. 여기에 학생이 교사와 더불어 수업을 기획하는 데 참여할 수 있으면 훨씬 생동감 있는 수업이 된다. 학생들 입장에서 보면 교사의 수업을 그저 따라가는 것이 아니라서 즉흥적으로 등장하는 친구들의 상황극에 깊게 몰입할 수 있다. 다음 장면이 그 예이다.

마임하는 학생들

마임을 관람하는 학생들 표정

마임을 관람하는 학생들은 매우 진지하게 몰입했다. 평소 수업태도가 산만한 학생도 이 시간에는 완전히 집중해서 관람하는 모습을 볼 수 있었다. 마임을 몰입해서 보았기 때문에 마임이 끝난 후 이어지는 질문에 의미 있는 대답을 할 수 있다. 학생들의 수업 참여는 교사가 만든 활동을 열심히 수행하는 차원을 넘어, 학생들을 수업을 기획하는 수업친구로 레벨업시킨다.

학생을 수업의 중심으로 끌어들이는 또 다른 방법은 교사가 질문하는 대신 학생들 상호 간에 피드백하도록 유도하는 것이다. 처음에는 주로 사실여부를 확인해서 '예' 또는 '아니오'로 답하는 수준의 단순한 질문이었다. 수업자가 지속적으로 질문의 내용성을 강조하고, 그 결과 학생들의 질문은 심화되었다. 예를 들면 다음과 같다.

〈학생 질문의 변화〉

학생 질문의 예(초기)	학생 질문의 예(후기)
– 어디서 일어나는 일입니까? – 등장하는 아이들의 나이는 몇 살입니까? – 어떤 기분이 들었나요? – 왜 무섭다고 했나요?	– A 상황에서 억울하다고 생각되는 부분은 어떤 부분인가요? – 만약 자신이 B의 입장이 되었다면, 어떻게 행동할 것 같은가요? – 만약 저런 일이 지금 우리에게 일어난다면 어떻게 행동할 것 같은가요?

위의 표에서 보는 것처럼 학생들의 질문 형태가 조금씩 변한 것을 알 수 있다. 초기에는 눈에 보이는 현상을 중심으로 사실여부를 확인하는 비교적 단순한 질문을 했다면, 교육연극수업을 거듭할수록 학생들의 질문이 자기의 생각과 실천을 묻는 질문으로 바뀌었다. 이때 주의할 점은 학생들의 질문과 대답에 오류가 발생할 수 있다는 사실이다. 그래서 교사는 학생들의 대화를 주의깊게 들어야 하며, 오류가 있으면 어떤 방법으로든 반드시 교정해야 한다.

5부

주제심화형 프로젝트형 교육연극수업, 교과서를 넘어 삶을 바라보다

0

프로젝트 주제: 교과서를 재구성하여 삶을 만나다

사회 교과 중 인권 단원을 역사 단원과 연계한 주제심화 프로젝트형 교육연극 수업이다. 사회적으로 인권문제에 예민한 시기로 모두가 자신의 인권이 가장 소중하다고 목소리를 높이고 있지만 인권에 관한 권리만 주장할 뿐 의무에는 관심이 적은 것 같다. 피상적인 인권수업은 접어두고 나의 인권이 남의 인권보다 앞서 존중받아야 하는지, 모든 사람의 인권은 동등하게 존중받을 자격이 있는지 현실감 있는 수업을 해보고 싶었다. 삶의 문제로 체화되지 않는 인권수업은 한계가 있다는 생각이 든다. 이 수업을 통해 학생들은 인권문제를 현실의 문제로 생각하고, 사회적 이슈와 연결시켜 즉흥극을 만들어보았다.

인권은 학생들에게 '지식'이 아니라 '삶'이 되어야 한다. 그런데 막상 교과서에 기술된 내용은 매우 원론적이고 '인권은 소중하니까 잘 지켜야 한다' 같은 답이 뻔한 훈화적인 내용들이 많다. 게다가 사회 교과인지 도덕 교과인지 애매할 정도로 당위적인 지식들이다. 특히 평면적인 그림 자료는 학습의욕을 떨어뜨리기 쉽고, 학생들이 공감하기에는 너무 멀리 있다. 학습의욕이 아주 높은 학습자라고 해도 이런 교과서를 보고 '인권' 수업에 흥미를 갖는 것은 힘들지 않을까?

그렇다면 '학습의욕이 높지 않은 우리 반 아이들'을 데리고 어떻게 수업해야 할까? 배울 내용과 수업방법을 바꾸는 수밖에 없었다. 그래서 교과서와 지도서를 자세히 본 후 재구성에 들어갔다. 재구성의 기본적인 방향은 인권수업의 출발점을 '학생'으로 정하고, 학생들이 인권을 '나의 문제'로 생각하게 만드는 것으로 설정했다.

〈인권수업 재구성 방향〉

구성	교과서		회기	재구성	
	학습주제	성취기준		학습주제	핵심질문
1	인권이란 무엇인지 생각해보기	기본적인 인권의 개념을 이해하고, 학교생활 등 일상생활에서 발생하는 인권침해 사례를 조사하여 그에 대한 해결방안을 제시할 수 있다.	1	내가 생각하는 인권	내가 생각하는 인권은 무엇인가?
2	인권을 소중히 여겨야 하는 까닭 생각해보기		2	우리 역사 속 인권	사람들은 살아가면서 왜 인권을 주장하게 되었을까?
3	인권이 존중되는 사회를 위해 노력할 점 알아보기		3	범죄자의 인권과 사회 안전보장	인권은 누구나 동일하게 존중받아야 마땅한 걸까?
				인권 존중방법 알아보기	인권침해 상황에서 '나'라면 어떻게 했을까?

나의 인권 이야기를 시작합니다

1) 핵심질문: 내가 생각하는 인권은 무엇인가?

　　　학교생활에서 인권이 침해/존중되는 상황에는 어떤 것들이 있을까?

2) 수업계획

활동주제	세부활동 내용
마음열기	○ 담임교사의 초등학교 6학년 이야기 나누기 – 농구화와 술빵 ○ 비슷한 경험 떠올리기 – 눈을 감고 선생님처럼 친구 때문에 마음이 아팠던 경험/ 　친구의 마음을 아프게 했던 경험이 있는지 떠올리기 ○ '준수 무슨 일 있어요?' 　예진엄마: 여보세요, 준수엄마! 　준수엄마: 어, 예진엄마! 　예진엄마: 오랜만이에요. 잘 지내죠? 　준수엄마: 네, 이제 막 저녁하는 중이에요. 무슨 일 있어요? 　예진엄마: 아니, 준수 무슨 일 있나 해서요.

활동주제	세부활동 내용

	준수엄마: 무슨 일이라뇨?
	
	예진엄마: 이거 얘기해도 되나?
	
	준수엄마: 우리 준수한테 무슨 일 있었대요? 아직 아무 얘기 못 들었는데...
	
	예진엄마: 아직 못 들으셨구나. 아니, 뭐 별일 아닐 건데.
	
	         오늘 준수가 학교에서 선생님께 크게 혼났다는데...
	
	준수엄마: 아, 그래요?
	
	예진엄마: 거, 거기 누구더라. 같은 반에 억울해라던가?
	
	         뭐 그 친구랑 어쩌고 해서 야단을 맞았다던가?
	
	준수엄마: 어머, 내 정신 좀 봐. 찌개가 끓어 넘치네. 알려줘서 고마워요.
	
	– 대화 상황 이야기 나누기

우리들의
학교생활 속
인권침해 상황
찾아보기
	○ **준수가 야단맞은 상황을 즉흥극으로 표현하기**
	
	   오늘 준수가 학교에서 선생님께 크게 혼났다는데... /
	   같은 반에 억울해라던가? 뭐 그 친구랑 어쩌고 해서
	
	– 준수에게 일어난 상황을 예측하여 이야기 나누기
	– '뭐 그 친구랑 어쩌고 해서' 의 상황 만들어 표현하기

인권	○ 준수가 겪은 상황들이 일어나는 이유 찾아보기 – 다른 사람의 입장을 생각하지 않기 때문에 → 배려/존중/양보 등을 하지 않기 때문에 → 서로의 인권을 존중해야 하기 때문에 ○ 인권을 존중하지 않으면?
내가 생각하는 인권	○ 내가 생각하는 '인권' 한 단어로 표현하기 1 – 각자 생각하는 '인권'의 의미를 상징적인 정지 장면으로 표현하기 **– 정지 장면 보기 → 예측하기 → 연속동작 → 학생 간 피드백 → 단어 또는 의미 확인하기** ○ 우리가 생각하는 '인권' 표현하기 2
생활 속 인권 상황 찾아보기	○ 우리의 일상생활 속 말과 행동 돌아보기

3) 수업의 실제

수업 중 교사를 가장 기운 빠지게 만드는 것은 학생들의 무기력한 모습을 지속적으로 마주할 때다. 학생들을 수업 안으로 몰입시키는 방법은 여러 가지가 있지만, 지금까지의 경험으로 보면 교사의 실제 경험담이 가장 효과적이었다. 그래서 수업자가 6학년 때 겪은 왕따 경험을 학생들을 '인권' 문제로 끌어들이는 도입자료로 사용하기로 했다. 6학년 아이들에게 광복이라는 단어가 낯선 것처럼, 인권이라는 단어도 매우 추상적이므로 최대한 현실 속으로 끌어내리는 작업이 최우선이라고 생각했다. 생각하는 것은 학생들의 몫이지만, 생각할 거리를 던져주는 것은 교사의 몫이다.

가. 농구화와 술빵 이야기

키가 작은 6학년 여학생이 있었다. 같은 반 남학생으로부터 괴롭힘을 당했다. 여학생을 놀리기도 하고, 여학생의 물건을 함부로 가져가기도 하고. 어느 토요일, 남학생은 하교하는 여학생을 괴롭히려고 교문 앞에서 기다리고 있었다. 겁이 난 여학생은 도망치듯 마구 뛰었고, 대문이 열려 있는 집으로 무작정 들어가서 주인에게 사정을 말하고 몸을 숨겼다. 한참 후에 주인아주머니가 따끈한 술빵을 주었다. 평소 엄청나게 좋아하는 술빵이었는데 입맛이 써서 먹을 수가 없었다.

그때 괴롭힘을 당한 소녀는 바로 수업자였고, 학생들은 30년이나 지난 수업자의 경험담에 몰두한다. 그러나 교사의 경험담이 한편의 옛이야기에 머무른다면 그건 재미있는 이야기에 지나지 않는다. 수업자는 이 이야기를 소재로 학생들과 수업대화를 이어나간다.

수업자	30년이 지난 지금, 그 소녀는 술빵을 먹을까요?
학생	안 먹을 것 같아요.
수업자	왜 안 먹을까요?
학생	안 좋은 기억 때문에요.
수업자	뭐가 안 좋은 기억일까요?
학생 1	괴롭힘을 당한 기억요.
학생 2	무서웠던 기억요.
수업자	우리도 학교생활에서 친구에게 이런 안 좋은 기억을 심어주거나 아니면 받은 적이 없는지 눈을 감고 생각해볼까요?

교사의 경험이 수업 소재로 활용되려면 이런 피드백 과정이 분명해야 한다. 단순히 수업의 도입을 장식하기 위해 맥락 없이 제시되는 화려한 자료들은 오히려 수업에 방해가 된다.

나. 즉흥극을 하기 전에 활동과제를 명확히 제시

즉흥극의 주제는 '준수가 선생님에게 왜 혼났는지' 상황을 만들어서 표현하는 것이다. 수업자는 즉흥극을 만들기 이전에 모둠별로 해야 할 과제를 제시하고 평소 학교생활에서 친구에게 상처를 주고받은 경험에 대해 이야기를 나누게 한다. 급식을 받을 때 순서 때문에 다툰 일, 별명을 불러서 속상했던 일, 내 물건을 함부로 가져가서 화가 났던 일, 왕따를 당하거나 모둠 활동을 할 때 내 의견이 무시당해서 마음이 아팠던 일 등 구체적이고 다양한 경험들이 쏟아진다. 그리고 그 경험들을 엮어서 자연스럽게 즉흥극으로 만든다. 즉흥극의 목적은 화려한 연기가 아니라 학생들이 자신의 이야기를 최대한 많이 깊게 드러내는 것이며, 이 과정에서 가장 중요한 것은 교사의 피드백이다. 수업자는 즉흥극의 모든 상황에 대해 다시 질문을 던진다.

"친구가 그 말을 했을 때, 기분이 어땠어요?"
"그때 친구한테서 듣고 싶었던 말은 어떤 말이었어요?"
"만약 다시 이런 상황이 된다면, 친구에게 어떻게 말하고 싶어요?"

다. 교사의 끈질긴 질문

'인권'이라는 단어는 수업 시작 후 50분이 지나고 나서야 학생의 입을 통해 나온다. 수업자는 이때까지 인권이란 말을 단 한 번도 꺼내지 않는다. 다만 학생들에게 끈질기게 질문할 뿐이다.

수업자   즉흥극에서 네 모둠 모두 공통점이 있었어요. 뭘까요?

학생 1   친구 사이에서 생기는 일요.

학생 2   사소한 일인데 싸우는 일요.

학생 3   말로 하다가 주먹이 나가요.

수업자   맞아요. 사소한 일인데 왜 이런 다툼까지 일어날까요?

학생 4   상대방의 기분을 이해하지 못해서요.

수업자   상대방의 기분을 이해하지 못하니까 어떤 행동을 하나요?

학생 5   함부로 말해요.

학생 6   무시하게 돼요.

수업자	왜 상대방의 기분을 생각해줘야 할까요?
학생 7	상대방도 나랑 똑같이 소중하니까요.
학생 8	상대방도 인권이 있으니까요.
수업자	인권이라고 했는데, 인권이 뭘까요?

수업자의 이어지는 질문에 드디어 학생들의 입에서 '인권'이라는 단어가 나온다. 참으로 경이롭다. 필자가 '경이롭다'고 말하는 이유는, 대부분의 교사는 이 과정을 기다리지 못하고 먼저 말해버리거나, 배움문제(학습문제) 형식으로 칠판에 제시하기 때문이다. 그 과정에서 학생들은 탐구력을 상실한 채 그저 수업을 따라가기만 하는 경우가 많다. 하지만 교사만큼 학생들도 배움문제에 관심이 있는지 한 번쯤 고려해봐야 할 것이다.

라. 은유로 배우는 '인권'

"인권은 사람이면 누구나 존중받고 행복하게 살기 위하여 마땅히 누려야 할 권리를 말한다."

이것은 교과서에 나오는 인권의 첫 문장이다. 학생들이 인권에 대해 고민할 틈을 주지 않는다. '이런 것이 인권이니 소중히 여겨라, 남의 인권을 존중해라' 등으로 전개되는 학습에 흥미를 갖는다면 오히려 그게 이상한 일이다. 수업에서 학생들은 각자 인권을 다음과 같이 정의했다.

내가 생각하는 인권

"인권은 심장입니다. 사람에게 심장이 없으면 죽는 것처럼, 우리에게 인권은 생명만큼 소중한 것입니다."

"인권은 유리입니다. 유리는 안과 겉을 서로 비춥니다. 인권은 사람과 사람이 서로 통하도록 연결하고 비춰주는 역할을 합니다."

"인권은 에어컨입니다. 에어컨은 온도를 잘 조절해야 합니다. 인권도 내 것만 주장하지 말고 상대방의 기분을 배려해서 조절해야 합니다"

"인권은 선인장입니다. 수많은 가시가 각각 자기 모양을 갖고 있듯이 사람도 각각 다릅니다. 각각 다른 사람들이 즐겁게 살아가기 위해서는 서로의 인권을 보장해주어야 합니다."

학생들은 교과서에 명시된 인권이라는 개념을 배우진 않았지만, 수업자의 경험담과 즉흥극을 통해 인권이 나의 삶에 가까이 있다는 중요한 사실을 배워나간다.

4) 수업 성찰

수업이 물 흐르듯이 흘러갔다. 화려한 클라이맥스는 없었지만 학생들은 저마다 생각하는 인권을 말했다. 수업의 맥락이 이어진 것은 수업자의 질문이 치밀했기 때문이었다. 자칫 공허할 수 있는 학생들의 생각을 끊임없이 인권을 중심으로 생각하도록 유도했다. 질문이 참 많았지만, 단순반복형의 질문이 아니라 질문과 대답이 심화되는 깊이가 있었다.

다만 아쉬웠던 점은 학생들끼리 주고받는 질문과 대답이었다. "왜 인권을 ~이라고 생각하나요?" "~ 때문입니다" 형식의 A 질문과 B 대답만 반복될 뿐 B 대답에 이어지는 또 다른 질문이 없었다. 물론 6학년 학생들에게 이런 수준을 기대하는 것 자체가 과욕이라는 생각도 해본다.

마음열기 단계에서 제시한 수업자의 경험담은 6학년 학생들이 공감하기 좋은 소재였다. 수업자는 30년 전의 아픈 기억을 말하면서 눈물을 글썽거렸다. 세월이 지나 사과를 받아도 상처는 상처로 남는다는 것을 자신의 경험으로 알려준 것이다.

우리 역사에서 발견한 인권침해 사례를 고발합니다

1) 핵심질문: 사람들은 살아가면서 왜 인권을 주장하게 되었을까?

2) 수업계획

활동주제	세부활동 내용
마음열기	○ 『거짓말 같은 이야기』 함께 읽기 – 동화책 속 아이들의 모습 이해하고 비교해보기 ○ 일제 강점기(1910년대) 속 솔이의 생활모습을 정지 장면으로 표현하기 – 1학기 역사(교육연극수업) 교육과 연계하기 – 우리 역사 속에는 거짓말 같은 이야기는 없었을까? – 솔이는 어떻게 살고 있을까?/어떻게 살고 싶을까?/왜 그렇게 생각했을까? ○ **일제 강점기 시대 속 '솔이'와의 마음의 거리 표현하기** – 한 명의 '솔이' 정하기 → 마음의 거리 표현하기 → 생각과 감정 공유하기 – 일제 강점기 속 솔이가 사는 걸 보며 어떤 생각이 떠오르는가? – 현재의 솔이에게 이런 일이 생긴다면 어떻게 행동했을까? – 일제 강점기 시대의 솔이와 현재의 솔이는 왜 다르게 행동할까? – 왜 사람들은 점점 인권을 주장하게 되었을까?

활동주제	세부활동 내용
우리 역사 속 인권의 모습	○ 역사 속 인권침해 장면들을 떠올려보기 – 남녀/신분/나이/국가 간 인권침해 등 ○ **역사 속 인권침해 상황 즉흥극 표현하기** – 정지 장면으로 보여주기 → 어떤 장면인지 예상해보기 → 연결동작으로 보여주기 　→ 즉흥극 속 인물들과 인권침해를 한 이유에 대해 이야기 나누기
우리 역사 속 인권침해상황 해결방안 찾기	○ 각 즉흥극 상황에 맞는 해결방법을 생각해보기 〈예시〉 　전쟁과 백성　여자와 남자　높은 신분과 낮은 신분　일본과 한국 – 원하는 주제 정하기 → 토의하기 → 칠판에 판서하기→ 공유하기 ○ 복습노트 정리하기

3) 수업의 실제

가. 그림책 『거짓말 같은 이야기』로 3가지 입장 동시에 생각하기

　그림책 『거짓말 같은 이야기』는 화가가 꿈인 주인공 솔이가 다른 나라 친구들의 이야기를 듣고 믿을 수가 없어서 한 말이 제목이다. 인도 소년 핫센은 배고프다고 조르는 동생을 위해 하루 15시간을 일해야 하고, 아이티 소년 르네는 지진으로 붕괴된 집에서 돌아오지 않는 부모님을 기다리고 있다. 루마니아 소녀 엘리나는 맨홀 속에서 생활하는데 이 모습들이 솔이로서는 믿을 수 없는 이야기들이다. 수업자는 이 책을 활용하여, 학생들에게 여러 가지 입장을 동시에 생각하도록 질문한다.

　"핫센이 15시간 노동을 할 때, 솔이는 뭘 하고 있었을까요?"

"여러분은 솔이와 핫센 중에서 어느 쪽에 가까운 생활을 하나요?"

수업자의 질문은 3단계다. 그림책 속 인물들의 상황을 질문하고, 이 상황들이 믿기지 않는 솔이의 상황을 질문한 후 마지막으로 학생들의 현재 상황에 대해 질문한다. 핫센에게는 배고프다고 조르는 동생이 있는가 하면 우리 반 친구에게는 옥신각신하며 자주 다투는 여동생이 있음을 비교하여 설명한다. 책 속 어린이들의 고된 생활과 마땅히 보장받아야 할 '인권'을 보장받지 못하는 이야기를 우리 역사 속 상황으로 끌어온다.

"우리 역사 속에서 이런 거짓말 같은 이야기는 없었을까요?"
"이렇게 인권을 보장받지 못한 시기는 없었을까요?"

학생들은 일제 강점기나 조선시대 등 역사 속에서 인권을 존중받지 못했던 시기를 찾아낸다. 수업자는 그림책 『거짓말 같은 이야기』에서 시작하여 우리 역사 속 인권 상황으로 자연스럽게 진입한다.

거짓말 같은 이야기 도입 장면

나. '마음의 거리'로 자신의 감정 조절하기

'마음의 거리'는 중심인물을 가운데 두고, 자신이 그 사람과 어느 정도 친밀한 관계인지를 앉는 거리로 나타내는 표현법이다. 즉 중심인물과 친밀도가 높으면 가까운 거리에 앉고, 친밀도가 떨어진다면 되도록 멀리 앉는다. 중심인물을 중심으로 학생들은 교실 전체에 흩어진다. 필자는 학생들이 흩어지는 것을 보고 놀랐다. 필자는 '마음의 거리'를 하면 학생들이 모두 중심인물과 아주 근접한 거리에 앉을 줄 알았다. 그런데 막상 학생들은 필자가 상상한 것과는 달리 교실 전체로 흩어진다. 교실 제일 뒤편으로 가서 아주 멀리 앉는 학생들도 있다. '마음의 거리'의 주인공은 일제 강점기 때 집을 잃고 추위에 떠는 솔이다. 솔이를 중심으로 가까이 앉은 학생은 '솔이의 친구'였고, 간절하고 불쌍한 마음으로 따뜻하게 해주고 싶다고 한다. 중간쯤 앉은 학생들은 자신을 '지나가는 행인'이라고 하고, 가장 거리가 먼 학생 3명은 스스로를 '방관자'라고 한다. 방관자지만 솔이가 용기를 냈으면 좋겠다고 말하기도 한다.

'마음의 거리'는 학생들에게 일방적으로 동일한 감정을 요구하지 않고, 스스로 자신의 감정을 조절하여 표현할 수 있다는 점에서 긍정적이다. 감정과 공감능력은 개인에 따라 차이가 크다. 교사가 감정적인 동조를 몰아가지 않고 그 감정의 깊이를 거리로 표현하고, 그 이유를 설명하게 하는 것은 학생들이 스스로의 감정을 이해하는 데 도움이 된다.

마음의 거리로 감정 표현하기

다. 학생들이 찾는 즉흥극 주제

이번 수업에서 수업자는 학생들이 스스로 미션을 정하도록 기회를 준다. 그러나 학생들이 이 과정을 수행하기 위해서는 관련된 지식이 필요하다. 수업자는 사회시간에 배웠던 조선시대와 식민지시대에 대해 섬세하게 질문한다. 학생들이 직접 역사 속에서 인권이 존중받지 못한 시기를 찾을 수 있도록 말이다. 학생들의 답변은 다음과 같다.

"임진왜란 같은 전쟁이 났을 때 백성들은 인권을 존중받지 못했어요."
"옛날에는 남자와 여자를 차별했어요. 여자를 무시했어요."
"일제시대 때 일본이 우리나라를 괴롭혔어요."
"옛날(조선)에는 신분이 높은 사람과 낮은 사람을 차별했어요."

수업자는 학생들의 대답을 칠판에 적었고, 이것이 즉흥극의 주제가 된다. 만약 수업자가 '오늘 즉흥극 주제는 여러분이 모둠 토의를 해서 자유롭게 정하세요'라고 한다면 형식적인 면에서는 학생중심이고 세련된 수업같이 보일 수 있지만, 내용적인 면에서는 수업기획이 치밀하지 못한 수업이 되었을 것이다. 모둠토의 시간이 토의가 아니라 잡담이나 수다 수준의 이야기로 채워지는 것은 경계해야 할 부분이다.

수업의 핵심활동은 역사 속에서 인권이 존중받지 못하는 상황을 정지 장면과 즉흥극으로 구체적으로 표현하는 것이다. 이 활동을 하기 위해 학생들이 갖추어야 할 지식은 역사 속에서 인권이 존중받지 못하는 상황을 정확히 찾아내는 것이다. 즉흥극과 정지 장면으로 표현하는 것은 그다음 문제이다. 신분에 따라 출입이 제한되는 장면을 보고 학생들은 신분제의 부당함을 지적하고, 남자와 여자를 차별하는 가부장적인 장면을 보면서 현재는 상황이 달라졌음을 말한다. 일제 강점기 때 거짓 홍보물로 조선의 소녀들을 일본으로 끌고 가는 장면을 보면서는 전쟁의 부당함을 지적한다. 그리고 이 부당한 상황들을 비판하고 인권을 존중받을 방안을 주제별로 토의한다.

만약 이런 내용을 학생들이 즉흥극이 아니라 교사의 설명으로 듣는다면, 학생들은 문제의식을 갖기보다는 당연하고 뻔한 지식으로 받아들였을 것이다. 이처럼 교육연극수업은 교사가 설명하는 대신 학생들이 가상의 상황을 표현하면서 문제의식을 갖고 사고하는 수업이다. 막연한 공상이 아니라 매우 구체적인 작업이 필요한 수업이다.

주제별 인권 존중 방안

4) 수업성찰

　　우리 역사 속 인권상황을 짚어보는 것은 교과서에는 없는 내용이었다. 인권수업을 이렇게 재구성한 이유는 이전에 학습한 일제 강점기 수업과 연계하여 심화시키기 위한 것이다. 일제 강점기가 역사로 끝나는 것이 아니라, 우리 민족의 인권이 짓밟힌 시기였음을 강조한 것이다. 전쟁이나 식민지기는 인권이 가장 침해받는 대표적인 시기로 어떤 전쟁도 정당화될 수 없음을 알려주고 싶었다. 수업의 목표는 우리 역사 속 인권침해 상황이 다시는 재현되지 않도록 인권을 지켜나가는 것이다. 이번 수업은 일제 강점기뿐만 아니라 조선시대의 신분차별, 남녀차별까지 확대되었다. 학생들의 사회인식이 확장되는 느낌이다.

3

범죄자의 인권도 존중되어야 한다?

1) 핵심질문: 인권은 누구나 동일하게 존중받아야 마땅한 걸까?

2) 수업계획

활동주제	세부활동 내용
마음열기	○ '범죄자의 얼굴 공개'에 대한 생각 나누기 – 호송되어 가는 범죄자의 얼굴을 가려야 할까? 가리지 않아도 될까? ○ 범죄자의 인권 생각해보기 – 사진 속 인물 '조두순'과 사건 알아보기 – 조두순의 인권은 존중받아야 할까? – 살인을 저지른 사람의 인권은 어디까지 존중받아야 할까? – 최소한의 인권을 보장해야 한다면 그 '최소한'의 범위는 어디까지일까?
범죄자의 인권	○ '범죄자의 인권'을 주제로 토론하기 – 범죄자의 인권을 어디까지 보장해주어야 할지 생각해보기 인권을 존중해야 한다 vs 인권을 제한해야 한다

활동주제	세부활동 내용
인권을 존중받지 못할 상황 즉흥극 만들기	○ **인권을 존중받지 못할 상황을 즉흥극으로 만들기** – 갑질, 부당한 차별대우, 학교폭력 등 미 션 지 미션 주제: 인권을 존중받지 못할 상황 1. 인권침해가 일어나는 장소를 먼저 떠올리기 2. 사람과 사람 사이의 직접적인 문제로 표현하기 3. 상황을 가장 상징적으로 표현할 수 있는 장면을 정지동작으로 보여주기 → 연속동작으로 보여주기 – 어떤 상황일까? – 누군가의 인권을 침해했던 사람은 누구일까? – 내가 만약에 힘(권력)을 가지고 있는 사람이라면 어떻게 말하고 행동할까? – 가해자의 인권을 존중하고 싶을까? ○ 상황 속 나의 위치 찾아보기. 가해자 쪽? 피해자 쪽? – 이 위치에 선 이유는 무엇일까? – 어떤 마음일까?
인권 존중의 범위 찾기	○ 인권존중의 범위. '범죄자의 얼굴 공개' 생각해보기 '공익을 지킨다는 범위 안에서 범죄자의 얼굴을 공개해야 한다' '개인의 인권을 보장해야 하므로 공개하지 말아야 한다' ○ 다른 사람을 대하는 바른 태도 알아보기 – 내가 만약 존중받고 싶다면 나는 다른 사람을 어떻게 대해야 할까? – '인권은 누구나 마땅히 누려야 할 권리'에서 인권 존중의 범위 찾아보기 '누구나'와 '마땅히'의 의미 찾아보기
실천 생활 속 우리의 모습	○ 버스 속 우리들의 배려 모습 살펴보기 ○ 복습노트 정리하기

3) 수업의 실제

가. 사회적 이슈를 활용한 수업자료: 범죄자 인권

수업자가 스케치북 크기의 빨간색 종이를 학생들에게 보여준다. 그 안에 무엇이 있을까? 모자를 쓰고 모자이크 처리된 남자 사진이 한 장 있다. 범죄자의 사진이다. 이번 수업은 범죄자의 얼굴을 공개할 것인지, 공개하지 말아야 할 것인지 토의하는 것에서 출발한다. 수업자는 현재 사회적 쟁점이 되고 있는 범죄자의 인권 문제를 과감하게 수업자료로 도입한 것이다. 이 범죄자는 8세 여학생을 성폭행한 자로 이미 뉴스보도를 통해 알고 있는 학생들도 많다. 이번 수업은 도덕적 당위론에 입각하여 '범죄자의 인권을 보호해야 한다 또는 하지 않아도 된다'가 아니라, 모든 사람의 인권을 똑같이 존중해야 하는지 토의하고 자기 생각을 가지는 것이 핵심활동이다.

학생들은 범죄자의 인권도 기본적인 인간의 권리이기 때문에 보호해야 한다는 입장과 범죄를 예방한다는 차원에서 범죄자의 인권은 제한해야 한다는 입장으로 나뉜다. 이 부분에서 짚어야 할 것은 수업자료의 제시형태다. 제일 먼저 빨간색 종이만 제시하여 이 안에 무엇이 있을지 학생들이 상상하게 만든다. 학생들의 추측을 들어본 후 빨간색 종이를 펼친다. 그 안에는 모자를 쓰고 얼굴을 모자이크 처리한 남자가 있다. 학생들은 이 사람이 누구인지, 왜 선생님이 이 범죄자를 등장시켰는지 안다. 범죄자의 사진에 이어 '범죄자의 얼굴을 공개할 것인가?'라는 토의주제를 명확하게 제시한다.

빨간색 종이만 제시

모자이크 처리한 얼굴

토의주제 제시

　　범죄자의 인권에서 출발하여 인권을 존중할 필요가 없는 상황, 다시 말하면 누
군가가 남의 인권을 무시해서 인권을 존중받지 못할 상황을 즉흥극으로 만들어본
다. 수업자는 학생들이 경험한 것과 TV에서 본 것, 상상한 것을 모두 동원하여 즉
흥극을 만들도록 당부한다.

나. 즉흥극을 핵심질문과 연결시켜 방향성을 유지

'가해자'가 이번 미션의 중심이라서 학생들이 어렵게 느낄 수 있다. 그동안의 수업을 통해 학생들은 주로 피해자의 입장, 을의 입장에서 즉흥극을 만드는 데 익숙하다. '인권을 존중하지 않아도 되는 상황, 인권을 존중받지 못할 상황'은 가해자의 잘못이 무엇인지를 파악하는 것에서부터 시작해야 하기 때문에 학생들이 즉흥극의 방향을 쉽게 잡지 못하는 듯하다. 수업자는 학생들이 수업의 흐름을 잃지 않도록 미션의 방향을 지속적으로 상기시킨다.

"다른 학생을 괴롭히는 학교폭력 가해자들의 인권을 존중해야 할까?"
"친구를 왕따시키는 사람들의 인권을 존중해야 할까?"
"할머니를 위협하는 사기꾼의 인권을 존중해야 할까?"
"갑질하는 면접관과 상사의 인권을 존중해야 할까?"

만약 수업자가 지속적으로 즉흥극의 내용을 핵심질문과 연결시켜 정리하지 않는다면, 학생들은 이 수업의 즉흥극을 피해자의 관점에서만 볼 것이다. 그리고 즉흥극에서의 상황들은 인권을 침해당한 경우로만 이해할 것이다.

다. 동학년 교사들의 수업지원

이 수업은 동학년 교사들이 각 모둠의 토의를 도와주는 방식으로 진행한다. 평소 동학년 단위의 수업연구가 일상적으로 이루어지지 않는다면 불가능한 모습이다. 동학년 교사들이 같은 시간에 짬을 낼 수 있도록 교육과정을 미리 조정해야 한다는 점과 모둠토의 방향성을 미리 파악하지 않으면 수업지원이 힘들다는 점을 고려할 때 획기적이다. 동학년 교사들의 수업지원까지 필요한 이유는 무엇일까? 우선 범죄자의 인권을 보호할지 여부를 토의하기엔 학생들의 현재 지식만으로는 어렵다는 점, 또 자칫 감정적이거나 원론적인 결론으로 마무리 짓는다면 수업의 의미가 없다는 점을 고려했기 때문이다. 동학년 교사들은 한 모둠씩 맡아 학생들의 이야기를 듣고, 추가질문을 하면서 학생들이 자기의 생각을 정리할 수 있도록 도와준다. 덕분에 학생들이 각자의 의견을 충분히 말할 수 있는 시간을 확보할 수 있으며, 상호 간에 질문을 통하여 의견을 수정하는 단계까지 진행할 수 있다.

동학년 교사들의 수업지원

4) 수업성찰

다른 때와 달리 정답이 있는 수업이 아니다. 대부분의 학생은 범죄자처럼 남의 인권을 무시하고 파괴한 사람들의 인권은 존중하기 어렵다는 의견이었다. 학생들에게 다시 질문을 던진다. 우리의 인권을 무시한 사람을 존중할 수 없다면, 우리는 어떻게 살아야 하는 것인가? 우리가 인권을 존중받기 위해서 남의 인권을 침해해서는 안 된다는 지극히 당연한 결론에 이르게 된다. 매우 당위적인 결론이지만 교사의 말, 또는 교과서에 밑줄을 그어 가면서 가르쳤다면 학생들은 매우 지루해했을 것이고 아무런 감흥도 없었을 것이다.

수업은 8살 여학생을 성폭행한 범죄자의 사진에서 출발하여 학교폭력 가해자들, 갑질하는 직장문화, 약자를 위협하는 사기꾼의 모습까지 살펴보았다. 그리고 모든 사람의 인권이 동일할 수 없으며, 인권을 존중받기 위해서는 존중받을 만한 자격을 갖춰야 한다고 학생들 스스로가 결론짓기에 이르렀다. 오늘 수업은 120분 동안 연속적으로 이루어졌다. 블록수업 80분을 훨씬 초과했는데도 학생들은 쉬는 시간 없이 사회정의를 토의했다.

4

즉흥극으로 만나는 생활 속의 인권 실천 선언

1) 핵심질문: 인권침해 상황에서 나라면 어떻게 했을까?

  존중받는 사회를 위해 내가 할 수 있는 일은 무엇일까?

2) 수업계획

활동주제	세부활동 내용
인권침해 상황 속 문제 해결하기	○ **'인권침해 상황 속 해결사 되어보기' 즉흥극하기** 〈미션 상황〉 ① 생일파티 축하 장소에서 인권침해가 발생했다면? ② 회사 안에서 인권침해가 발생했다면? ③ 지하철 안에서 인권침해가 발생했다면? ④ 백화점 안에서 인권침해가 발생했다면? 〈미션 상황 변화주기–기존 인물의 생각 및 태도변화, 새로운 인물 등장 등〉 ① 인권을 침해하는 사람의 태도가 달라진다면? ② 인권을 침해당한 사람의 태도가 달라진다면?

활동주제	세부활동 내용
	③ 주변 사람들의 태도가 달라진다면? ④ 나라나 기관에서 장애인의 인권을 위해 할 수 있는 일은? – 미션주제별 즉흥극 표현하기 → 학생들 간(발표–관객) 질문 주고받기 　 → 문제상황 해결을 위한 변화 주기 → 변화된 상황에 대한 이야기 나누기 – 태도나 행동이 달라지거나 새로운 인물이 들어온 후, 어떤 변화가 있었나? – 나라면 그 상황에서 어떻게 행동했을까? – 문제를 해결하기 위해 어떤 노력을 해야 할까?
존중받는 사회를 위해 내가 할 수 있는 일 찾기	○ '아이들이 죽어나간다' 이야기 나누기 – 해당 문장과 관련 인물 사진을 보고 어떤 내용일지 추측하기 ○ 동영상 시청하기 – 나의 추측과 비교해보기 – 사진 속 인물의 행동과 마음 알아보기 – 과연 내가 집주인이라면 나는 무엇을/어떻게 했을까? – 집주인은 왜 그런 행동을 했을까요? ○ 존중받는 사회를 위해 내가 직접 실천할 수 있는 일 찾기
인권존중 실천 다짐하기	○ 지금, 당장, 먼저 실천할 수 있는 인권존중 이야기 나누기 ○ 복습노트 정리하기

3) 수업의 실제

가. 즉흥극을 학생들의 토론의 장으로 활용

이번 수업은 인권침해 상황에서 '나라면 어떻게 했을까?' 하는 실천의 문제가 중심이다. 우리가 일상에서 겪을 수 있는 관계 속 갈등상황을 만들고, 인권존중을 실천할 수 있는 방안을 구체적으로 짚어보는 것이 학습과제다. 수업자는 고등학교

때 버스에서 소매치기 장면을 목격하고 "소매치기다!" 하고 큰소리로 외쳤는데, 지금은 그럴 용기가 없다고 솔직히 말한다. 나이가 들면서 오히려 용기가 부족해진 것 같다는 수업자의 솔직한 고백이 학생들을 인권 실천문제를 진지하게 생각하게 한다.

수업자는 피드백하지 않고, 즉흥극 자체를 학생들의 토론의 장으로 활용한다. 다음 즉흥극의 주제는 '생일파티에서 생긴 일'이다. 이 수업에서 즉흥극을 활용한 구조를 보면 다음 표와 같다.

〈즉흥극 활용 구조〉

단계	주요활동	세부활동 내용
1	즉흥극 발표	– 생일인 친구가 은지에게 비싼 CD를 사 오라고 요구 – 은지는 비싼 선물을 사지 못하고, 파티에 늦게 도착
2	관객 학생들이 즉흥극을 보고 질문 (학생 상호 간 피드백)	– "친구에게 비싼 생일 선물을 요구할 때 부끄럽지 않았나요?" – "카톡으로 은지를 왜 욕했나요? 그리고 그때 기분은 어땠나요?" – "은지가 선물을 왜 못 샀는지 생각해봤나요?" – "본인 생일인데, 왜 친구에게 비싼 선물을 요구하나요?" – "생일파티는 왜 하는 거죠?"
3	이 상황을 해결하기 위해 즉흥극 속 대사 수정하기	– 생일인 친구가 비싼 선물 요구하지 않기 "비싼 선물 안 사 와도 돼. 내 생일이니까 재미있게 놀자. 내가 노래방 가서 한턱 쏠게" – 카톡에 그룹 채팅방 만들어 왕따 친구 뒷담화 하지 않기
4	마무리	– 수업자가 전체 마무리 생일파티는 어떤 의미인지 되새기도록 함

실제 즉흥극은 50초 정도 걸리지만, 학생들이 상호 간에 질문하고 대답하고 수업자가 마무리하는 데는 12분 정도가 필요하다. 수업자는 이 과정을 통해 어떤 상황이 친구의 인권을 침해하는지 학생들이 스스로 찾아내고 문제의식을 갖도록 유도한다. 학생들이 이 이야기에 집중하는 것은 누구나 경험했을 법한 일이기 때문이다. 특히 여학생들은 생일파티를 둘러싸고 친구관계가 예민해진다. 누구를 초대하는지, 어떤 선물을 준비했는지 등으로 갈등과 친밀도가 증폭된다. 수업자는 학생들에게 다른 사람에게 상처를 주지 않기 위해 '내가 어떻게' 해야 하는지를 직접 즉흥극의 대사를 수정하여 말하도록 한다. 이런 학습과정을 경험한 학생들은 생일 때 친구에게 비싼 선물을 요구하거나 선물을 주지 않은 친구를 함부로 대하는 행동을 쉽게 하기는 어려울 것이다.

흔히 인권침해라고 하면 국가적 차원이나 거시적인 인권을 생각하기 쉽다. 그런데 6학년 학생들에게 인권문제는 아주 소소한 일이라는 것을 느낄 수 있게 만드는 수업이다. 돈이 없다고 친구들에게 왕따를 당하거나 친구들이 무시해서 상처받고 수치심을 느끼는 것 자체가 인권침해라는 것을 알게 된다. 또한 인권이 존중받는 사회가 되기 위해서는 가해자의 태도가 달라져야 하지만, 피해자도 자신의 인권을 소중히 여기고 주장할 수 있어야 한다는 것을 수업자가 덧붙이며 마무리한다.

즉흥극을 한 학생들에게 관객 학생이 질문과 대답

나. 다양한 인권침해 상황을 미션으로 제시

교사들의 딜레마는 수업시간에 학생들의 주도권을 어느 범위까지 줄 것인지를 결정하는 것이다. 자칫 학생들을 수동적으로 이끌어가는 것은 아닌지 소심해질 때가 많다. 교사로서 당연한 고민이다. 왜냐하면 교과에 따라서도, 해당 내용에 따라서도 매번 상황이 다르기 때문이다.

이번 인권침해 상황 만들기는 꽤 광범위하고, 자칫 같은 상황이 중복될 수도 있다. 인권침해 상황을 즉흥극으로 만드는 것에서 끝나는 것이 아니라 어떻게 하면 그런 상황을 인권을 존중하는 상황으로 바꿀 수 있는지, 또 내가 할 수 있는 것은 무엇인지 구체적으로 생각하는 것이 중요하다. 이런 측면에서 이번 수업에서 제시된 4가지 미션은 각각 의미가 있다. 교사는 인권침해 장소만 제시했는데 학생들은 매우 구체적인 상황을 만들어낸다. 첫 번째 모둠은 생일파티에서 선물을 못 산 학생을 왕따시키고 상처를 주는 이야기를 통해 우리 주변의 친구를 돌아보게 한다. 두 번째 모둠은 학력과 스펙으로 신입사원을 차별하는 회사문화를 지적한다. 세 번째 모둠은 전철 안에서 임산부와 노약자에게 자리를 양보하지 않는 뻔뻔한 중학생 이야기를 통해 사회적 에티켓과 도덕성을 거론한다. 네 번째 모둠은 백화점 안에서 불이 났을 때 장애인이 대피하지 못하는 상황을 제시하여, 장애인에 대한 배려가 부족함을 보여준다.

수업자가 인권침해 장소를 이처럼 4가지 미션으로 제시하지 않았다면 학생들은 막연해하거나 즉흥극의 내용이 중복되거나 단조로웠을 것이다.

4) 수업성찰

인권수업이라는 대단원의 막을 내렸다. '내가 생각하는 인권'에서 출발하여 '우리 역사 속 인권이 존중받지 못한 사례, 인권 보장의 범주, 인권침해 상황에서 내가 할 수 있는 일'까지 한 편의 드라마처럼 이어졌다. 이 수업을 통해서 인권을 시험문제와 지식문제로 이해하는 것이 아니라 우리 일상 속 삶의 문제가 인권 문제라는 것을 알게 되었다.

인권에서 가장 어려운 것은 실천이다. 학생들이 각 상황을 보고, 문제점을 느끼고 지적할 수 있다면 수업목표는 달성한 것이다. 학생들의 수업 후기는 다양했다. 한 번도 인권이란 말을 진지하게 생각해본 적이 없었는데 이번 수업에서 인권이란 것이 얼마나 중요한지 알게 되었다는 수업 후기가 인상적이었다.

지금 당장 인권을 존중받는 사회를 만들기는 힘들더라도 지금 내 상황에서 할 수 있는 인권존중의 태도를 갖는 것은 의미가 있다. 학급에 있는 장애인 친구 배려하기, 친구에게 상처주지 않기, 엄마에게 함부로 소리 지르지 않기 등을 말하는 13세 아이들이 이 나라의 진정한 인권 실천가가 아닐까 생각한다.

머리로 상상하고, 몸으로 표현하다

"저게 뭐야? 재는 왜 밑에 깔린 거지?"

"싸우는 건가?"

"재는 왜 목마를 타고 있는 거지? 로봇인가?"

상상하면 무엇이든 된다—표현과 소품

교육연극수업에서 학생들은 주로 몸을 이용해서 표현한다. 다른 사람의 몸짓을 보고 각자 상상한다. 저게 무엇을 나타낸 걸까? 왜 저렇게 했을까? 각자의 시선으로 먼저 바라보고 추측한다.

겨울의 동식물　　태양　　겨울의 동식물

동굴

곰

과학 수업: 동면하는 곰

　　이 장면은 겨울의 특징을 나타낸 것으로, 포개져 있는 남학생 두 명이 동면하는 곰을 표현한 것이다. 검은색 후드 티셔츠로 어두운 동굴을 만들고, 그 안에 쪼그리고 자는 모습이 잠자는 누런 곰이다. 뒤편 학생의 둥근 원은 태양이다. 쭈그려 앉아 최대한 표면을 작게 만든 학생들은 겨울의 한파로 동식물이 최대로 웅크린 모습을 표현한 것이다. 이제 학생들은 아무런 소품도 없이 '내 몸'만으로도 뭔가를 표현할 수 있다는 자신감을 얻은 것 같다. 교육연극수업에서 학생들이 미리 소품을 준비하는 경우는 한 번도 없었다. 소품이 필요하다면 교실에 있는 물건을 이용해서 즉흥적으로 활용했다. 빗자루가 농기구가 되기도 하고, 의자가 노래방 무대가 되기도 한다. 수업자는 질문한다.

　　"곰이 겨울잠을 자는 데 가장 영향을 준 것은 무엇일까?

과학 한여름 나무에서 우는 매미 맴맴~

이 장면은 여름을 표현하는 나무와 매미를 나타낸 것이다. 한 명이 나무가 되고, 다른 한 명은 매미가 되어 목말을 탔다. 팔은 날개가 되고 입으로는 계속 맴맴 운다. 나무가 된 학생이 몹시 힘들어 보였다. 나무는 움직이지도 못하고, 매미가 떨어지지 않도록 보호하느라 땀을 뻘뻘 흘렸다. 수업자는 질문한다.

"매미는 왜 나무 위에서 울까?"
"왜 하필이면 여름에만 매미가 울까?"

6부

교사와 예술강사가
만들어가는
협력수업형 교육연극수업

0

프로젝트 주제: 마음 心으로 배우는 역사 이야기

    교사와 연극강사가 팀티칭으로 진행하는 교육연극협력수업이다. 철저한 팀티칭을 원칙으로, 교과와 연계한 수업 재구성을 기반으로 한다. 먼저 학년 교사들이 교과내용을 연구하고, 지도안의 초안을 기획한다. 수업의 완성도를 높이기 위하여 동학년 협의를 밀도 있게 운영하고, 그 과정에서 연극강사와의 협의를 통해 극적 효과를 더 높일 수 있는 방향으로 수정해나간다. 연극강사는 교사들이 생각하지 못한 극적 체험을 수업에 가미함으로써 학생들을 수업에 몰입시키고, 감정이입을 극대화시키는 역할을 한다. 교사와 연극강사 모두가 수업의 전문성을 살리는 시간이다.

    교과서에 기술된 역사적 내용은 '현재'를 사는 학생들에게는 너무 멀고 이해할 수 없는 사건들일 뿐이다. 그냥 옛날 옛적에 있었던 나와는 무관한 사건으로 인식한다. 여기에 교과서는 학생들이 역사를 철저히 타자화하도록 만드는 역할을 한다. 우리가 고민한 지점은 바로 여기다. '역사를 우리들의 이야기로 공감하고, 나의 역사로 다가서게 할 수는 없을까?, 역사적 공감의식을 지식과 강요가 아닌 마음으로 느끼게 하는 수업은 없을까? 긴 고민에 대한 해답으로 우리가 찾은 것은 바로 교육연극수업이다. 학생들이 다양한 역사적 상황을 만들고 그 안에서 상상하고 감정이입을 함으로써 나의 역사로 새롭게 이해할 수 있기 때문이다.

교과서의 지루한 내용을 맥락 있게 연결하기 위해 먼저 교재를 철저히 재구성했다. 일제 강점기 역사와 현대사의 경우는 아직 제대로 규명되지 않은 부분도 있어 전문가의 조언을 듣고 참고문헌을 토대로 했다. 재구성이 어떻게 진행되었는지 구체적으로 살펴보자.

교과서에는 역사적 사건이 시대순으로 기술되어 있다. 학생들이 학습의 주체로 개입하거나 어떤 사건과 사람들에 대해 고민하고 그 결과를 공유할 여지가 없다. 다만 외워야 할 역사적 사실이 빼곡히 기술되어 있을 뿐이다. 놀라운 것은 초등학교와 중학교, 고등학교의 역사 교과서에 등장하는 시대와 주제가 매우 유사한 수준이라는 점이다.

〈사회과 역사 단원 교과서 내용〉

차시	학습문제	주요내용
1–2	▣ 나라를 빼앗긴 후 우리 민족이 겪은 고통을 알아봅시다.	1. 강압적인 통치 2. 헌병 경찰 3. 토지조사사업, 산미증식계획
3–4	▣ 3.1 운동과 대한민국 임시정부에 대하여 알아봅시다.	1. 민족자결주의 2. 독립선언 3. 3.1운동
5–6	▣ 3.1 운동 이후의 독립운동에 대하여 알아봅시다.	1. 항일운동 2. 무장 독립운동 – 신간회, 봉오동 전투, 청산리 대첩

차시	학습문제	주요내용
7-8	▣ 민족정신을 지키기 위한 우리 민족의 노력을 알아봅시다.	1. 강제로 참배하는 학생들 2. 일제 강점기 학생 생활 3. 1930년대 태평양 전쟁 4. 일제 강점기 지식인의 저항
9-10	▣ 8.15 광복과 분단의 과정을 알아봅시다.	1. 제2차 세계대전 2. 38도선/8.15광복
11-12	▣ 대한민국 정부를 수립하기 위한 과정을 알아봅시다.	1. 임시정부와 미소공동위원회 2. 모스크바 삼상회의 3. 5.10 총선거 4. 헌법
13-14	▣ 6.25 전쟁의 전개과정을 알아봅시다.	1. 국제연합군, 중공군, 북한군, 국군 2. 휴전협정
15-16	▣ 우리 민족이 겪은 어려움을 알아봅시다.	1. 피난행렬 2. 천막학교 3. 인명 피해

　　교과서에 제시된 학습문제를 자세히 살펴보면 학습의 방향과 결론을 미리 규정함으로써 오히려 사고의 폭을 제한하고 축소시키는 경향이 있어 우리는 학습문제를 제시하지 않기로 했다. 다만 수업을 기획할 때, 학습문제 대신 '핵심질문'을 만들었다. 이 핵심질문은 수업 중 일관성을 유지하는 교사의 질문임과 동시에 학생들이 수업 중에 고민해야 할 중요한 과제다. 그래서 다음과 같이 핵심질문을 중심으로 교과내용을 재구성했다.

〈사회과 역사 단원 교과서 재구성〉

회기	핵심질문	주요활동
1	▣ 식민지 직전, 나라면 나라를 지키기 위해서 무엇을 했을까?	1. 을사늑약 체결 상황 재연하기 (동학년 교사들 합동상황극) 2. 을사늑약이 무효임을 알리는 정지 장면 만들기 3. 나라를 지키기 위해서 내가 할 일을 즉흥극으로 만들고 발표하기 4. 안중근 뮤지컬 〈영웅〉 중 '누가 죄인인가' 감상하기 5. 배운 내용 공책에 정리하기
2	▣ 나라를 빼앗긴 후 우리 민족은 어떤 어려움을 겪었을까? ▣ 내가 학살당하는 간도마을 주민이었다면 어떤 노력을 했을까?	1. '꿈을 찍는 사진관' 상황극 – 간도참변을 경험한 할머니 이야기 2. 할머니의 꿈을 찍은 4개의 사진 살펴보기 3. 간도주민이 되어 정지 장면 표현하기 4. 지금 내가 있는 이곳이 역사적 사건의 한 장소라면? (가상상황) 5. 극 밖으로 나오기
3	▣ 일제 강점기에 우리 조상들은 민족을 지키기 위해 어떤 노력을 했을까? ▣ 후손에게 물려줄 우리의 소중한 역사(문화)에는 어떠한 것이 있을까?	1. 간송 전형필의 훈민정음해례본 이야기 2. 일본의 식민지정책 즉흥극으로 표현하기 3. 간송 전형필 선생님 등장 4. 후손에게 보내는 보자기
4	▣ 일본 천황의 패전선포를 들은 후 여러 사람의 반응은 어떠했을까? ▣ 내가 나라의 지도자라면 해방된 나라를 위해 무엇을 할까?	1. 일제 강점기의 학생생활을 몸과 마음으로 느껴보기 (윤동주 시인의 친구) 2. 광복의 순간 경험하기 3. 모둠별로 광복을 맞은 사람 상황극 만들기 4. 해방 직후 민족주의자로 살아보기

회기	핵심질문	주요활동
5	▣ 6.25 전쟁 과정을 알아보고, 그 과정에서 우리는 어떤 아픔을 겪었을까? ▣ 가슴 아픈 역사를 반복하지 않기 위해서 우리가 할 수 있는 일은 무엇인가?	1. 극한 상황 속 가치선택 놀이 2. 할머니 이야기 듣기: 역사적 상황 3. 할머니에게 행복한 기억 선물하기 4. 나의 선택
6	▣ 제주 4.3에서는 어떤 일이 있었을까? ▣ 내가 제주 4.3의 피해자라면 어떤 마음이었을까?	1. 4.3 관련 전시회 관람하기 2. 할머니와 손녀의 사연 그림자극 보기 3. 전시회 사진을 참고하여 즉흥극 만들기 4. 4.3 희생자의 영혼 만나기 5. 조각상에게 동백꽃을 헌화하며 마음 전하기 6. 전시회에 어울리는 이름짓기

각 회기는 2차시(80분)로 계획했으나 실제 수업에서 초과하는 경우가 많았다. 재구성을 위하여 먼저 교육연극수업이 단순히 학생들의 몸의 움직임이나 감각적인 흥미에만 머무르지 않고, 중요한 역사적 사실을 인지할 수 있도록 내용요소를 선정했다. 이후 학생들이 역사적 상황 속에 몰입하고 공감할 수 있는 교육연극적 요소를 적절히 활용했다. 수업안은 동학년 교사들이 지도안을 작성한 후, 필자와의 협의를 거치고 예술강사의 연극적인 요소에 대한 조언을 반영하여 완성했다.

교과서 내용을 중심으로 하는 일반수업과 교육연극으로 재구성한 수업은 큰 차이가 있다. 교과서에는 역사 속에 있었던 사실들이 순서대로 나열되어 있고, 학생들이 이해하기 어려운 용어가 많아 역사에 흥미를 갖기가 어렵다. 이런 문제점을 보완하여 교육연극수업에서는 학생들이 역사 속 상황에 몰입할 수 있게 하는 데 주력했다. 역사의 주변인이 아니라 누구나 역사의 주체로 설 수 있다는 역사적 책무성과 시대적 이해를 통해 궁극적으로는 자신의 정체성을 확립하는 것이 수업의 목표다.

이 수업의 관건은 학생들을 역사적 상황 속으로 이끌고, 공감과 생각을 확대하는 것이었다. 그래서 우리는 연극기법에 얽매이지 않았으며, 매시간 사용하는 연극기법은 정지 장면과 즉흥극 만들기가 전부였다. 하지만 이 단순한 기법은 학생들의 소심함을 몸짓으로 끌어내고, 몸짓 안에 내포된 생각들을 말하게 했으며 수업이 진행될수록 학생들의 생각과 공감능력을 성장시키기에 충분했다.

6부의 수업에는 큰 흐름이 있다. 수업을 시작하는 상황극이나 이야기가 수업의 정리단계까지 하나의 궤로 이어진다. 예를 들면, 꿈을 찍는 사진관에서 간도 할머니의 기억사진을 찍는 것으로 시작한 수업이, 간도주민이 되어 그 시대 우리 민족의 아픔을 알아보는 활동으로 이어지고, 학생 각자의 기억사진을 찍어서 표현해보는 활동으로 마무리된다. 또한, 간송 전형필의 훈민정음해례본 이야기로 시작한 수업은 간송 전형필이 우리에게 문화재를 지켜달라는 당부로 마무리된다. 수업의 시작과 끝을 연계시킴으로써 수업이 전체적인 흐름을 이어갈 수 있었고, 학생들이 수업을 정리하는 데 도움이 되었다.

을사늑약: 중명전의 진실?

1) 주제: 을사늑약과 우리 민족의 저항 알아보기

2) 핵심질문: 식민지 직전, 나라를 지키기 위해서 나라면 무엇을 했을까?

3) 수업계획

활동주제	세부활동 내용
중명전에서 을사늑약 체결되다!	○ 을사늑약 체결 상황 재연하기(역사 속으로 들어가기) ○ 상황 속 문제 찾기 – 어떤 인물이 등장하는가? 어떤 상황인가? – 상황 속 등장하지 않는 인물/도장을 찍은 인물/을사늑약을 체결한 인물은 누구인가? – 을사늑약이 무효인 이유는 무엇일까? ○ 을사늑약의 전문 확인하기 – 을사늑약의 의미 알아보기 – 을사조약 vs 을사늑약의 의미 알기 – 외교권 빼앗김, 1905년(판서)

활동주제	세부활동 내용
역사적 문제 해결하기	○ **상황 속 인물이 되어 을사늑약이 무효임을 알리는 방법 정지 장면으로 표현하기**
역사적 사실 마주하기	○ 을사늑약이 무효임을 알리기 위한 우리 민족의 노력 – 민영환/장지연/의병운동/고종황제 등의 노력 → 고종황제 강제 퇴위, 대한제국 군대해산, 1907년(판서) 정미늑약
역사 속으로 들어가기	○ **나라를 지키기 위해 내가 하고 싶은 일 정하기 → 모둠 만들기 → 구체적인 상황으로 즉흥극 만들기** ○ 발표하기 – 마지막 모둠 앞의 모둠 발표 시 돌발상황 만들기 일본인(연극강사)이 민족의 노력 방해 → 좌절 → 피드백 → 다른 모둠 상황 다시 돌아보기
역사적 사실 마주하기	○ 나라를 지키기 위한 우리 민족의 노력 – 의병운동/애국계몽운동/국채보상운동/신민회 조직 등 – 일제의 침략에 참여한 사람들을 처단하려는 활동: 안중근 – 을사늑약에서 국권 피탈까지 얼마나 걸렸을까? – 우리 민족의 마음 느껴보기
역사적 아픔 돌아보기	○ 나라를 빼앗기는 과정에서의 우리 민족의 모습 돌아보기 – 효창공원 삼의사묘 사진 살펴보기(안중근의 가묘) – 안중근 재판 내용(뮤지컬 〈영웅〉 중 '누가 죄인인가')
차시예고	○ 나라를 빼앗긴 우리 민족의 아픔 알아보기
정리하기	○ 복습노트 정리하기

4) 수업의 실제

가. 교사들의 상황극으로 시작하는 을사늑약 체결 장면

동학년 교사가 다른 반 수업을 위해 함께 상황극을 만든다는 것 자체가 평범한 일은 아니다. 교사 4명이 을사오적이 되어 강제로 을사늑약이 체결되는 장면을 연출한다. 동학년 교사들이 보여준 상황극은 학생들에게 친밀감을 주고, 선생님들이 수업을 위해 많은 노력을 하고 있다는 것을 느끼게 해준다. 처음에는 학생들의 상황극으로 수업을 구성하려고 했으나 장면 자체가 무게감이 있고 수업을 전개하는데 매우 핵심적인 장면이기 때문에 교사들이 상황극을 하게 되었다.

① 중명전 주변을 포위하라고 지시를 내리면서 등장하는 이토, 하야시공사
② 강제로 도장을 찍으라고 강요하는 이토 히로부미
③ 도장을 찍으면 안 된다고 반대하는 한규설
④ 도장을 찍으라고 종용하는 하야시
⑤ 망설이는 박제순, 외부대신 관인을 가져오라고 통역관에게 지시하는 이토, 도장을 찍으라고 말하는 이토와 하야시
⑥ 박제순이 망설이자 관인을 빼앗고, 조약체결문에 도장을 찍는 하야시

다음 그림에서 모자를 쓰고 있는 두 인물은 하야시와 이토 히로부미, 오른쪽 두 인물은 한규설과 박제순이다. 칠판에는 일본정부와 한국정부를 통합한다는 을사늑약 체결문 원문을 게시하여 당시의 분위기를 재현한다. 도장을 찍으라고 강요하는 일본인 하야시의 말을 듣고 박제순은 도장을 찍으려 하고, 한규설은 이를 만류한다. 결국 강제로 도장을 찍게 되는 이 상황극을 통해 당시의 긴장감과 역사적 부당함이 드러난다.

동학년 교사들의 상황극

나. 연극강사는 걷는 동작으로 학생들의 몰입을 유도

"아침 9시입니다. 그 인물은 무슨 일을 하고 있나요? 걸으면서 동작으로 나타내봅시다."

연극강사는 학생들에게 걸으면서 그 시대 어떤 인물이 될지 생각하도록 한다. 수업에 소극적인 학생들은 일단 생각하기를 싫어한다. 모둠토의나 움직이는 것도 싫어한다. 그런 아이들이 연극강사의 말을 듣고 천천히 걸으면서 생각하다가 '정지'라는 소리에 자연스럽게 정지 장면이 되었다. 학생들의 몸짓은 다양하다. 신문을 펼쳐 든 사람, 총을 들고 분개한 사람, 편지를 써서 을사늑약의 부당함을 알리려고 뛰어가는 사람, 스파이를 조직하려고 사람들을 모으는 사람, 겁에 질려 도망가는 사람, 집 안에 숨어 있는 사람 등이다. 학생들의 정지 장면을 보고 연극강사는 질문을 이어간다.

"지금 무엇을 하고 있나요?"

"어떤 기분인가요?"

"어떻게 할 건가요?"

　　매우 단순한 활동을 하면서도 학생들은 그 과정에 감정을 이입하여 그 시대의 모습과 사람들을 표현해낸다.

다. 화려한 천 앞에서 을사늑약을 잊다

　　을사늑약이 발표된 상황에서 우리가 무엇을 할 수 있을지 즉흥극을 만든다. 다음 사진에서 보는 것처럼 학생들이 즉흥극을 다양하게 표현할 수 있도록 형형색색의 긴 천을 준비한다. 학생들은 예쁘고 긴 천을 보자마자 을사늑약을 잊고, 천으로 온몸을 치장하기에 바쁘다. 천을 감고 결혼식도 하고, 천을 감고 뒹굴고 서로 당기기도 하면서 마치 재미있는 놀이를 하는 것 같다. 조금 전 엄숙했던 을사늑약의 분노는 사라지고 순식간에 교실 분위기는 달라진다. 긴 천은 흥미진진한 재료로 수업을 풍성하게 만들기 위해 제공되었으나 결과적으로 수업 흐름을 방해하는 장애물이 되었다.

　　그러나 천을 제공한 것 자체가 잘못은 아니다. 학생들이 화려한 천을 처음 보았기 때문에 왜 주어졌는지 이유를 잊을 만큼 열광한 것뿐이다. 만약 천을 다시 학습 재료로 투입한다면 훨씬 안정된 분위기에서 수업을 진행할 수 있을 것이다. 다행히도 천을 이용하여 비단장사를 한다는 즉흥극이 있다. 비단을 팔아서 독립군에게 자금을 제공한다는 이야기다. 수업자는 독립자금과 관련하여 국채보상운동을 설명하는데, 천이 학습자료로써 사용된 부분이기도 하다.

수업자의 예상과 다른 수업상황은 언제든 발생할 수 있다. 이것이 수업의 현장성이고 민감성이다. 너무 서두르지 않으면서 자연스럽게 상황을 정리하는 교사의 순발력이 필요한 지점이다. 예상하지 못한 수업상황이 발생했다고 해서 수업을 망쳤다고 생각하거나 무리하게 진행할 이유는 없다. 일상수업을 생각해보면 하루에도 몇 번씩이나 예상하지 못한 돌발상황이 수업 중 발생한다. 세상에 망한 수업은 없다. 다양한 상황이 있을 뿐이다.

학습재료의 적절성

5) 수업성찰

교과서 내용은 일제 강점기가 시작한 시점에서 일어나는 일본의 강압정치와 우리 민족이 겪은 고통으로 시작하지만, 학생들의 역사적 이해를 돕기 위해 을사늑약을 추가하여 구성했다. 최소한 일제 강점기가 어떻게 시작되었는지 역사적 이해가 선행되어야 한다고 판단했기 때문이다.

역사 수업은 자신의 느낌이나 상상만으로 이루어지는 것이 아니므로 분명히 알아야 할 역사적 지식이 있다. 그리고 학생들이 그것을 이해하고 습득하는 것이 꼭 필요하다고 판단하여 수업자는 중요한 개념을 꼭 판서로 정리하고 있다. 예술강사 덕분에 학생들이 역사 속 상황으로 쉽게 몰입할 수 있었고, 대한제국 민중의 아픔을 공감할 수 있었다.

수업 소감	을사늑약과 정미늑약의 체결로 일제강점기가 시작돼고 사법권, 경찰권을 빼앗기고 국권을 피탈당했다. 일본이 중국과 싸우려고 우리나라에 들어왔다지만 그것도 핑계로 보이고 우리나라가 허약한 나라였다지만 바보처럼 나라를 뺏겨도 억울하지 않은 사람들과 친일파. 그들은 북한에서 처럼 처단해야하고 그런일 하지못하게 해야한다고 생각했다. 안중근 처럼 좋은 목적(우리나라를 위함)을 가지고 나라를 위해 목숨을 바친 사람들도 있다. 친일파도 그렇지만 독립운동가들의 희생으로 우리가 편하게 살수 있는것에 감사하다.	을사늑약으로 외교권이 박탈되고 정미늑약으로 군대가 해산되고 고종이 강제 퇴임됐다. 결국엔? 국권이 박탈되고 만다. 여기서 우리 나라의 동의가 1라도 있던 사건이 있을까? 하나같이 강제적으로 이루어졌다. 차근 차근 나라를 빼앗기고, 차근 차근 우리나라 아프고 앓고 죽어갔었다. 결국 광복이 되긴 했지만, 그 성공 보다 과정이 아팠다. 빼앗겼던 우리가 이런 나라로 성장 할 수 있어 다행이다. 〈사례2〉
		안중근이 "누가 죄인인가" 라고 질문을 하는데 만약 안중근 의사가 나에게 너는 죄인이냐고 물으면 나는 죄인이라고 할것이다. 왜냐면 나는 정확한 일을 이제야 알게 됐다는게 죄라고 생각한다. 그리고 하루빨리 안중근의 시체를 찾았으면 좋겠다. 그분들의 희생으로 우리가 지금 이렇게 편하게 살고 있는 것이 정말 기쁘다. 항상 감사하며 살아야겠다.
	〈사례1〉	〈사례3〉

2

간도참변: 꿈을 찍는 사진관과 간도 할머니

1) 주제: 나라를 빼앗긴 후 우리 민족이 겪은 고통을 몸과 마음으로 느껴보기

2) 핵심질문: 나라를 빼앗긴 후 우리 민족은 어떤 어려움을 겪었을까?

내가 학살당하는 간도마을 주민이었다면 어떤 노력을 했을까?

3) 수업계획

활동주제	세부활동 내용
꿈을 찍는 사진관	○ '꿈을 찍는 사진관'에서 사진 찍기 : 다른 사람의 꿈(기억) 살펴보기 – 다양한 형태로 찍히는 사진의 특징 알려주기 표 참조 ○ 늙은 할머니(예술강사)가 등장, 사진 찍기, 대화 나누기 – 사진기의 특징 설명하기: 강하게 남아 있는 기억(꿈)이 찍힘 – 할머니의 고향 묻기: 어린 시절을 보낸 곳이 '간도'임 ○ 꿈을 찍은 사진을 받은 할머니는 놀라는 표정으로 사진을 떨어뜨린 채 사진관 나가기

사진의 형태	이미지	단어	색깔
	♥	화이팅	■

활동주제	세부활동 내용
간도 할머니의 기억 속으로 들어가기	○ 할머니의 꿈을 찍은 4개의 사진(다양한 형태)에 대한 느낌 나누기 | ① 사진	② 사진	③ 색깔과 이미지	④ 단어 | |---|---|---|---| | 태형령 | 토막집 | 여기저기 뿌려진 빨간색 액체 | 도망쳐! | ○ **사진을 단서로 할머니의 기억 속 장면을 정지 장면 또는 즉흥극으로 표현하기** (즉흥극 표현하기 → 사진과 관련된 역사적 사실 설명하기) ※ 학생들이 활동하는 동안 교사와 예술강사는 학생들이 정지 장면 또는 즉흥극을 만드는 단서가 할머니의 기억사진임을 상기시키기 〈학생들의 발표순서〉 빨간색 이미지 사진 → 태형령 → 토막집 → 도망쳐! ○ 꿈을 찍는 사진관에서 사진사와 할머니의 대화 상기시키기 – 할머니 고향은 어디였을까?/할머니가 일본인들을 피해 도망가서 어린 시절을 보낸 곳은 어디였을까?/간도는 어디쯤일까? ○ 실제 간도로 이주할 수밖에 없었던 상황 이야기하기 – 지도를 활용하여 간도의 위치, 이주 방향 알아보기
역사적 사건 마주하기	○ 간도주민이 되어 정지 장면으로 표현하기: 1920년대에 간도에 살았던 조선인 되기 ○ 간도대학살 관련 동영상 시청하고 생각 나누기
역사 속 (가상상황)으로 들어가기	○ **지금 내가 있는 이곳이 역사적 사건의 한 장소라면?** – **그 시대의 사람으로 살아보기** ○ 내가 간도주민이라면 무엇을 할 수 있을지 눈 감고 생각해보기 ○ 긴급회의 주제, 의견, 해결방안 등의 내용 정리하기
꿈을 찍은 사진 그려보기	○ 마을 사람이었을 때의 나의 꿈(기억)을 꿈을 찍는 사진기로 찍는다면? – 성공/실패/무산 등의 기억, 또는 과정의 기억 등을 표현하고 그 이유 설명하기
시대적 상황 이해하기	○ 역사 속 간도주민들 마주하기 – 실제로 간도주민들은 어떻게 되었을까?
차시예고	○ 일제 강점기 우리 민족의 노력(국내외)에 대해 알아보기

4) 수업의 실제

가. 간도에서의 삶을 대변하는 4가지 장면

'태형령 사진, 토막집 사진, 빨간색 액체가 뿌려진 사진, 도망쳐라는 단어가 적힌 사진' 사진들은 간도 할머니가 일제 강점기 시절에 겪었던 기억을 현실로 끌어낸다. 학생들은 이 4가지 사진을 통해 간도 할머니의 인생을 추측해보고 함께 간도의 고통 속으로 들어갈 수 있다.

수업자가 선택한 4가지 사진은 식민지 조선인의 총체적 삶이다. 일본인에게는 적용하지 않았던 태형령을 조선인에게만 적용하고, 토지조사로 땅을 잃어버린 조선인이 토막집을 짓고 추위와 굶주림을 견디며 살아야 했던 일상의 모습들이 4개의 사진으로 응축된 것이다. 다음 사진은 토막집으로 쫓겨나는 조선인의 삶을 즉흥극으로 만든 것이다. 수업자는 토막집 사진을 보여주며 학생들이 끊임없이 상상하도록 질문한다.

토막집으로 쫓겨나는 조선인

"토막집이 뭘까요?" "무엇으로 만든 집인가요?"

"왜 조선인은 토막집으로 쫓겨났을까요?"

"토막집에 사는 조선인들의 생활은 어땠을까요?"

"일본인들은 토지조사를 왜 했을까요?"

"조선사람들의 땅은 어떻게 되었을까요?"

학생들을 생각하게 만드는 것은 수업자의 질문이다. 수업 전에는 학생들이 만드는 즉흥극을 예측할 수 없다. 그래서 학생들이 즉흥극을 준비하고 발표할 때 수업자는 그 상황을 순발력 있게 이해해야 한다. 그러기 위해서는 즉흥극을 만드는 과정에서 학생들이 주고받는 대화에 집중해야 한다. 형식적으로 보는 것으로는 세밀한 질문으로 밀도 있는 피드백을 할 수가 없다.

위와 같은 수업자의 질문에는 중요한 흐름이 있다. 즉흥극 장면을 보고 당시의 상황을 이해하고 공감하는 질문으로 시작해서 식민정책, 즉 관련된 역사적 지식을 분명하게 짚고 있다. 단순히 토막집에 살았던 조선인들을 동정하고, 분개하는 감정적인 차원을 넘어서 이런 상황을 만든 정책적 배경, 즉 1910년대 일본이 조선의 토지를 합법적으로 점령하기 위해 실시한 토지조사사업에 대해 설명했다. 교육연극수업이 감성에만 집중하는 수업이 아니라 인지학습이어야 하는 이유가 여기에 있다.

나. 학생들의 감정이입을 끌어내다

간도 할머니의 기억은 4가지 사진으로 제시된다. 이 수업에서는 학생들을 어떻게 할머니의 삶 속으로 들어갈 수 있도록 할 것인지가 중요하다. 수업자는 학생들에게 '내가 간도주민이라면 내 기억 속에는 어떤 기억이 남아 있을까'를 질문한다. 학생들은 기억사진을 만들기 시작한다. 기억사진의 앞면에는 그림이나 글씨로 간도에서의 기억을 표현하고, 뒷면에는 그 이유를 설명하는 글을 쓴다. 할머니의 기억사진 옆에 학생들의 기억사진이 함께 전시된다. 학생들이 쓴 기억사진의 예는 다음과 같다.

간도주민이 되다

'한 명이라도 더' - 소중한 우리 민족을 죽게 한 일본인을 한 명이라도 더 죽여야겠다는 기억사진
'감시' - 강력한 일본군의 진압으로 간도주민들이 사는 게 더 힘들어졌다는 기억사진
'끝' - 간도주민이 해방되는 기억사진

수업자는 간도참변 영상을 짧게 보여준다. 간도참변은 1920년 간도에서 조선인들이 일본군에 의해 무차별 학살당한 사건이다. 간도 할머니의 이야기가 픽션이라면 간도참변은 논픽션이다. 실제 간도 지역에서 발생한 역사적 사건이고 우리의 아픈 기억이다. 아픈 기억이지만 그럼에도 불구하고 우리의 소중한 기억이라는 수업자의 말로 수업은 마무리되었다.

다. 학생들마다 개인차가 있다

학생들에게 일제 강점기라는 시대는 유쾌하거나 재미있지 않다. 더구나 즉흥극을 할 때 어떤 학생들은 쑥스러운 자세로, 어떤 학생들은 소심한 목소리로 말해서 다른 사람에게 대사가 전달되지 않을 때도 있다. 오늘 수업에서 일부 학생들이 그랬다. 부끄럽거나 대사를 까먹기도 하면서 어설픈 웃음을 주고받는다. 이때 예술강사의 역할이 중요하다. 학생들을 야단치거나 화내지 않고, 상황이 진지하다는 것을 강조하며 설명한다. 감정몰입을 잘하는 학생도 있지만, 다른 사람의 감정몰입을 방해하는 학생도 있다. 교사가 수업을 아무리 촘촘하게 디자인했어도 그 수업을 실행하는 학생들이 진지하지 않다면 수업을 이끌어가기가 무척 힘들다. 그런 점에서 볼 때 교육연극수업은 교사의 에너지와 기운을 많이 필요로 한다.

5) 수업성찰

학생들은 간도가 어디쯤 있는지 모른다. 수업배경이 간도라는 것을 직접 설명하는 대신 간도 할머니를 등장시켰다. 할머니 역할은 예술강사가 했다. 수업은 사진관 주인(수업자)이 간도 할머니의 기억사진을 찍는 장면으로 시작한다. 그때 짧게 주고받았던 "할머니, 어디에서 오셨어요?"라는 가벼운 질문으로 학생들은 할머니가 어린 시절을 보낸 곳이 간도라는 것을 알게 된다. 그리고 할머니의 기억사진을 통해 간도로 쫓겨 간 조선인, 간도에서 고통당한 조선인의 삶을 상상해본다. 이 모든 고통을 겪을 수밖에 없었던 이유가 일본에게 주권을 빼앗겼기 때문이라는 것도 함께 생각해보게 된다. '간도 할머니'라는 인물을 설정함으로써 학생들은 쉽게 식민지 시대를 살았던 조선인이 될 수 있었다.

이 수업은 간도 할머니의 개인적인 아픔에 머무르지 않고, 지도를 활용하여 당시 역사적 흐름을 짚어가며 간도참변까지 살펴보는 것으로 나아갔다. 나라를 빼앗긴 후 우리 민족이 겪었던 고통이 조선 안으로만 국한되지 않았다는 역사적 사실을 강조한 것이다.

활동 결과		
	〈간도주민 기억사진 사례 1〉	〈간도주민 기억사진 사례 2〉
활동 소감		
	〈사례 1〉	〈사례 2〉

6) 수업기록

　　수업자는 수업 전에 미리 자신이 할 말을 글로 적어보면서 실제 수업상황을 머릿속에 그려본다. 시간이 들긴 하지만 수업의 밀도를 높이고 순발력 있는 수업을 할 수 있다는 강점이 있다. 다른 선생님들에게 도움이 될 수 있을 것 같아 여기에 첨부한다.

　　할머니께서는 사진을 보고 놀라셔서 사진관을 허겁지겁 나가버리셨어요.
　　사진을 이렇게 떨어뜨리고...
　　분명 소중한 기억을 찍어드린다고 했는데
　　할머니께서는 도대체 어떤 사진을 보신 걸까요?

　　할머니의 기억을 찍은 사진을 함께 살펴볼게요.
　　자, 어떤 느낌이 드나요? 무섭고, 슬프고, 힘들고...
　　어떤 일이 있었길래 할머니의 기억사진이 이렇게 찍힌 걸까? 이 사진을 단서로 할머니의 기억 속에 자리 잡고 있는 구체적인 장면을 즉흥극으로 만들어보려고 합니다.

　　우선 모둠별로 자리를 잡아볼까요?
　　그리고 사진은 따로 정하지 않고 선생님이 임의대로 나눠주도록 하겠습니다.
　　사진을 보고, 모둠친구들과 할머니의 기억이 무엇인지 함께 찾아보고 즉흥극으로 만들어볼게요.

첫 번째 모둠, 할머니의 어떤 기억 사진을 즉흥극으로 만들었을까요? (사진 붙이기)

붉은색이 흩뿌려져 있는 것이 꼭 피가 튄 것 같고, 이 사진은 무섭고 두려운 뭔가가 내 앞에 있는 것 같은 느낌을 주죠. 어쩌면 이 사진은 나머지 3개의 사진까지 포함해서 불행하고 힘든 할머니의 기억을 의미하는 것일지도 모르겠어요.

나머지 모둠의 즉흥극에서도 혹시 이 사진의 느낌을 찾을 수 있을지 함께 보고 이야기 나눠 볼게요.

두 번째 모둠의 즉흥극은 어떤 사진을 보고 만든 걸까요? (사진 붙이기)

무엇일까요? 맞아요, 집입니다.

혹시 이 집, 이름이 있는데 알고 있는 친구 있을까요?

토막집! 맞아요.

땅을 파고 그 위에 가마니를 얹고 흙을 덮어 추위나 비바람만 막을 정도로 임시로 지은 집을 말해요. 할머니는 처음부터 여기에서 살았을까? 왜 여기에서 살게 되었을까?

우리나라의 국권을 빼앗고 나서 일본은 우리나라를 통치하기 위한 기초를 마련하기 위해 토지조사사업을 실시하게 됩니다. 그런데 그 기간이 너무 짧아서 미처 신고하지 못한 경우, 또 그 과정이 너무 복잡하고 어려워서 못한 경우가 생기게 되고, 그렇게 신고를 못 한 토지는 빼앗겨서 일본 땅이 됩니다. 그것을 일본인들에게 공짜로 나눠주거나 싸게 넘기지요. 토지조사사업으로 40퍼센트가 넘는 땅을 일본이 가지게 되었다고 하구요. 있던 땅을 빼앗겼든, 워낙 땅이 없어서든 농사를 지으려면 땅이 필요하고, 땅을 사용하려면 비싼 돈을 내야 했기 때문에 농민들의 생활은 어려워질 수밖에 없었죠. 그래서 땅을 버리고 집을 버리고 그렇게 내가 살던 터전을 버리고 도시로 도시로 몰려들게 됩니다. 그럼 도시에는 일자리가 있을까? 당연히 없겠죠? 그럼 집은? 집도 없는 거죠. 그러다 보니 우선 생활할 곳이 필요했던 사람들은 이런 토막집을 짓고 거기서 살게 됩니다.

내 땅, 내 집을 빼앗기고 토막집에서 너무도 힘겹게 살아야 했던 할머니, 그때 그 모습들이 할머니의 기억 속에 지금까지 강하게 남아 있을 수밖에 없겠죠.

또 어떤 아픔과 고통을 겪어야 했을지 다음 모둠 즉흥극을 보도록 할게요.

세 번째 모둠, 어떤 사진을 즉흥극으로 표현한 것일까요? (사진 붙이기)

이 사진, 무엇인지 알고 있나요?

네, 맞아요. 태형입니다.

친구들이 즉흥극으로 보여준 것처럼 '태'라는 막대기로 볼기를 때려서 벌을 주는 도구인 거죠.

자, 그럼 벌을 받는 사람은 누구? 조선인! 벌을 주는 사람은 일본인 또는 친일파!

혹시 여기에 누워서 볼기를 맞았던 일본인? 있었을까요?

네! 없었습니다.

태형령은 조선인들만 받았던 벌이에요. 누가 주고? 그렇죠. 일본인이 주고!

그럼 이 태형? 예전에는 없었을까?

있었어요. 영화 등에서 채찍으로 때리는 장면을 본 적 있나요? 그것도 일종의 태형이라고 볼 수 있고, 우리나라는 삼국시대에 처음 시작됐어요.

그런데 이 태형이 근대화과정에서 폐지되거든요.

근데 폐지된 태형령이 다시 부활하게 된 것은 언제? 그렇죠. 일제 강점기, 정확히 1910년 나라를 빼앗기고, 2년 후 누구에 의해서? 일본에 의해서!

그래서 일제 강점기의 태형령을 '조선태형령'이라고 부릅니다.

그럼 왜 일본은 폐지된 태형령을 다시 부활시킨 걸까?

잘못했다는 물증 없이, 제대로 된 재판 없이 잡아다가 벌을 주기 위해 아예 법으로 만든 거예요. 결국 누구를 잡고 싶었던 걸까? 말 안 듣는 조선인들, 도움이 안 되는 조선인들, 그리고 독립운동가, 항일사상가들처럼 일본이 하고자 하는 일을 방해하는 조선인들을 무조건 잡아다가 벌을 주기 위해서였습니다.

그런 상황에서 할머니 역시 누군가가 태형을 받는 것을 봤겠죠, 그것도 자주. 그게 할머니의 가족일 수도 있고, 이웃일 수도 있고...

'내가 만약 할머니라서 어릴 적 그런 모습들을 봐야 했다면 어땠을까?'를 생각해보면 할머니의 기억사진이 더 마음 아프게 다가오지 않을까 싶어요.

마지막 모둠을 볼까요?

어떤 사진이었을까? (사진 붙이기)

살아보려고 고향을 버렸지만 토막집에서 살 수밖에 없었던 할머니, 무엇으로부터 도망치고 싶었을까요?

그래서 어디로 도망을 가셨을까?

처음 사진관에서 만났던 할머니의 모습을 떠올려볼게요.

할머니의 고향은 어디라고 했죠? 맞아요. 우리가 살고 있는 여기, 바로 성남!

그런데 할머니께서 지금까지 쭈욱 성남에서 사셨다고 했나요?

맞아요. 어린 시절은 어디에서? 간도에서 보냈다고 했습니다.

일본으로부터, 일본의 핍박으로부터 도망쳐 간 곳은 간도입니다.

간도는 어디일까요?

지도를 보면서 확인해볼게요.

왜 간도라고 하느냐? 조선과 청나라 사이에 있는 섬과 같다라고 해서 간도!

조선인들이 이주한 후 땅을 개간해서 농사를 짓기 시작했던 섬이라는 뜻에서 간도라고도 합니다.

그럼 할머니의 고향 성남에서 간도까지는 얼마나 걸릴까?

지도상에서 우리가 직접 가볼 수 있는 곳은?

학교에서 서울까지는 얼마나 걸릴까?

대략 6~7시간 정도 걸려요! 지도상 요 정도 거리인데.

그렇다면 직선거리로만 따진다고 해도 간도까지는 꽤 오래 걸리겠죠? 이미 배도 고플 테고, 힘도 들고, 갈수록 더 지칠 텐데 그렇게 참고 참고 참아서 할머니가 도착한 간도에는 어떤 사람들이 살고 있었을까? 어떤 모습으로 생활하고 있었을까? 연극선생님과 함께 정지 장면으로 표현해보도록 하겠습니다.

할머니를 비롯해서 실제로 간도로 이주해간 조선인들에게 어떤 일이 있었을까 동영상을 보고 나서 이야기를 나눠볼게요.

어떤 모습들을 봤나요?

일본 때문에 힘든 것들에서 벗어나기 위해 찾아온 간도에서의 생활도 일본의 공격을 받아 다치기도, 죽기도 하고 편안하지 않았던 거죠.

만약 지금 우리가 있는 이곳에서 똑같은 일이 일어난다면 우리는 무엇을 어떻게 할까요?

눈을 감고 한 번 진지하게 생각해보겠습니다.

우리가 있는 이곳은 간도입니다. 그리고 우리는 일본의 공격에서 간신히 살아남은 몇 안 되는 사람들입니다. 일본의 무차별한 공격이 계속되고 있는 이곳에서 나의 가족, 나의 이웃이 목숨을 잃고 있습니다. 지금 우리는 무엇을 할 수 있을까요, 무엇을 해야만 할까요?

간도의 마을회관에서 있었던 회의의 주제는 무엇이었나요?

어떤 의견들이 있었나요?

마을 주민들이 찾은 해결방안은 무엇이었나요?

그렇다면 결과는 어떻게 되었을까요? 마을 주민들의 노력이 성공했을까? 아니면 실패했을까? 아니면 시도하지도 못했을까? 눈을 감고 생각해보세요.

여러분이 생각하는 동안 선생님은 소중한 기억을 찍어주는 사진기로 찍어볼 거예요. 여러분의 기억은 어떻게 찍힐까? 그림? 글씨? 이미지?

눈을 뜨고 간도마을 주민이었을 때의 기억이 어떻게 찍혔을지 그려볼게요.

(몇몇 친구들 이야기 들어보기)

그럼 실제로 간도주민은 어떻게 되었을까?

간도주민들은 학살을 당해 27일 만에 3,400여 명의 사람이 죽었어요. 몇 개월에 걸쳐 죽어 나간 사람이 수만 명에 이른다고 해요. 이 사건을 가리켜서 '간도대학 살'이라고 합니다.

간도대학살에 대해서는 다음에 기회가 될 때 자세히 이야기해줄게요.

(소감 나누기)

오늘 우리는 나라를 빼앗긴 후 우리 민족이 겪은 어려움에는 어떤 것들이 있었 는지, 그리고 간도주민이 되어서 내가 어떤 노력을 했을지 연극으로 표현해보는 활동을 해보았습니다.

그런데 선생님이 너무 궁금한 게 있어요.

여러분이 그 답을 찾아주면 좋을 것 같아요.

사진관! 어떤 것을 찍어준다고 했지요? 당신의 소중한 기억!

그럼 이 사진들은 어때요? 할머니에게 소중한 기억인가요?

아픈 기억이죠?

그럼 이 아픈 기억이 이 카메라에 왜 찍힌 걸까? 이것도 소중한 기억이라서?

누구에게 소중한 기억일까요?

그렇죠. 우리에게 소중한 기억입니다. 역사를 제대로 알고 이해할 수 있게 해주는 아주 소중한 자료인 거죠.

지난 시간 "누가 죄인인가?"라는 안중근 의사의 질문에

우리는 '역사 앞에 죄인이 되지 말자'라고 했습니다.

아픈 기억을 소중하게 간직해준 우리 민족을 위해서 이 아픈 역사를 제대로 이해하고 기억해야겠습니다.

3

간송 전형필: 훈민정음해례본의 가치?

1) 주제: 민족을 지키기 위한 우리의 노력 알아보기

2) 핵심질문: 일제 강점기에 우리 조상들은 민족을 지키기 위해 어떤 노력을 했을까?

후손들에게 물려줄 우리의 소중한 역사(문화)에는 어떠한 것이 있을까?

3) 수업계획

활동주제	세부활동 내용
간송 전형필 선생님의 보자기 속 보물(훈민정음해례본) 만나기	○ 간송 전형필의 훈민정음해례본 이야기 〈보자기 속 물건은 도대체 무엇일까?〉 상황 1: 보자기에 쌓인 물건을 주고받는 고서중개인과 　　　　두루마기와 중절모 차림의 남자(간송 전형필) 상황 2: 보자기를 목숨같이 지키며 보자기 속 물건을 확인하려는 간송 전형필 상황 3: 일본순사의 감시를 피하기 위해 보자기를 학생에게 맡기기 상황 4: 학생들 소지품을 검사하는 일본순사 상황 5: 바깥에서 수상한 소리가 들리자 급하게 뛰쳐나가는 일본순사

활동주제	세부활동 내용
간송 전형필 선생님의 보자기 속 보물(훈민정음해례본) 만나기	○ 상황 속 이야기 파악하기 – 보자기 속 물건은 도대체 무엇일까? – 훈민정음해례본이 무엇을 의미(상징)하는지 충분히 이야기 나누기 – 간송 전형필과 훈민정음 해례본 일화 알기

역사적 순간 (일제 강점기)으로 들어가기	○ **일본의 식민지정책 체험해보기**(즉흥극으로 표현하기)
	
	  ① 한국어사용금지 ② 신사참배 ※ 학생들에게는 용어를 풀어서
	  ③ 황국신민서사 ④ 창씨개명 제시함
	
	– 모둠별로 주어진 자료를 이용하여 즉흥극 대본 및 배경 설정하기
	– 발표 후 느낌과 이야기 나누기
	○ 일제의 식민지정책에 대한 우리 민족의 마음 이해하기

모둠별로 해결방법 찾기	○ 민족 또는 민족정신을 지키기 위한 노력 찾기 ○ 모둠별 즉흥극 주제와 관련된 문제를 해결할 수 있는 단체 만들기 – ① 단체 이름/② 단체를 만든 이유(목적)/③ 주요활동
역사적 사실 마주하기	○ 일제의 식민지정책에 맞선 각계각층 사람들의 민족정신을 지키기 위한 노력 이해하기 – 조선어학회/역사학자들(박은식, 신채호 등)/시인, 소설가 등 문학가들/의열단/한인애국단/근우회 등 ○ 간송 전형필 관련 동영상 시청하기 – 문화독립운동가로서 민족정신을 지키기 위한 노력 살피기
간송 전형필 선생님의 당부 마주하기	○ 간송 전형필 선생님 등장(예술강사): 훈민정음해례본을 보관했던 보자기 건네기 – 그토록 우리 문화재를 지키고자 했던 이유 들려주기 – 미래의 후손을 위한 우리의 책임에 대해 당부하기
후손에게 물려줄 역사(문화) 찾아보기	○ 후손에게 보내는 보자기 – 훈민정음해례본을 보관했던 보자기에 가치 있는 것을 담아 후손들에게 물려준다면 무엇을 담을 것인가?

활동주제	세부활동 내용
역사에 대한 바른 태도와 마음 지니기	○ 보자기로 이어지는 우리의 역사와 민족정신 되새기기 — 역사 보자기에 담긴 역사(문화)와 함께 후손들에게 전해주어야 할 것은 무엇일까?
차시예고	○ 8.15광복과 대한민국 정부수립과정에 대해 알아보기

4) 수업의 실제

가. 중절모를 쓴 남자는 누구인가?

수업 시작을 알리는 종이 울렸는데, 교사는 보이지 않고 학생들은 수다에 여념
이 없다.

갑자기 흰색 두루마기를 입고 중절모를 눌러 쓴 사람(수업자)이 보자기를 들고
와서 황급히 한 학생에게 다가와 "절대 뺏기면 안 된다. 잘 맡아줘. 꼭 찾으러 오겠

다"라는 부탁의 말을 남기고 교실 뒷문으로 급히 떠난다. 수업자가 교실을 떠나고 뒤이어 연극강사(일본순사)가 등장하여 공포 분위기를 조성한다. 일본순사는 앉아 있는 학생들의 소지품을 검사하면서 뭔가를 찾고 있는 것 같다. 밖에서 문을 두드리는 소리(수업자)가 들리자 일본순사가 다급한 표정으로 교실을 떠나고, 수업자가 다시 등장하여 앞의 상황에 대해 질문한다.

"교실에 누가 다녀갔나요?"
"보자기에 무엇을 들어있었을까요?"
"어떤 상황이었나요?"
"왜 숨겨달라고 부탁했을까요?"
"왜 일본은 이 책을 뺏으려고 했을까요?"

보자기를 풀어보니 '훈민정음해례본'이었고, 이것을 맡기고 간 사람은 간송 전형필이다. 수업에 사용한 훈민정음해례본은 수업자가 직접 제작한 것으로 종이를 구겨서 표지를 만들고, 한지를 엮어서 고문서처럼 보이게 했다. 학생들은 이 책이 진짜 훈민정음해례본인 줄 안다. 수업자는 이어 간송전형필에 대한 설명과 함께 수업의 중심활동으로 다가간다. 간송 전형필은 훈민정음해례본 이외에도 수많은 문화재를 구입하였으며, 박물관을 건축하여 그 문화재를 보존한 분이다.

훈민정음해례본

나. 수업의 핵심이 분명한 미션과제 제시하기

수업에는 학습자가 도달해야 할 목표가 있다. 그것이 감성일 수도 있고, 태도 또는 지식일 수도 있다. 이번 수업은 일본의 식민지정책이 얼마나 조선인들을 힘들게 했는지, 그에 대해 조선인들은 어떻게 저항했는지 역사적 사실을 알고 공감하는 것이 중심이다. 이 수업에서 주의해야 할 점은 학생들이 무조건 일본에 대해 분노하거나 반일감정을 가지는 것이다. 그러지 않기 위해서는 식민지정책의 부당함을 정확히 가르쳐야 한다. 수업자의 설명을 살펴보자.

"일제 강점기 때, 일본은 우리에게 못 하게 한 것도 있고, 억지로 시킨 것도 있어요."

"우리가 하고 싶은데 못 하게 한 것에는 어떤 것이 있는지, 우리가 하고 싶지 않은데 억지로 시킨 것에는 어떤 것이 있는지 궁금해졌어요."

일본의 강요를 두 가지로 구분한다. 일본이 조선인에게 하도록 강요한 것과 하지 못하도록 강요한 것은 분명히 다르다. 그 범주에 따라 조선인들의 저항방식도 다르다. 강요의 범주를 두 가지로 구분한 것은 조선인들이 직면했을 상황에 좀 더 쉽게 다가가도록 하기 위해서다. 일본이 조선인에게 강제로 시킨 식민정책은 신사참배와 황국신민서사 외우기였고, 강제로 하지 못하게 한 정책은 한국어 사용과 한국이름 사용 금지(창씨개명)였다.

즉흥극은 재미있게만 구성하는 것이 아니라 내용성이 있어야 한다. 즉흥극의 구성방향이 구체적이고 명확하게 제시되어야 수업목표에 도달할 수 있다. 학생들의 움직임은 많으나 수업의 핵심내용이 빠진 경우가 있다. 몸짓을 하되 그 몸짓이 왜 필요하고, 어떤 맥락인지 피드백되지 않는다면 그것은 어수선한 수업에 지나지 않는다. 수업자가 학생들이 즉흥극을 만들 때 모둠마다 개별지도를 하는 이유 역시 중간 피드백을 위해서다.

다. 즉흥극 속에서 끝까지 저항하는 학생

즉흥극 중에 일본에 저항하는 조선인이 나오는 장면이 있다. 학생들이 연출한 장면임에도 불구하고 일본순사의 위협에 실제로 두려움이 느껴지는 듯하다. 즉흥극 속에서 학생들은 일본순사에 맞서 끝까지 조선이름을 주장하는 학생, 조선말을 금지하는 일본인 교장에게 대항하는 조선학생 등 일본에 저항하는 인물로 변한다. 강압적인 일본순사 앞에서 두렵지만 의연하려고 애쓰는 모습이 보인다. 즉흥극이 끝나고 다리가 후들거린다는 학생도 있다. 수업을 참관하는 필자조차도 긴장감을 느낄 정도다. 그런데 일본인의 강요에 따라 신사참배를 하고, 창씨개명을 하는 조선인의 역할을 한 학생들의 고백도 가슴 아프다.

"무서워서, 죽을까 봐, 가족들을 협박해서, 살고 싶어서, 어쩔 수가 없어서, 나 한 명이 저항한다고 달라질 게 있는 것도 아니라서..."

당시 조선인의 고통을 보는 것 같다.

다음 장면은 일본순사(예술강사)의 강요에도 불구하고 신사참배를 거부하는 조선인을 표현하는 즉흥극이다. 일본순사가 신사참배를 거부하는 조선인(빨간색 동그라미 부분)에게 무릎을 꿇으라고 소리치며 막대기로 위협했으나 신사참배를 거부한 학생은 '조선인은 신사에 참배할 이유가 없다'고 거세게 저항하며 위협에 굴하지 않는 모습이다. 순간 교실에는 공포감과 긴장감이 엄습하고 즉흥극이 끝났을 때 모두가 안도의 숨을 쉰다. 이 즉흥극 속에서 학생들은 많은 것을 표현한다. 일본이 신사참배를 강요했다는 것, 그에 저항하는 조선인이 있었다는 것과 그로 인해 일본순사로부터 협박과 위협을 당했다는 사실을 보여준다. 즉흥극 후에 수업자는 질문을 이어간다.

신사참배를 거부하는 조선인

"신사란 어떤 곳일까요?"

"왜 일본은 이곳에 절을 하라고 했을까요?"

"신사참배를 거부한 조선인은 왜 거부했을까요?"

"내가 조선인이라면 신사참배를 했을까요? 아니면 거부했을까요?"

학생들에게 이 수업은 머리에 남는 것이 아니라 가슴에 기억될 것이다.

5) 수업성찰

간송 전형필 선생의 일화에서 시작하여 일제 강점기의 식민지정책으로 고통받았던 조선인들이 되어보았다. 학생들은 일본의 요구에 순응하는 조선인이기도 했고, 일본에 저항하는 조선인이기도 했다. 어느 쪽도 편안한 선택은 아니었다. 학생들은 일제 강점기 역사 속으로 몰입하여 고통당하는 조선인이 되어본 것이다. 수업자는 학생들에게 일제 강점기를 살아보면서 '내가 지켜내고 싶었던 것은 무엇일지' 생각해보게 했다.

학생들이 후손에게 물려주고 싶은 것으로 선택한 것은 땅, 문화, 역사, 자유, 우리말, 평화 등이었다. 일제 강점기 시대에 우리가 지키지 못한 것들이다. 역사를 배움으로써 책무성을 느끼는 시간이었다.

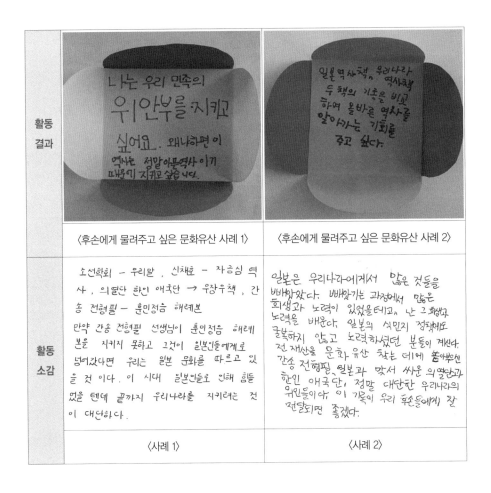

활동 결과	〈후손에게 물려주고 싶은 문화유산 사례 1〉	〈후손에게 물려주고 싶은 문화유산 사례 2〉
활동 소감	조선학회 - 우리말, 신채호 - 자긍심 역사, 의열단 한인 애국단 → 무장투쟁, 간송 전형필 - 훈민정음 해례본 만약 간송 전형필 선생님이 훈민정음 해례본을 지키지 못하고 그것이 일본인들에게로 넘어갔다면 우리는 일본 문화를 따르고 있을 것이다. 이 시대 일본인들로 인해 힘들었을 텐데 끝까지 우리나라를 지키려는 것이 대단하다.	일본은 우리나라에게서 많은 것들을 빼앗아갔다. 빼앗기는 과정에서 많은 희생과 노력이 있었을테고, 난 그 희생과 노력을 배운다. 일본의 식민지 정책에도 굴복하지 않고 노력하셨던 분들이 계신다. 전 재산을 문화 유산 찾는 데에 쏟아부은 간송 전형필, 일본과 맞서 싸운 의열단과 한인 애국단, 정말 대단한 우리나라의 위인들이다. 이 기록이 우리 후손들에게 잘 전달되면 좋겠다.
	〈사례 1〉	〈사례 2〉

4

친구 윤동주: 시인 윤동주의 친구를 만나다

1) 주제: 8 · 15 광복 과정에 대하여 알아보기

2) 핵심질문: 일본 천황의 패전선포를 들은 후 여러 사람의 반응은 어떠했을까?

　　　　내가 나라의 지도자라면 해방된 나라를 위해 무엇을 할까?

3) 수업계획

활동주제	세부활동 내용
일제 강점기의 학생 만나기	○ 일제 강점기 학생의 생활을 몸과 마음으로 느껴보기 〈일제 강점기, 윤동주 시인 친구의 방〉 교실 암전, 담임교사(윤동주 시인의 친구)가 책상 앞에 앉으며 초를 켜고 편지 쓰기/ 앰프를 통해 교사가 윤동주에 쓰는 편지가 흘러나옴(내레이션) 동주야, 달이 환하다. 너를 보낸 지도 어느덧 반년, 시간은 흘러간다. 너를 등진 이곳은 여전히 어지러워 학생들 가르치는 일이 만만치가 않구나. 그래도 동주야, 흔들림 없이 나의 길을 갈 수 있도록 용기를 주렴.

일제 강점기의 학생 만나기	네가 다녀가는 걸까? 여름밤 공기가 유난히 시원하구나. 꿈에서 너를 볼 수 있을 것 같아 이른 잠을 청해볼까 한다. 담임교사(윤동주 시인의 친구)가 스탠드 전원을 끄고 교실 밖으로 나가면서 교실 전 등 켜기 〈일제 강점기의 한 초등학교 교실〉 ① 공책을 상으로 받은 학생 ② 일본인 교장에게 야단맞는 학생 ③ 교실 밖으로 교 사를 끌고 나가려는 일본인 교장 ④ 교장이 교사를 협박하며 끌고 나가려고 할 때 라디오 패전선포 방송이 흘러나옴
역사적 순간(광복)으로 들어가기	○ 상황극 이해하기 – 라디오 방송은 어떤 내용일까? ○ 우리말로 번역된 내용의 일부 들려주기 – 통역한 내용을 듣고 이해했을까? ○ 라디오 방송 내용 이해하기 ○ 광복의 의미 이해하기 – '빛을 되찾다, 주권을 되찾다' ○ **해방된 마을 모습 살펴보기** **– 마을 주민이 되어 해방의 기쁨을 진도아리랑으로 나타내기**
모둠별로 해당 집단에 알맞은 상황 만들기	○ 광복을 맞은 다양한 사람 찾아보기 – 마을/조선/해외에는 어떤 사람들이 있었을까?(딸이 위안부로 끌려간 마을 주민/아들이 징용으로 끌려간 마을 주민/친일파 등) ○ 학생들이 제시한 의견을 판서하고 비슷한 것들끼리 분류하기 – 친일파/일본인들/우리 민족/나라의 지도자들 등 ○ 광복 소식을 들은 여러 사람의 반응을 정지 동작 또는 즉흥극으로 표현하기
나라를 세우기 위한 노력 표현하기	○ **해방 직후의 민족주의자로 살아보기** **– 각 모둠별로 지역의 지도자가 되어 나라를 바로 세우기 위한 방법 찾기** – 지도 확인 후 해당 지역의 여건, 장점을 충분히 활용한 방법 찾기 ○ 각 모둠의 자료를 교실 바닥에 놓고 지도자 입장에서 발표하기 ○ 편지내용 살펴보기 – 광복 후 조선은 어떤 상황이 된 걸까?
차시예고	○ 민족주의자들이 나라를 세우기 위한 노력과 대한민국 정부 수립과정 살펴보기

4) 수업의 실제

가. 역사적 상상력을 일깨우는 상황극

광복이라고 하면 당연히 우리 민족을 중심으로, 조선인을 중심으로 생각하게 된다. 역사적 이해가 부족한 학생들은 역사적 상황을 상상하기가 힘들다. 이때 필요한 것이 상황극이다. 연극강사 1명과 동학년 교사 4명이 '광복을 맞이한 마을 풍경'을 상황극으로 연출했다.

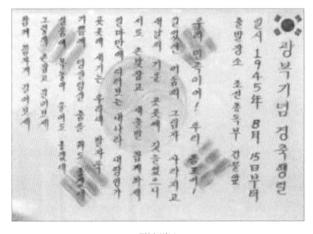

광복 벽보

마을에 벽보가 붙는다. 광복이 되었다는 소식을 전하는 벽보를 보고 마을 사람들이 장구치고 아리랑을 부를 때 그들과 어울리지 못하는 사람이 있었다. 마을 아이들을 위안부와 강제징용에 동원하기 위해 알선한 김씨를 비난하는 마을 사람들의 언성이 높다. 학생들은 이 상황극을 통해 모든 사람들이 광복을 기뻐한 것은 아니었으며 조선땅에 조선인만 있었던 것은 아니라는 것을 짐작하게 된다. 이후 상황극에 대한 수업자의 질문이 시대상을 정리하게 한다.

"당시 우리나라에는 어떤 사람들이 살고 있었을까요?"

"조선사람들만 있었을까요?"

"조선사람 중에 일본인과 친하게 지냈던 사람들은 어떤 사람들이었을까요?"

"광복을 위해 독립운동을 한 사람들은 어떤 심정이었을까요?"

수업자의 촘촘한 질문망으로 학생들은 광복 당시 조선땅에 있었던 사람들을 일본인과 친일파, 민족지도자, 일반 조선인 등으로 범주화한다. 이어지는 미션과 제로 학생들은 각각의 계층들이 광복을 맞이한 반응을 구체적인 몸짓과 대사로 표현한다.

나. 광복이 무엇이길래

교육연극수업이 막연한 상상이나 감성만으로 이루어진다면 수업 속에서 활용할 수 있는 영역은 매우 좁아진다. 수업은 감정과 상상만으로 이루어지는 것이 아니기 때문이다. 가르침과 배움의 과정을 통해 학생들이 반드시 '알고 배워야 할 것'이 존재한다. 교육연극수업도 예외는 아니다. 학생들의 즉흥극 자체가 의미 있는 것이 아니라 왜 그런 즉흥극을 하는지에 대한 심도 깊은 교재 연구가 필요하다.

광복을 다루는 이번 차시에는 학생들이 꼭 알아야 할 지식들이 있다. 일본이 패망한 이유와 국제정세에 대한 이해가 필요하다. 제2차 세계대전과 원자폭탄 투하 과정을 설명하지 않는다면 광복의 과정이 매우 허구적으로 인식될 것이다. 그래서 수업자는 다음 질문으로 광복을 둘러싼 지식에 대해 짚고 넘어간다.

"우리는 어떻게 광복을 하게 되었을까요?"

"우리 민족의 독립운동만으로 광복할 수 있었을까요?"

"그때 세계에는 어떤 일이 벌어지고 있었을까요?"

"그때 일본은 무엇을 하고 있었을까요?"

일제 강점기 사회 수업을 하면서 학생들이 역사에 대한 다각적인 시선을 가졌으면 좋겠다는 바람이 있었다. 광복 또한 마찬가지다. 일반적으로 광복을 떠올리면 사람들이 환호하는 모습이 자연스럽게 연상된다. 그러나 우리나라가 광복되었을 때 과연 모두가 기뻐했을까? 교재연구를 통해 이번 수업에서는 광복 당시 조선에 살고 있던 사람들을 범주화했다. 광복 당시 조선에 살던 일본인, 친일파, 고통받던 조선인 등은 광복에 대한 반응이 각기 다를 수밖에 없다. 이런 복합적인 광복의 모습에서 시작하여 민족지도자들의 고민을 함께 나누는 것으로 수업이 진행된다.

학생들은 민족지도자가 되어 지역에 따라 어떤 노력을 할지 토의한다. 지역은 크게 함경도, 평안도, 전라도, 경상도로 나누고 지역의 특성과 자원을 활용하도록 미션이 주어진다. 학생들은 실제로 민족지도자가 된 것처럼 지형의 특성을 살피고 나라가 발전할 수 있는 중장기 계획을 토의한다. 지역이 가진 지하자원을 이용하고, 사람들을 교육하기 위한 학교를 세우고 신문사를 만드는 등 지도자가 할 일을 생각해낸다. 이 모든 것을 교과서에 나오는 요점정리로 학습했다면 매우 무미건조하고 지루했을 것이다.

다. 다시 친일파가 되겠다는 학생들

놀라운 장면이 있다. 친일파를 연기했던 학생들에게 왜 친일파가 되었느냐고 물으니 '무서워서, 살고 싶어서, 가족들을 위해서'라고 답했다. 만약 똑같은 상황이 생긴다면 그때는 어떻게 하겠냐고 다시 질문했더니 놀랍게도 대부분의 학생은 모두 친일파가 될 것 같다고 했다. 단순하게 비난할 일은 아니다. 학생들의 생각과 이유를 정리해보고 친일이 어떤 의미이고, 다른 조선인에게 어떤 역할을 했는지 진지하게 토의해볼 만한 주제다. 아직도 우리에게는 청산되지 않은 친일의 역사가 있다는 것도 함께.

5) 수업성찰

광복을 맞이한 조선의 상황을 다양하게 그려볼 수 있었다. 특히 조선땅에서 일본인과 조선인을 동시에 상상하는 것이 새로웠다. 교사가 역사를 단편적으로 이해한다면 학생들에게도 그렇게 가르칠 수밖에 없다. 학생들이 민족지도자 입장에서 광복의 기쁨보다 광복 이후에 해야 할 일을 즉흥극으로 만들어낸 것은 이번 수업의 결실이었다.

활동 소감	오늘 광복에 대하여 알아보았는데 우리 민족들이 눈물을 흘리고 감격하고 아리랑을 부르는데 보니 나도 아리랑을 목청높게 부르고 있었다. 소리가 작거나 잘못 불렀지만 그래도 기뻤다.	광복의 소식을 듣고도 기뻐하지 않는 사람이 있었다. 바로 위안부로 끌려간 사람이 었는데, 이런 일을 겪고 고향으로 돌아가 가족을 만나면 해가 될까봐, 혹은 부끄러워서가 이유였다. 광복이 되어도 기뻐하지 못하는 사람이 있다니.... 그래서 일본이 남기고 간 상처는 쉽게 아물지 않나보다.
	〈사례 1〉	〈사례 2〉

5

한국전쟁: 피난 기차와 할머니의 가방

1) 주제: 한국전쟁 과정과 그로 인한 우리 민족이 겪은 아픔 느껴보기

2) 핵심질문: 한국전쟁은 어떻게 진행되었고, 그 과정에서 우리는 어떤 아픔을 겪었을까?

　　　　　　가슴 아픈 역사를 반복하지 않기 위해서 우리가 할 수 있는 일은 무엇인가?

3) 수업계획

활동주제	세부활동 내용
역사적 순간 간접경험하기	○ 극한 상황 속 가치선택 놀이 ① 평화롭게 자신이 가장 소중하게 생각하는 것 생각나는 대로 적고 있는 학생들 ② 예술강사가 뛰어들어오며 전쟁이 났으니 소중한 것 5가지만 챙겨서 　피난을 떠나야 한다고 알림 ③ 적고 있던 소중한 것들 중 5가지만 챙겨서 기차역에 도착함 ④ 도착한 기차, 자리가 없어서 모든 사람이 탈 수 없는 상황임 ⑤ 차장의 지시(예술강사, 담임교사)에 따르면 기차를 탈 수 있음 − 1호차: 먼저 도착한 2명 탑승 − 2호차: 짐(소중한 것)을 2개 버리고 2명 탑승

	－ 3호차: 먼저 탑승한 사람이 짐(소중한 것)을 2개 버려주면 2명 탑승 ⑥ 기차 출발 － 활동소감 이야기 나누기 → 한국전쟁 끌어오기
역사적 상황 체험하기	○ 할머니(한국전쟁을 직접 겪으신 분) 이야기 듣기 － 할머니: 한국전쟁에 대한 경험을 들려주는 구술사 역할 － 한국전쟁의 아픔이 담긴 물건 소개하기 　① 군모　② 오래된 편지　③ 피난민 졸업증서　④ 이산가족 전단지 ○ **할머니의 물건에 얽힌 사연 즉흥극으로 표현하기** － 즉흥극을 통해 피난민 체험 및 한국전쟁 과정 알아보기
역사적 사실 듣기	 ① 군모　　　　② 오래된 편지　　③ 피난민 졸업증서　　④ 이산가족 전단지 1950.06.~09.　1950.09.~11.　1950.11.~1951.01.　1951.01.~1953.07.27.
역사적 반성 및 다짐하기	○ 할머니에게 행복한 기억 선물하기 － 할머니는 아픔이 가득한 물건들을 왜 간직하고 계셨을까?/ 　할머니의 아픔을 행복한 기억으로 바꿔드릴 수는 없을까? － 진달래꽃 편지로 마음 전하기 － 할머니 말씀 듣기: 전쟁으로 인한 아픔과 상처, 당부의 말 전해주기
차시예고	○ 제주 4 · 3 사건 때 제주도민이 겪은 고통 알아보기

4) 수업의 실제

가. 나의 소중한 것을 알게 하는 '기차 타기'

수업이 시작하는지도 모르게 시작된다. 수업자가 농담하는 줄 알았다. '오늘 아침 거실에서 길게 뻗어서 자는 아들 모습이 참 예쁘게 보였고 소중한 존재라는 생각이 들었다'는 수업자의 말은 수업의 시작이라기보다는 '엄마의 마음'을 말하는 것 같다. 이어서 수업자는 질문한다.

"여러분에게 소중하다고 생각되는 것은 무엇이 있을까요? 잠시 눈을 감고 생각해봅시다." 단순한 농담이 아니라 수업자는 또 그렇게 수업을 시작해버렸다. 학생들은 금방 눈을 감고 소중한 것을 생각했고, 이어서 색깔카드에 소중한 것 5~10개를 적는다. 그런데 갑자기 요란하고 다급한 소리로 "전쟁입니다, 전쟁. 빨리 소중한 것 5가지만 챙겨서 교실 밖으로 나오시오!" 예술강사의 쩌렁쩌렁한 목소리가 들리고 학생들은 당황해서 교실 밖으로 나간다.

가치선택과 기차 타기

교실에서는 새로운 장면이 연출된다. 전쟁이 나서 기차를 타야만 피난할 수 있는 절박한 상황이다. 책상을 길게 배열하여 기차를 만들었고, 기차에는 모자를 쓴 차장이 타고 있다. 동학년 교사와 수업자가 차장 역할을 하고 있다. 그 기차에는 소수의 인원만 탈 수 있고, 그나마도 학생들이 손에 든 소중한 것들을 하나둘씩 버려야 탈 수 있다. 이 과정에서 학생들은 소중한 것들(부모님, 애완동물, 친구, 핸드폰, 할머니, 선생님, 학교 등)을 버려야 하는 갈등상황에 놓인다. 기차에 탑승한 학생들은 탑승하지 못한 학생들에게 미안해하고, 기차를 타지 못한 학생들은 억울해서 불만을 토로한다. 수업자는 질문한다.

"왜 이런 상황이 생겼을까요?"

학생들은 전쟁 때문이라고 한다. 전쟁이 우리의 소중한 것들을 빼앗았고, 우리 역사 속에도 그런 전쟁이 있었으며 전쟁을 겪은 할머니 한 분을 모셔서 이야기를 들어보는 시간을 가져보겠다는 수업자의 설명이 이어진다. 잠깐의 기차놀이에서 학생들은 자신에게 소중한 것들을 생각해보았고, 전쟁이 나의 소중한 것들을 빼앗아갈 수 있다는 것을 충분히 공감할 수 있었다.

필자는 전쟁의 역사를 객관적인 지식으로 배웠다. 그것이 나의 아픔이 될 수 있으리라는 것을 배우지 못했다. 그래서 역사의 지식이 언제나 생명력 없는 활자에 머물렀던 것 같다.

나. 즉흥극으로 연결 짓는 한국전쟁 경로

교육연극수업이 자칫 감성에 호소하는 감정중심수업이 될 수 있는 오류를 극복한 대목이다. 한국전쟁의 과정은 미국과 중공군의 개입으로 정세가 급변했던 전쟁이다. 이 전쟁 과정을 단순화하여 '전쟁의 아픔과 고통'을 개인적 경험으로만 구성한다면 중요한 역사적 사실을 간과하게 된다. 학생들에게 국제정세를 설명하기란 어렵다. 어느 수위까지 어떻게 설명해야 가장 효과적일지 고민이 필요했다. 그래서 전쟁을 경험한 할머니의 개인적인 경험에 국제정세를 가미하여 전쟁의 이동 과정을 4단계로 구분했다.

1단계는 전쟁이 시작되어 북한군이 남한으로 진격하는 단계다. 즉흥극의 주제는 할머니의 물건인 '군모'다. 할머니가 북한에서 군인들이 밀려오는 것을 보았고, 길가에서 누군가의 모자를 주운 것에서 이야기는 시작된다.

2단계는 연합군과 국군이 우세하여 북한땅까지 진격한 단계다. 즉흥극의 주제는 할머니의 물건 '편지'다. 전쟁에 참가한 오빠(쓰러진 학생)는 결국 전사하였고 가족들에게 오빠의 유품인 편지가 전달된다. 가족들에게 전쟁은 오빠의 죽음으로 기억된다.

이산가족의 아픔

3단계는 중공군의 개입으로 흥남부두에서 남쪽으로 후퇴하는 단계다. 즉흥극의 주제는 할머니의 물건인 '피난민 졸업증서'다. 전쟁이 발발하자 할머니는 북한에서 초등학교를 졸업하지 못하고, 부산으로 피난 와서 어렵게 초등학교를 졸업하게 된다는 내용이다. 할머니의 피난길 여정을 나타낸 단계다.

4단계는 한국전쟁이 결국 국제 강대국들의 이익에 따라 휴전이 체결되는 단계다. 즉흥극의 주제는 '이산가족 전단지'다. 할머니가 피난길에 헤어진 막내 막순이를 찾기 위해 전단지를 들고 여기저기 헤매고 다녔던 상황을 나타낸다. 그리고 즉흥극이 하나씩 진행됨과 동시에 말아두었던 지도를 펴서 전쟁의 경과를 즉흥극과 연결하여 피드백한다.

한국전쟁 경로

"부산에서 초등학교 졸업장을 받은 할머니의 심정이 어땠을까요?"
"오빠의 유품인 편지를 받은 가족들의 마음은 어땠을까요?"
"흥남부두의 상황을 상상해봅시다."

이 활동의 핵심은 전쟁으로 고통받은 한 할머니의 경험을 국제정세와 접목해 학생들에게 전쟁의 흐름을 인지적으로 알도록 구성했다는 점이다. 학생들이 막연한 상상력이나 감정만으로 역사를 보지 않도록, 있었던 사실에 대해 명확하게 이해하고 판단할 수 있도록 가르치는 것은 수업의 중요한 지점이다. 수업자의 질문이 이어진다.

"휴전선은 누가 그었나요?"
"왜 다른 나라가 우리나라 땅에 휴전을 결정하였을까요?"

학생들의 표정이 굳어진다.

5) 수업성찰

전쟁에 대한 막연한 고통을, 학생들의 입장에서 '나에게 소중한 것'을 잃게 되는 상황으로 구성함으로써 좀 더 실감나는 활동이 되었다. 한국전쟁의 경과는 한국을 둘러싼 국제정세에 따라 달라졌다. 국군의 진격과 북한군의 진격이 엇갈리고, 중공군의 개입이 전쟁의 결정적인 변수가 되는 극적인 과정이 있었다. 수업자는 학생들이 전쟁의 고통과 객관적인 전쟁 진행 상태를 동시에 알기를 기대했다. 이번 수업은 감성과 인지적 이해가 꽤 무겁게 느껴지는 수업이었다.

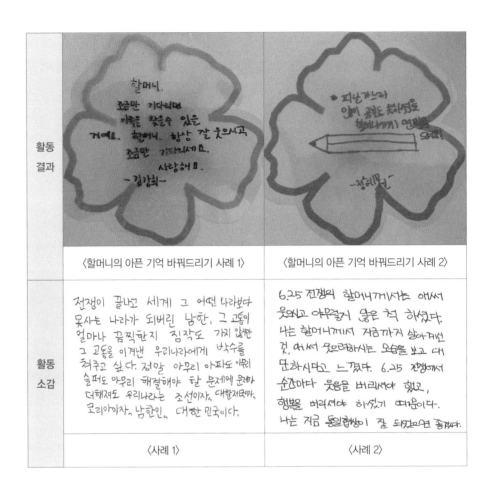

활동 결과	〈할머니의 아픈 기억 바꿔드리기 사례 1〉	〈할머니의 아픈 기억 바꿔드리기 사례 2〉
활동 소감	전쟁이 끝나고 세계 그 어떤 나라보다 못사는 나라가 되버린 남한, 그 고통이 얼마나 끔찍한지 짐작도 가지 않지만 그 고통을 이겨낸 우리나라에게 박수를 쳐주고 싶다. 정말 아무리 아파도 아무리 슬퍼도 아무리 해결해야 할 문제에 문제가 더해져도 우리나라는 조선이자, 대한제국이자, 코리아이자, 남한인, 대한민국이다.	6.25 전쟁의 할머니께서는 애써 웃으시고 아무렇지 않은 척 하셨다. 나는 할머니께서 지금까지 살아오신 것, 애써 웃으려하시는 모습을 보고 대단하시다고 느꼈다. 6.25 전쟁에서 순간마다 웃음을 버리려야 했고, 행복을 버리려야 하셨기 때문이다. 나는 지금 통일현상이 잘 되었으면 좋겠다.
	〈사례 1〉	〈사례 2〉

6

제주 4.3: 4.3 전시회와 동상, 그리고 동백꽃

제주 4.3은 교과서에 없는 부분을 추가한 수업이다. 일제 강점기에서 한국전쟁을 거쳐 한국 근대사로 전환되는 시점에서 시민사회로 성장하는 우리 역사에 대한 이해와 관심을 높이고자 기획했다. 이해를 돕기 위해 지도안 전문을 수록했다.

1) 주제: 제주 4.3 전시회를 다녀오다

2) 핵심질문: 제주 4.3에서는 어떤 일이 있었을까?

　　　　　 내가 제주 4.3의 희생자라면 어떤 마음이었을까?

3) 수업계획

활동주제	세부활동 내용
전시회로 만나는 4.3 이야기	○ 전시회 관람하기 **등장인물: 전시기획자, 교사, 학생, 관람객**(동료교사) **상황 1: 전시회 미션 안내 – 기억에 남는 작품 한 가지 정하기**

활동주제		세부활동 내용
전시회로 만나는 4.3 이야기		상황 2: 담임교사와 전시기획자 대화(무제) 나누기 상황 3: 전시회 안내판 확인하기 　　 – 전시회에 어울리는 의미 있는 이름, 당신이 지어주세요. 상황 4: 관람객의 대화 들려주기(70주년이 되었대/아직도 모르는 사람이 많아 등) – 기억에 남는 작품과 그 이유에 대한 이야기 나누기 ○ 전시회 속 상황 알아보기 – 어느 지역에서 일어났을까? – 언제쯤 일어났을까? : 우리가 배운 역사 내용을 바탕으로 추측해보기 (예: 일제 강점기 때/광복 직후/6.25 전쟁 후 등) – 이 전시회를 왜 열게 되었을까? – 전시회를 기획한 사람은 누구일까?
역사적 순간으로 들어가기 + 역사적 사실 마주하기	그림자극 보기	○ 할머니와 손녀의 대화 속 역사 만나기 등장인물: 할머니, 손녀딸(할아버지 기일에 고향을 찾음) 배경: 파도 소리가 들리는 바닷가 평상 상황 1: 할머니가 옛날이야기를 하듯, 제주 4.3에 대한 이야기를 나지막한 　　　　목소리로 손녀에게 들려줌. 할머니는 손녀에게 너라도 꼭 기억해야 　　　　한다고 당부함 상황 2: 이야기를 하다 멈춘 할머니를 보고 이어질 내용이 궁금해서 보채는 　　　　손녀와 더이상 이야기를 하고 싶지 않은 표정의 할머니 상황 3: 갑자기 무서운 기억을 떠올리며 두려움에 벌벌 떠는 할머니와 할머 　　　　니를 안아주면서 진정시키려고 노력하는 손녀
	극 이해하기	○ 두 사람의 대화 속 상황 알아보기 – 무엇에 대해 이야기를 나누고 있나?/광복 직후 제주도의 상황은 어떠했는 가?/3.1운동 기념행사에서 어떤 일이 있었나?/그 일을 계기로 일어난 일은 무엇 인가?

활동주제		세부활동 내용
역사적 순간으로 들어가기 + 역사적 사실 마주하기	역사적 사실 이해하기	광복 직후 제주도의 상황 – 패전 직후 일본군의 계속되는 위압적이고 폭력적인 행위/6만여 명에 이르는 귀환자/계속되는 흉년으로 심각한 식량난+미군정의 미곡수집정책 47년 3.1만세운동 기념행사(조선 공산당 중심) – 관덕정 앞에서의 발포사건 → 6명의 민간인 사망, 8명 부상 3.10 총파업 – 3.1사건 항의 수단으로 총파업 실시 → 미군정(응원경찰, 서북청년단)의 각종 탄압, 고문, 폭력 4.3봉기 – 할머니는 누구일까?/손녀는 누구일까?/손녀가 제주도 고향을 찾은 이유는 무엇일까?/할아버지는 왜 돌아가시게 된 걸까?/할아버지는 언제쯤 돌아가신 걸까?/할머니께서 손녀에게도 쉽게 꺼내지 못하는 이야기는 뭘까?/제주에서는 그때 무슨 일이 있었을까?
	역사적 사실 이해하기	1948년 4월 3일 새벽 2시, 한라산과 주위의 각 오름에서 봉화가 오르면서 시작함. 도내 경찰서, 서북청년단숙사 등 습격 – 경찰과 우익청년단의 탄압에 저항하는 투쟁+반미구국투쟁+단선단정반대투쟁 – 무장투쟁 → 4.28회담 실패 → 미군정의 단독정부수립을 위한 주도세력 토벌작전 → 제주도 2개의 선거구 투표율 미달 무효화 → 5.10선거 후 본격적인 투쟁/미군정의 소탕작전 → 1948년 11월 중산간마을 소개령 ○ 제주 4.3은 언제 끝이 났을까? – 7년 7개월 동안 제주도민들은 어떤 일을 겪었을까?

활동주제		세부활동 내용
역사적 순간으로 들어가기 + 역사적 사실 마주하기	즉흥극 ① + ②	○ **전시회 사진을 참고하여 다양한 즉흥극 만들기** ① 중산간마을 초토화작전 – 해안마을로 내려간 사람들 　+ ③ 동광큰넓궤로 피신한 사람들 – 학생들이 만든 즉흥극을 발표하는 중에 (학생들과 협의되지 않은) 담임교사/예술강사가 상황에 맞는 배역으로 등장하기

해안마을로 내려가는 사람들 ① 중산간 마을에 살고 있음 ② 소개령을 전달받음 ③ 살림을 챙겨서 해안마을로 내려감	동광큰넓궤 ① 중산간 마을에 살고 있음 ② 소개령을 전달받음 ③ 궤에서 도피생활을 시작함 ④ 토벌대에게 발각된 후 한라산으로 피신함
(해변마을 사람들의 경계와 멸시 때문에 다시 돌아왔다가 군인들에게 발각됨) – 담임교사: 해변마을 사람 – 예술강사: 다시 돌아온 마을 사람들을 찾아내 총살함	(눈길 위의 발자국 때문에 토벌대에게 발각됨) – 토벌대: 예술강사, 담임교사 발자국을 따라가서 총살함

〈미션지〉

사라진 마을

해안마을로 내려가는 사람들
① 중산간 마을에 살고 있음
② 소개령을 전달받음
③ 살림을 챙겨서 해안마을로 내려감

입구

동광큰넓궤
① 중산간 마을에 살고 있음
② 소개령을 전달받음
③ 삶의 근거지를 버리지 못하고 고민하는 사람들
④ 궤에서 도피생활을 시작함
⑤ 토벌대에게 발각된 후 한라산으로 피신함

활동주제		세부활동 내용
역사적 순간으로 들어가기 + 역사적 사실 마주하기	역사적 사실 이해하기	중산간지역은 해안선으로부터 5킬로미터 이외의 내륙지역을 말하며 중산간소개령은 그 지역에 대해 무허가 통행금지를 선포한 것이다. 즉 해변을 제외한 거의 모든 중산간지역을 적성지역으로 간주해 이를 위반하는 자는 총살하겠다는 것을 의미하며 이후 본격적인 초토화작전이 시작됨. 이 작전에서 많은 중산간마을 사람들이 집단적으로 학살을 당하게 되는데 소개령이 전달되지 않은 채 작전이 전달되었기 때문이며, 제대로 전달되지 않은 이유는 무장대(유격대)의 근거지와 가까웠던 중산간 주민들 대부분을 그들의 동조자로 인식했기 때문이다. 넓은 궤에서 120여 명이 두 달 정도 숨어지내다가 토벌대에 발각된다. 양민들은 서둘러 한라산으로 피신하지만 눈에 남은 발자국 때문에 다시 발각돼 결국 총살당하거나 정방폭포 등에서 학살되었다. 다랑쉬굴의 경우는 토벌대가 밖에서 불을 지펴 연기를 굴 안으로 보내 숨어 있던 사람들을 질식사시켰다. ※ 즉흥극으로 표현한 사건이 일어난 지역. 이동경로 등을 지도에 표시하면서 설명하기
	즉흥극 ③	② 북촌리학살(해설이 있는 마임) – 주어진 사진자료 및 해설을 보고 학생들이 동작을 준비한 후 예술강사의 해설에 맞춰 완성하기 〈미션지(사진+해설이 있는 마임 대본)〉 총에 맞아 사망할 당시 자세로 만들어 놓은 비석 / 너븐숭이 애기돌무덤 / 희생자명단

활동주제		세부활동 내용
역사적 순간으로 들어가기 + 역사적 사실 마주하기	즉흥극 ③	등장인물: 경찰 2명, 아버지, 어머니, 나, 애기엄마, 도망치는 사람 밥을 먹고 있었어. 발자국소리가 들리더니 군인이 문을 벌컥 열고 들어와서는 초등학교 운동장으로 모이라고 했어. 무슨 일인가 나와보니 이집 저집 할 것 없이 다들 운동장 쪽으로 걸어가고 있더라구. 도착해보니 옆집 두성이네랑 앞집 동진이네는 벌써 운동장에 와 있는 거야. 무슨 일인지 아는가? 자넨 아는가? 도통 무슨 일인지 아는 사람이 아무도 없었던 거지. 갑자기 경찰이 이쪽으로 가, 너는 이쪽으로! 이쪽으로 가, 너도 이쪽으로 탁탁탁탁 총으로 치면서 지시하는 거야. 이쪽은 뭐고 저쪽은 뭐요? 사람들이 불안해하면서 묻는데도 대답은커녕 사람들이 웅성거리자 호루라기를 불어대면서 조용히 하라고만 했어. 그런데 갑자기 애기엄마가 반대쪽으로 몰래 가려다가 들켰어. "삑!(호루라기), 거기 뭐야?" 다들 숨을 죽였고, 눈을 감는 사람도 있었어. "탕!!" 그때 한방의 총소리와 함께 애기엄마가 쓰러졌어. 그때서야 겁이 난 사람들이 학교 밖으로 도망가려다가 탕!탕!탕!탕! 총을 맞고 쓰러졌어. 죽었을 거야. 더이상 사람들은 도망칠 생각을 못 하고 겁에 질려 있었어. 경찰은 한쪽 무리를 학교 밖 밭으로 끌고 갔어. 그리고는 총으로 쐈어. 그냥 막 쐈어. 사람들은 총소리가 날 때마다 우두둑 쓰러졌어. 그렇게 다 죽은 거야.
	역사적 사실 이해하기	4.3 당시인 1949년 1월 17일 군인 두 명이 무장대의 습격을 받고 사망하자 이에 대한 보복으로 군인들이 마을 주민들을 초등학교 운동장으로 불러 모아 400여 채의 집을 불태우고 300여 명을 학살하는 등 마을 주민 400명 이상이 희생된 곳. 현기영의 『순이삼촌』 소설의 배경이 된 곳이기도 함 ○ 다른 피해의 경우 알아보기

활동주제		세부활동 내용
역사적 순간으로 들어가기 + 역사적 사실 마주하기	역사적 사실 이해하기	〈제주 4.3의 얼굴이 된 '무명천 할머니' 故 진아영 할머니 〉 군경이 난사하는 총을 맞고 턱을 잃고 먹지도 말하지도 못하는 얼굴을 무명천으로 감싸고 생활하셔서 '무명천 할머니'라는 이름을 갖게 됨. 늘 악몽에 시달렸던 할머니는 모든 문마다 자물쇠를 달았고, 화장실에 갈 때도 방문을 잠그고 다니셨다고 함. 평생 소화불량과 관절염에 시달렸고, 사람들 앞에서 흉한 모습을 보이기 싫어 그 앞에서는 물 한 모금도 마시지 않았다고 함.
	즉흥극 ④	④ 고마운 사람들(즉흥극 만들기) – 학생들과 사전에 협의를 통해 준비한 후, 담임교사와 예술강사의 목소리 연기로 즉흥극 시작하기 〈낮〉 학생들 – 낮에 생활하는 모습을 정지 장면으로 표현하기 (군경 토벌대) 어젯밤에 내려온 무장대하고 내통했다고? 〈밤〉 학생들 – 밤에 지친 몸으로 자는 모습을 정지 장면으로 표현하기 (무장대) 이보시오. 먹을 것, 입을 것 좀 챙겨주시오. 뭐라고? 우리한테 협조하면 죽는다고? (다른 무장대) 이 집에 젊은 청년이 있다더라고! 끌고 나와! 학생들의 즉흥극 보기 〈미션지〉 고마운 마을 사람들

활동주제		세부활동 내용
역사적 순간으로 들어가기 + 역사적 사실 마주하기	역사적 사실 이해하기	〈고마운 마을 사람들〉 제주 4.3 생존자인 김인근 님의 상담과정을 담은 책 『제주 4.3 생존자의 트라우마 그리고 미술치료』에 실려 있는 내용이다. "무장대에게 끌려간 오빠 때문에 아버지, 임신한 올케언니, 친언니는 죽고, 총상을 입은 어머니가 살아 돌아오셨다. 15일 후쯤부터 소고기, 호박, 음식, 그리고 쪽지를 3개월 넘게 받아 어머니의 상처를 치료했다." 〈좋은 군인 – 사진으로 제시해주고 설명하기〉 가족들 모두 차에 태워져 끌려가던 중 도망치다가 군인에게 발각되었을 때 도와주었던 군인에게 쓴 편지다. "군인, 경찰 모두 나쁘다고 할 수는 없어. 내가 그때 안 도망쳤으면 우리 집안은 그림자 하나도 없을 거야. 계급 올라가는 거 때문에 우리 아버지를 고문하는 사람도 있었고, 내가 트럭에서 도망칠 수 있도록 도와준 좋은 군인도 있었고." – 『제주 4.3 생존자의 트라우마 그리고 미술치료』 중에서
이어지는 역사 이해하기		○ 섯알오름 대학살 이해하기 – 6.25 전쟁 발발 후 예비검속으로 잡혀간 200여 명의 사람이 섯알오름에서 학살됨(백조일손지지) ○ 1953년 9월 21일 한라산 금족지역 개방
희생자의 영혼이 되어 마음 느껴보기		○ 제주도 4.3 희생자 지도 확인하기 ○ 전시회에서 만난 동상(또는 사진) 속 인물의 영혼 마주하기(애기동백꽃의 노래) 　온통 컴컴해영. 어디가 어디산지 알 수가 어선게 　손으로 더듬더듬허멍 기어감신디 　자꾸만 막다른 곳이라(막아진 창이라). 또 막아진 창이고 　며칠이 흘러신지도 모르크란게 　배고프댄 칭얼칭얼 울던 애기는 결국은 시름시름허당 굶어죽어불곡 　난 죽은 애기를 안은 채 또 더듬더듬 동굴 소굽을 기어가곡 또시 기어가곡 　이 껌껌헌 동굴에서 밖으로 나가사 우리 애기 양지바른 곳에 묻어줄건디 　여긴 너무 추운디 여긴 너무 무서운디 　경헌디 아무것도 안 보이난 아맹 기어가도 여길 나갈 수가 어시난 　초라리 총에 맞앙 죽을 걸 우리 식구들이영 다 고치

활동주제	세부활동 내용
희생자의 영혼이 되어 마음 느껴보기	− 누구의 영혼일까?(궤에서 아이를 안고 죽은 어머니) − 영혼으로 우리에게 온 이유는 무엇일까?
제주 4.3 희생자, 유가족에게 보내는 메시지	○ 동상에게 마음 전하기 − 동백꽃 헌화 − 직접 안아주기, 위로의 말 건네기 등(학생들이 표현하는 것을 어려워하는 경우, 교사가 먼저 보여주기) − 조각상은 얼었던 몸을 펴고, 환한 미소를 지으며 퇴장하기 ○ 미소의 의미 찾아보기
전시회에 어울리는 이름 짓기	○ 전시회의 제목을 관람객에게 지어달라고 한 이유는 무엇일까? ○ 무명천에 전시회 제목을 적어 복도 전시회 빈 공간에 붙이기
역사에 대한 바른 태도와 마음 지니기	○ 제주 4.3 사진과 제목의 의미를 생각하며 전시회 다시 둘러보기 ○ 제주 4.3 전시회 다녀온 이야기 〈이제 우리의 역사, 제주 4.3〉
차시예고	○ 제주 4.3의 원인, 경과, 결과 알아보기

4) 수업의 실제

가. 학생, 예술강사가 함께 만들기: 해설이 있는 마임

제주 4.3은 제주도의 여러 마을이 초토화되고 많은 사람이 학살을 당한 사건이다. 학생들이 표현하기에 공포스러운 부분이 있어서 연극강사와 수업자가 즉흥극에 함께 등장했다.

해설이 있는 마임

위의 그림은 '북촌리 학살'을 소재로 연극강사가 해설하고 학생들이 연기하는 극이다. 갑자기 들이닥친 군인(동그라미 한 학생)이 사람들을 학교 운동장으로 모은 후, 마을 주민들의 대부분을 사살한 이야기를 마임으로 나타내었다. 예술강사의 피드백이 이어진다.

"갑자기 끌려간 주민들은 어떤 마음이었을까요?"
"군인이 왜 두 사람은 살려줬을까요?"
"마을 주민들의 심정은 어떨까요?"
"군인은 이 주민들을 왜 죽였을까요?"

이어서 북촌리 학살은 1949년 군인 두 명이 무장대의 습격으로 사망한 것에 대한 보복으로 자행되었음을 덧붙여 설명한다.

나. 학생들의 이해를 위하여 지도, 그림, 판서 활용

제주 4.3을 둘러싼 역사적 사건들은 매우 복잡하다. 광복 직후 제주도 상황에서 부터 3.10 총파업, 5.10 총선거까지 많은 사건이 정치적으로 연결되어 있다. 학생들 이 이 모든 관련 사건들을 이해하는 것은 불가능하다.

수업자는 학생들이 사건의 흐름을 이해하도록 모든 자료를 동원했다. 먼저 벽 면에 제주도 지도를 활용하여 중산간 마을①이 어디쯤인지 보여준다. 사건들의 흐름은 학생들의 눈높이에 맞게 개조식으로 판서하고②, 제주도의 지역별 희생자 는 색깔지도③로 제시하여 학생들의 집중도를 높인다.

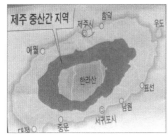
① 제주 중산간마을 지도

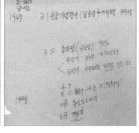
② 제주 4.3 판서

③ 제주 4.3 희생자 분포

학생들이 제주 4.3 희생자들을 동정하고 학살 이야기를 즉흥극으로 만들어보 는 것이 이 수업의 목표는 아니다. 제주 4.3을 전후하여 많은 역사적 사건이 관련 되어 있다는 것을 알고 무장대와 토벌대에 의해 주민들이 희생당한 것을 위로하고 슬픔을 공감할 수 있어야 한다. 그래서 수업자는 한쪽 이념으로 치우치지 않고, 객 관적인 사실들을 중심으로 수업을 진행한다. 제주 주민들은 무장대(유격대)와 토벌 대(군인과 경찰, 우익) 양쪽 모두로부터 약탈을 당했고, 학살당했음을 설명한다. 학생들 에게 역사는 이념으로 접근할 것이 아니라 '사실'로 접근하여야 한다.

다. 동상(제주 4.3 희생자)에게 마음을 전하다

제주 4.3 평화공원에 들어서면 '비설(飛雪)' 동상을 볼 수 있다. 1949년 1월, 눈 내리는 날 한라산 중산간지대에서 두살배기를 업고 토벌대에 쫓겨 달아나던 어머니가 총에 맞았다. 업혀있던 아기가 총에 맞았을까를 살피다가 끌어안은 채 그 자리에 쓰러졌고 눈밭에 묻혔다. 이제는 제주 4.3의 상징이 된 동상을 학생들이 수업 안에서 만나볼 수 있도록 기획했다.

배우로서의 연극강사가 자신의 전문성을 최대로 발휘하여 1인극을 보여주는 것이다. 연극강사는 아기를 잃은 어머니의 영혼이 되어 '애기동백꽃의 노래'와 함께 교실로 걸어 들어온다. 학생들 사이를 걸으며 자신의 슬픈 이야기를 독백처럼 들려주고, 마침내 교실 안에서 다시 동상이 된다. 학생들은 희생자에게 동백꽃을 헌화하며 위로의 마음을 전하는 시간을 가진다. 학생들은 꽃을 헌화한 그 자리에 선 채 수업의 처음으로 돌아간다. 제목 없이 전시된 제주 4.3 전시회의 이름을 짓는 것이다. 수업이 진행되는 내내 복도에는 제주 4.3과 관련한 사진들이 전시되어 있었고, 학생들은 그 전시회를 둘러보는 것으로 수업을 시작했었다. 이제 수업을 마친 학생들이 제주 4.3의 의미를 담아 전시회 이름을 짓는다. 학생들이 지은 전시회 이름에는 '동백꽃 눈물, 무명천 할머니 힘내세요, 붉은 제주' 등이 있었다. 수업에 대한 학생들의 소감은 다음과 같다.

"우리나라가 많은 아픔을 겪은 나라구나."

"수업하기 전에는 4.3이란 것이 무엇인지 몰랐는데, 처음 알게 되었고 충격적이었다."

"제주도에는 우리가 몰랐던 아픔이 있었다는 것을 알게 되었다."

동백꽃 헌화

어느새 수업은 100분을 훌쩍 넘어섰다.

5) 수업성찰

이 수업은 매우 실험적이었다. 아직 한국 근대사에서 제주 4.3의 의의와 평가가 완성되지 않았다. 그러나 사회적 평가와 상관없이 제주 4.3은 우리 역사 속에 '사실'로 존재하는 사건이다. 사실을 제대로 알고 성찰하여 내면화하는 것이 우리가 역사를 공부하는 이유라고 생각한다.

수업을 기획하는 데 참 많은 시간과 노력을 들였다. 제주 4.3 전시회를 방문하고 참고문헌을 찾아보면서 관련자료를 수집했다. 우연한 일이었지만 연극강사 오혜진 선생님이 제주도 출신이라는 점도 이 수업을 기획하는 데 큰 도움이 되었다. 제주도 방언을 구사하여 제주도 특유의 지역색을 알게 해주었고, 제주 지형을 이해하는 데 도움을 주었다. 또 제주도 이야기를 수업으로 제작하는 것에 남다른 애착을 갖고 학생들을 지도해주었기에 수업이 완성될 수 있었다. 학생들이 이 수업

내용을 완전히 이해하기는 어려울 것이라고 본다. 그러나 한국사에서 제주 4.3이라는 사건이 있었다는 것을 아는 것만으로도 의미는 있다. 이것이 단초가 되어 한국 근대사에 관심과 애정을 조금이라도 더할 수 있다면 이 수업은 소기의 목적을 달성했다고 볼 수 있다.

활동 소감	연극으로 열심히 배웠는데도 이 사건이 실제라는 점이 너무 슬프다. 제주오를 빨갱이 섬으로 몰아 학살하고, 턱에 총을 맞으신 무명촌 할머니는 평생을 혼자 지내셨다. 심지어 죄는 전혀 짓지 않았는데 쥐새끼 같아서 제거하라는 말도 안되는 명령까지 내려져 많은 사람 들이 또 죽었다. 우리나라에도 많은 고통이 있었는데, 제주도까지 이런 아픔을 겪었다는 걸 알고나니 너무 늦게 안 것 같아 미안하다. 그리고 사과하지 않는 미국에게 화가 나기도 한다.	4.3 사건을 알고만 있었고 대부분의 사람들은 4.3 사건을 잘 모르니 나로서도 별로 관심을 가지지 않았는데 이 수업을 통해 4.3 사건이 제주도민에게 얼마나 큰 상처를 주었는지, 얼마나 큰 사건이었는지 이제라도 알고, 공감할 수 있다는 것이 너무 기쁘다. 또 제주도민에게 미안하다. 저는 처음에 제주도에서 이런일이 있었다는 자체를 몰랐습니다. 그런데 4.3 수업을 듣고 정말 어이없고 울고싶었습니다. 아무죄도 없는 제주도민 일부가 거의다 죽었다는게 너무 슬펐습니다 그것도 정말 슬프지만 이일이 70년동안 몰랐던게 너무 무서웠습니다

교사도 기록하고, 학생도 기록한다

한 학생의 역사공책에 쓰여 있던 '이와룡', 누구냐고 물어봤더니 당당한 표정으로 자신있게 '을사오적 이와룡'이라고 말한다. '이완용'을 말하는 것이었다. 결코 잊지 말아야 하는 역사 속 인물의 이름 석 자를 이 학생이 한순간에 바꿔버린 이유는 뭘까?

수업이 끝난 후 학생들의 수업 소감문을 보았다. 놀라운 일이 벌어졌다. 수업자가 '창씨개명'을 설명했는데 학생들의 공책에는 '창시계명, 창시개명, 창씨계명 등' 참으로 다양한 단어들로 둔갑해 있었다. 교사는 또박또박 발음했다고 생각했지만, 처음 듣는 역사 용어의 정확한 맞춤법이 학생들에게는 어려울 수 있다는 것을 생각하지 못한 것이다. 언제부터인가 수업 중 판서가 없어졌다. 열린교육이나 활동중심수업을 하면서 수업 중 학생들의 신체적 움직임에만 몰두한 나머지 판서나 정확한 개념이해를 소홀히 한 면이 있다. 중등학생들조차도 한글 맞춤법은 심각한 상태다. 한글은 발음만으로 정확히 구분하기 어려운 단어들이 있다. 반드시 판서를 해야 정확한 표기법을 알 수 있는 단어들도 많다. '개명'인지 '계명'인지 듣는 것만으로는 학생들이 구분하지 못한다. 이 문제를 해결하기 위해 수업 중 학생들이 반드시 알아야 할 중요한 개념이나 용어는 판서하기로 했다.

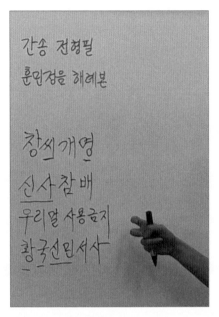

핵심개념 판서

판서의 내용으로 그 시간의 핵심적인 내용과 개념을 알 수 있도록 한 것이다. 실제로 중요한 개념을 판서한 이후 학생들이 사용하는 용어는 명확해졌고, 수업에 대한 이해도 높아졌다.

요즘 PPT와 학습지를 사용하는 경우가 많다. 그러나 판서, PPT, 학습지는 각 역할이 다르다. 학생들의 표정을 보면 PPT는 순간적으로 집중을 잘하기는 하지만, 지속성이 약하다. 학습지는 학생들이 싫어하는 것 중 하나라서 수업시간에 사용을 지양하고 있다. 대신 교육연극수업에서는 판서하고, 수업소감문은 각자의 공책에 적도록 했다.

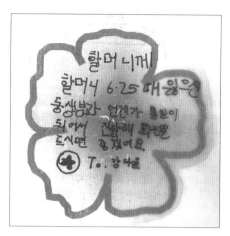

학생 수업소감문

이 사진은 6.25 한국전쟁 수업을 끝내고 학생이 진달래꽃을 좋아하는 할머니에게 전하고 싶은 마음을 적은 글이다.

7부

아이들이 만들어내는
종합예술,
공연으로 꽃피우다

0

프로젝트 주제: 교육연극수업이 공연으로!

　교육연극수업의 역량을 총집결한 수업이다. 지금까지 '수업'과 '공연'은 별개라고 생각했다. 또 공연은 중고등학교 연극동아리나 학예회 발표를 위해 준비할 때만 가능한 것이라고 여긴 것이 사실이다. 6부까지는 교과서를 재구성하여 교육연극수업을 기획했다면 이번에는 교육과정 자체를 재구성하여 학생들의 창작 공연을 만들고자 했다. 이 수업의 목표는 공연 자체가 아니라 교육연극수업의 결과로서 공연이라는 형식을 빌리는 것이다.

　'교육연극수업을 공연으로까지 이어갈 수 있을까?'라는 고민부터 시작되었다. 연극, 뮤지컬, 마임 등 공연의 종류는 참 많다. 이 중 문화적 경험이 그다지 많지 않은 우리 학생들에게 적합한 공연의 형태는 무엇일까? 우리는 교육과정 속에서 학생들이 재능을 발휘할 수 있는 공연의 형식을 고민하다가 빛과 그림자로 완성하는 '그림자극'을 선택했다. 우리는 공연의 예술성보다는 공연 창작과정에서 담아낼 수 있는 교육적 효과를 목표로 삼고 과감하게 시도해보았다. 남의 공연을 관람할 때는 완성된 결과만을 보기 때문에 그 과정을 알 수 없지만, 학생들이 공연의 제작과정을 이해하고 실제로 공연하는 것은 또 다른 문화적 경험일 뿐만 아니라 자기 성취감을 느낄 수 있는 통로가 될 수 있을 것이라 믿었다. 다음은 공연이 만들어지기까지의 과정이다.

1

정말, 우리가 공연을 한다고!

수업시간에 이루어지는 활동은 교육과정과 연계되어야 한다. 또한 계획되지 않는 외부강사 수업이나 이벤트성 행사가 무분별하게 수업시간으로 들어오는 것은 학교교육과정 운영에서 가장 지양해야 할 부분이다. 그림자극은 공식적인 49시간의 수업시간을 포함해, 학생들이 개별적으로 공연에 필요한 준비물을 제작하고 연습하는 데 60시간 이상이 소요되었다. 이 공연의 특징은 한 학급의 결과물이 아니라 한 학년이 대주제를 중심으로 놓고, 다시 4개 학급이 소주제를 선정하여 그에 맞는 그림자극을 만든 것으로 소위 '학년 협동작품'이라는 것이다. 4개 학급, 4명의 교사와 100여 명의 학생이 공동으로 하나의 작품을 완성하고 공연까지 이어간다는 것은 매우 어려운 일이다. 수업지도안 1차시를 공동으로 작성하는 것조차도 쉽지 않은 것이 수업공동연구의 현실이다. 공동연구라는 명목으로 어느 한 명이 전담하다시피 하거나 공동연구이기에 아무도 책무성을 갖지 않는 경우가 흔하다. 이런 현실을 감안할 때 학년 전체가 하나의 공연작품을 만들기 위해서는 공동연구 분위기가 정착되어 있고, 공동작업을 위한 동력이 있어야 한다는 것, 또 지도력이 전제되어야 한다는 사실을 미리 밝힌다.

　교사들에게 가장 중요한 부분은 그림자극과 교육과정을 연결시켜 재구성하는 부분이다. 우선 그림자극 창작에 필요한 교과와 시간을 선정하고, 관련 단원과 해당하는 성취기준을 추출했다. 이후 재구성 방향은 관련 교과, 단원, 성취기준과 연결하여 구성했다. 극의 주제를 정하고 극본을 창작하는 데 많은 시간이 필요해 국어 32시간, 인형과 배경그림 그리기를 위해 미술 12시간, 배경음악 선정을 위해 음악 5시간으로 재구성했다.

　그리고 그림자극의 예술성을 높이기 위하여 예술강사(성남문화재단 김희진)의 도움을 받았다. 예술강사는 작품의 완성도를 높이는 역할을 해주었다. 학생들의 대본이 공연으로 거듭날 수 있도록 스토리 전개를 기승전결로 재편성하고, 연기지도뿐만 아니라 무대연출을 종합적으로 지도했다. 교사와 공연 전문가의 협업으로 학생들의 작품이 더 빛날 수 있었다.

　극본을 쓴다는 것은 누구에게나 어렵고 막연한 작업이다. 특히 학생들은 극본이라는 것을 제대로 써본 적이 없다. 이런 상황에서 수업자가 선택한 것은 단계적인 지도다. 수업자의 치밀한 지도단계를 보면서 필자는 부끄러운 기억을 떠올렸다. 교사시절에 학생들에게 "그리고 싶은 것을 그리세요. 또는 쓰고 싶은 주제로 자유롭게 쓰세요" 하며 그리기와 글쓰기를 시킨 적이 있다. 수업을 방임적으로 하는 것과 학생들이 자유롭게 표현하도록 지도하는 것은 차이가 크다. 방임적인 수업은 교사가 수업 준비를 하지 않았을 때 이루어지는 행위다.

　학생들에게 이번 극본 쓰기를 위해 여름방학 과제로 학년 권장도서인 『돈키호테』를 읽게 할 만큼 수업자는 그림자극 공연을 위해 체계적인 설계를 했다. 이것이 그림자극 행진을 위한 첫출발이었다. 다음은 그림자극 공연을 위해 교과와 단원의 성취기준을 분석하고 재구성한 것이다.

<그림자극 공연을 위한 교육과정 재구성>

수업 활동	재구성	성취기준	교과 및 단원
공연의 시작, 공감주체 찾기	▶ 도서 『나미야 잡화점의 기적』 적용하기 – 서로의 고민 나누기(함께 말하고 들어주며 공감하기)		창체 독서 동아리 활동과 연계
공연의 핵심, 대본 풀어가기	▶ 인물이 추구하는 삶을 파악하는 방법 알기 – 드라마의 한 장면을 보고 인물의 말과 행동 등을 파악하기 ▶ 방학과제로 읽은 『돈키호테』 세 부분 필사하기 – 필사한 부분에 나오는 등장인물들의 말과 행동을 통해 추구하는 삶 파악하기 ▶ 『돈키호테』 속 인물의 삶과 내 삶 비교하기	▷ 자신의 성장과 삶에 영향을 미치는 작품을 즐겨 읽는 태도를 지닌다. ▷ 자신이 좋아하는 문학작품을 읽고 그 이유를 말한다. ▷ 매체를 통한 소통의 특성을 알고, 매체 언어예절에 맞게 대화한다.	국어 1. 인물의 삶을 찾아서 (8차시)
	▶ '점심시간에 급식을 먹다 맛있는 반찬을 서로 더 먹겠다고 다툰 친구들' 이라는 일상생활 속 이야기 나누기 – 사건과 배경 파악하기 – 사건과 배경의 관계 파악하기 – '만약에~' 상황 만들고 달라지는 이야기 만들어보기	▷ 작품 속 인물, 사건, 배경의 관계를 파악한다.	국어 5. 이야기 바꾸어 쓰기 (8차시)

수업 활동	재구성	성취기준	교과 및 단원
공연의 핵심, 대본 풀어가기	▶ 『돈키호테』 필사한 부분 바꾸어 쓰기 – 필사한 부분의 사건과 배경 정리하기 – 사건과 배경 중 하나를 골라 이야기 바꾸어 쓰기	▷ 작품의 일부를 바꾸어 쓰거나 다른 갈래로 바꾸어 쓴다. ▷ 자신의 쓴 글을 내용과 표현을 중심으로 고쳐 쓴다.	국어 5. 이야기 바꾸어 쓰기 (8차시)
	▶ 『돈키호테』 바꿔 쓴 글을 희곡으로 바꾸어 쓰기 – 등장인물, 때, 곳 정리하기 – 대사와 지문 구분하여 쓰기 – 실감나게 읽어보며 고쳐쓰기	▷ 작품 일부를 바꾸어 쓰거나 다른 갈래로 바꾸어 쓴다. ▷ 자신이 쓴 글을 내용과 표현을 중심으로 고쳐 쓴다.	국어 11. 문학의 향기 (8차시)
	▶ '꿈', '진로'에 대한 고민 이야기를 모둠별 즉흥극으로 표현한 후 글로 간단히 정리하기 – 구체적인 상황 속에서 주제에 맞는 각 인물들의 고민과 갈등을 실감나게 표현하기	▷ 적절한 설명방법을 사용하여 대상의 특징이 드러나게 글을 쓴다.	국어 2. 자료를 활용한 발표 (2차시)
	▶ 우리 반 대본을 읽고 대본 속 친구들의 생각 파악하기 – 각 모둠에서 쓴 대본을 모아 읽고 우리 반 친구들의 '꿈'과 '진로'에 대한 생각 파악하기 – 친구들의 생각과 자신의 생각 비교하여 이야기 나누기	▷ 다양한 읽을거리를 찾아 읽고, 자신의 독서습관을 점검한다.	국어 7. 다양한 생각 (4차시)

수업 활동	재구성	성취기준	교과 및 단원
공연의 핵심, 대본 풀어가기	▶ 대본 작업 후 상황에 맞는 관용표현을 대본에 넣기	▷ 관용표현의 특징을 알고 담화 상황에 맞게 사용한다.	국어 4. 효과적인 관용표현 (2차시)
공연의 꽃, 그림자에 생명 불어넣기	▶ 대본에 어울리는 배경 만들기 – 각 배경에 들어가는 건물, 가구 등의 구조를 이해하고 주변과 어울리게 제작하기(입체감, 원근감, 색의 조화 등)	▷ 조형요소와 원리의 특징을 이해하고 표현방법에 활용한다.	미술 10. 건축가의 눈으로 (2차시)
	▶ 빛과 그림자를 이용한 배경 만들기 – 아스테이지, PP판, 셀로판지, 한지 등 재료의 특징을 살려 필요한 배경, 소품 만들기	▷ 표현방법에 적합한 용구, 표현과정을 탐색하고 표현효과를 살려 표현한다.	미술 11. 색과 빛의 세상 – 색에 빛을 더하면 (4차시)
	▶ 그림자극에 필요한 인형, 소품 등을 만들어 극 완성하기 – 크기, 자세, 움직임 등을 고려하여 인형 만들기 – 각 인형의 특징이 구분되도록 만들기(머리모양, 옷, 액세서리 등) – 각 인물의 특징이 표현되도록 만들기 (엄마–앞치마, 아빠–넥타이 등) – 배경, 소품 등과의 어울림을 고려하여 제작, 확인 후 수정하기	▷ 다양한 표현방법의 특징을 이해하고 효과적으로 표현한다.	미술 8. 행복한 영상 제작소 (6차시)

수업 활동	재구성	성취기준	교과 및 단원
공연의 꽃, 그림자에 생명 불어넣기	▶그림자극에 어울리는 음악, 음향을 찾아 적용하기 – 이야기 상황 속 분위기 파악하기 – 분위기에 맞는 음악 고르기 – 그림자극에 적용하기	▷ 이야기의 장면이나 상황을 음악으로 표현한다. ▷ 다양한 문화권의 음악을 듣고 음악의 특징에 대해 발표한다. ▷ 음악을 활용하여 가정, 학교, 사회 등의 행사에 참여하고 느낌을 발표한다.	음악 셋째 마당 음악, 온 누리에 사랑을 담아 5. 음악의 다양한 멋과 맛(5차시)
또 다른 시작, 빛과 그림자에 숨 불어넣기	▶ 리허설하기 ▶ 커튼콜 연습하기 ▶ 공연하기		창체 독서 동아리 활동과 연계

2

100명이 만드는 종합예술이 시작됩니다

이 공연은 학생들이 공연 자체가 아니라 공연을 만드는 과정을 '의미' 있게 느끼도록 하는 것이 목적이다. 그러기 위해서는 주제를 학생들이 선정하고 자기들의 이야기를 담아낼 수 있어야 한다.

13세 아이들, 말도 많고 탈도 많은 사춘기다. 이 아이들은 어떤 고민을 할까? 무엇을 좋아하고, 무엇을 싫어할까? 또 어른들에게 어떤 것을 요구하고, 무엇을 말하고 싶을까? 공연을 관람하는 부모님들에게 어떤 메시지를 주고 싶어 할까? 오랜 생각 끝에 우리는 '13살 우리들의 고민 이야기'를 공연의 주제로 결정했다.

가. 교육과정 발표회와 연계한 그림자극 공연 일정 짜기

요즘은 '교육과정 발표회'를 하는 학교가 많다. 기존의 학예회와 달리 교육과정 발표회는 학원에서 배운 개인적인 재능이나 아이돌 댄스를 자랑하는 시간이 아니라 교육과정의 결과물을 학부모와 공유하는 시간이다. 그래서 수업시간에 했던 각종 악기 연주나 노래, 협동작품, 읽었던 책으로 연극 만들기 등으로 소박하지만 진지하게 이루어진다. 여기에서 소개하는 그림자극도 교육과정 발표회에 맞추어 준비했다.

나. 그림자극이 뭘까? 교사들이 직접 시범을

2017년에 〈엄마는 왜 그래? 아~ 엄마는 다 그래〉라는 주제로 그림자극을 했었다. 그림자극에 대한 학생들의 이해를 돕기 위해 2017년 동영상을 보여주었다. 이어서 실제로 4명의 교사가 준비한 그림자극 공연을 본 학생들은 '와, 이런 것이 그림자극이구나' 하고 신기해했다. 교사들이 학생들의 이해를 돕기 위해 지난 교육과정 발표회 결과물을 적극적으로 활용했고 그 덕분에 학생들은 그림자극을 쉽게 이해할 수 있었다.

다. 학생들이 솔직하게 고민을 털어놓을 수 있는 분위기 만들기

수업자는 '사람은 누구나 고민거리가 있다는 것'과 '어른이 되어도 늘 고민을 한다는 점'으로 심리적 공감대를 형성했다. 덧붙여 수업자는 13세 때 친구관계와 건강문제로 고민했던 이야기로 시작했다. 그런데 학생들의 고민을 어떻게, 어떤 방식으로, 누구에게 털어놓을까도 중요한 부분이었다. 왜냐하면 13세 아이들은 자기 이야기를 쉽게 말하지도 않을 뿐더러, 말해도 되는지 안전성을 먼저 점검하기 때문이다. 다행히 예술강사의 도움을 받아 히가시노 게이고의 장편소설 『나미야 잡화점의 기적』에서 고민을 다룬 방식을 응용하기로 했다. 학생들에게 책 일부분을 그림자극으로 보여준 후 그곳에서 일어나는 상황에 대해 이야기를 나누었다.

"모르는 사람에게 고민사연을 보내는 이유는 무엇일까요?"
"『나미야 잡화점의 기적』에서 사연에 답장을 해준 사람은 누구일까요?"
"다른 사람의 고민을 들어주는 것을 누가 할 수 있는 일일까요?"
"내가 고민사연을 듣게 된다면 어떻게 할 것인가요?"
"고민 사연을 보낼 때는 어떤 마음으로 해야 할까요?"

그리고 학생들은 조금씩 자신의 고민을 꺼내기 시작했다.

라. 나의 고민 보내기 '나미야 잡화점으로'

A4 크기 반쪽에 고민상담 쪽지를 만들었다. 각자의 고민을 적어서 '나미야 잡화점'으로 보내는 것이다. 이름을 적지 않고 최대한 솔직하고 진지한 이야기를 담도록 했다. 꿈(진로)과 관련하여 학생들의 고민은 꿈이 없다는 것, 부모님이 특정한 직업을 요구하는 것, 부모님이 내 꿈을 이해하지 못한다는 것, 아무 생각이 없다는 것 등이었다. 학생들의 고민은 다른 반 학생들에게 보내졌고, 그 반 학생들은 '나미야 잡화점'에 숨어든 도둑이 되어 고민에 답을 해주었다. 답장을 받은 학생들은 다시 편지를 써서 보냈다.

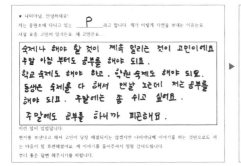

★ 나미야님, 안녕하세요!
저는 중원초에 다니고 있는 ___P___ 라고 합니다. 제가 이렇게 사연을 보내는 이유는요
사실 요즘 고민이 있거든요. 제 고민은요...

숙제나 해야 할 것이 계속 밀리는 것이 고민이에요
주말 아침 부터도 공부를 해야 되요.
학교 숙제도 해야 하고, 학원 숙제도 해야 되요.
동생은 숙제를 다 해서 맨날 노는데 저는 공부를
해야 되요. 주말에는 좀 쉬고 싶어요.

주말에도 공부를 하니까 피곤해요.

이런 일이 있답니다.
편지를 보낸다고 해서 고민이 당장 해결되지는 않겠지만 나미야님께 이야기를 하는 것만으로도 서
는 마음이 참 후련해졌어요. 제 이야기를 들어주셔서 정말 감사드립니다.
부디 좋은 답변 해주시기를 바랍니다.

① 고민편지 1

☆ 안녕하세요. 나미야 잡화점입니다
보내주신 편지 잘 읽었습니다 고민이 많으셨겠네요.
이 대답으로 고민이 해결될지 모르겠지만, 제 생각에는...

분명 누구나 생각할수 있는 해결책 이지만 숙제를
미루지 말고 꼬박 꼬박 열심히 계속 하면 주말에는 친구들과
뛰어다닐 수 있지 않을까요? 분명 숙제가 쉽지는 않지만
힘내면서 해봐요. 화이팅!

이렇게 해보시는 게 어떨까요?
부족하지만 저의 답장이 큰 힘이 되길 바랍니다.

② 고민답장 1

TO.P
숙제를 하시는 데도 다른것에 집중 되신다면 다른 친구들과
함께 해보는 것은 어떨까요? 친구들과 하면 더 쉽고
즐겁고 그러면 어느샌가 숙제가 되어있을 거예요.
좀더 힘내 봅시다
나미야 잡화점 드림.

④ 고민답장 2

TO. 나미야 잡화점
안녕하세요! 나미야 님.
보내주신 답장 잘 읽었습니다. 덕분에 오늘의 힘이 있...
그런데 저는 숙제를 하려고 하면 계속 다른 것
신경을 쓰게 되는 것 같아요.
답장은 정말 고맙지만, 혹시 다른 답변은 없으...
신가요? 답변은 힘드시겠지만, 그래도 좋은
답변 기다리겠습니다.
From. P

③ 고민편지 2

이 과정은 학생들이 자신의 고민이 무엇인지 충분히 생각해보고 누구나 고민
거리가 있다는 것을 이해하는 것은 물론 타인의 고민에 공감하고 해결책도 함께
찾아보는 기회가 되었다.

마. 극적 장치 설정하기

학생들의 고민을 크게 학업, 관계(친구, 가족 등), 외모, 꿈(진로) 4개의 주제로 분류했다. 각 반에서 한 가지씩 소주제를 정한 후 그림자극을 만들어보기로 했으며 수업자 학급의 소주제는 '꿈(진로)'이었다. 이제부터는 학생들의 고민 이야기를 어떻게 전개할 것인지 그 방법을 찾아야 한다. 학급당 공연시간은 20분, 전체 공연시간을 1시간 30분으로 예상했다. 결코 짧지 않은 공연이다. 이 시간 동안 어떻게 하면 관객이 지루해하지 않고 이야기의 흐름에 몰입할 수 있을까? 어떤 방법으로 그림자극을 이끌어가야 극적인 재미가 더해질까? 많은 고민 끝에 공연의 재미를 위하여 반별 연출 방식을 다르게 설정하기로 했다.

〈이야기 1: 꿈(진로)〉

꿈(진로)은 지속적으로 이어진다는 느낌을 살려 꿈 여행버스를 만들었다. 꿈을 정하지 못한 주인공이 우연히 꿈 여행버스를 타게 되면서 꿈(진로)에 대해 각자 다른 고민을 하는 다양한 친구들을 만나게 된다. 그 과정에서 꿈의 의미를 알게 되고 스스로 고민에 대한 답을 찾게 되는 상황으로 설정했다.

〈이야기 2: 학업〉

라디오 프로그램 진행 형식을 빌려 사회자와 특별 게스트가 등장한다. 라디오 사연 주제를 '학업'으로 설정, 라디오 방송에 학업에 대한 고민사연을 보내고, 청취자들의 고민해결을 위한 다양한 의견을 듣게 됨으로써 주인공이 고민에 대한 답을 찾게 되는 이야기이다.

〈이야기 3: 관계〉

『나미야 잡화점의 기적』(히가시노 게이고의 장편소설)을 참고하여 고민을 들어주는 나미야 잡화점으로 고민편지를 보낸다. 나미야 잡화점에 숨어든 도둑들이 편지에 답장을 해주면서 고민을 털어놓는 것만으로도 위로가 된다는 것을 알게 되며, 고민 사연의 주인공들은 각자 고민에 대한 답을 찾게 된다고 설정했다.

〈이야기 4: 외모〉

외모에 대한 고민이 많은 주인공은 원하는 것은 무엇이든지 살 수 있는 '행복상점'으로 간다. 행복상점 할머니를 통해 '소원을 들어주는 물약'을 샀던 친구들의 이야기를 듣게 된다. 그 과정에서 진정한 아름다움이 무엇인지를 알게 되며 고민에 대한 답을 찾게 되는 상황으로 설정했다.

3

無에서 有를? - 우리 모두 작가가 되다(국어/대본)

가. 『돈키호테』로 극본 미리 써보기

    학생들은 극본에 대한 체계적인 이해가 부족하기 때문에 우선 글을 읽고 인물의 성격, 사건, 배경 등을 파악한 후 그 이야기를 극본 형식으로 써보기로 했다. 수업자가 선택한 읽기 자료는 『돈키호테』다. 이 책을 선정한 이유는 주인공 돈키호테가 다면적인 성격을 지닌 입체적인 인물이라는 점과 사건이 일어나는 배경이 매우 다양하다는 점이 학생들의 상상력을 키우고, 극본으로 수정하기에 적합하다고 판단했기 때문이다.

1단계: 인물 파악하기
    방학 중 읽은 『돈키호테』에서 등장인물이 추구하는 삶이 무엇인지 파악할 수 있는 부분을 필사하고, 그 부분을 선택한 이유에 대해 의견을 나눈다. 필사할 때 학생들은 더 집중하게 되고, 중요한 부분에서는 자기의 입장을 되새기면서 책을 읽게 된다. 다음은 학생이 필사한 예이다.

122쪽 본문

"친구들이여 나는 그대들에게 자유를 주었도다. 은혜에 보답하고 싶은 마음이야 간절하겠지만 나는 기사의 책무를 다한 것일 뿐이니 보답 같은 것은 바라지 않소 이다. 다만 지금 당장 엘토보소로 가서 나의 둘시네아 아가씨를 뵙고 슬픈 얼굴의 기사가 얼마나 용맹한지 증언해주세요."

▶ 나의 생각

돈키호테가 죄수들에게 자유를 주면서 이것을 둘시네아 아가씨에게 가서 자신을 칭찬하는 말을 해 달라고 하다니, 사랑하는 여자에게 잘 보이고 싶어하는 남자의 마음이 잘 나타난 것 같다. 이것은 남자의 진심일까? 허세일까?

2단계: 작품의 일부를 바꾸어 쓰기

필사한 내용 중 인물, 사건, 배경을 바꾸어서 쓴다. 무엇을 어떻게 바꿀 것인지 는 학생들의 선택에 맡긴다. 필사한 부분을 기반으로 하기 때문에 학생들이 글을 재구성하기가 비교적 쉽다. 바꾸어 쓴 글에서 원문과 완전히 다른 상황이 등장하 기도 한다. 이 과정에서 학생들은 새로운 상황을 만드는 것에 자신감을 갖게 되고 인물의 성격을 치밀하게 쓰려고 애쓴다. 다음은 학생이 장소를 늪지대로, 싸우는 대상을 공룡으로 바꾸어 쓴 글이다.

돈키호테가 싸우려고 달려가는 순간 갑자기 물컹한 뭔가를 밟았다. 바로 늪이었 다. 빠져나오려고 발버둥 칠수록 점점 몸이 휘감기는 느낌이 들었다. 눈앞에 거대 한 공룡이 나타나 큰 이빨을 드러냈다. (생략)

3단계: 작품 일부를 희곡으로 바꾸어 쓰기

『돈키호테』 필사 부분 또는 바꾸어 쓴 부분을 희곡으로 바꿔 썼다. 이 활동은 그림자극 대본을 작성할 때 역할에 맞는 대사를 실감나게 쓰는 데 도움이 되었다. 희곡으로 만든 글을 테이블 리딩으로 같이 읽어봄으로써 다양한 글을 접할 수 있었다. 다음은 위의 글을 희곡으로 수정한 학생의 글이다.

〈사건–돈키호테가 늪지대에서 싸움〉

돈키호테: (자신 있는 목소리로) 왜 나한테 도전하는 거냐? 난 최강의 기사 돈키호테다!

하얀달의 기사: (비웃듯이) 지금 이 순간은 내가 최고다. 돈키호테 네가 지면 둘시네아가 가장 예쁘단 걸 포기하고 동시에 기사의 길을 그만두어라.

돈키호테: (어이없다는 말투로) 그래 좋다. 덤벼라!(생략)

나. 대본 쓰기

1단계: 소주제인 꿈(진로)과 관련하여 자신이 겪었던 에피소드 나누기

학교에서는 진로교육과 직업교육을 혼동하여 지도하는 경우가 종종 있다. 그래서 대부분의 학생은 '너의 꿈이 뭐냐?'는 질문을 부담스러워한다. 왜냐하면 '꿈'을 '직업'이라고 생각하기 때문이다. 하지만 학생들에게 필요한 것은 직업교육이 아니라 진로교육이다. 즉 특정한 직업을 선택하는 것보다 하고 싶은 것이 무엇인지, 자신의 재능이 무엇인지 알도록 하는 교육이 우선되어야 한다.

주제에 맞게 학생들이 꿈(진로)에 대해 어떤 고민이 있는지 이야기를 나눈 후, 모둠별로 한가지 고민을 골라서 즉흥극을 만들었다. 6가지 즉흥극을 정리하고, 각각에 어울리는 주제를 정했다. 각 모둠은 이 주제를 가지고 극본을 쓰기로 했다.

2단계: 모둠별 대본 기초 작업하기 (해설, 지문 없이 대사만 작성하기)

각 학급에 작가를 맡은 학생이 있지만, 기본적으로 모든 학생이 대본을 함께 쓰는 것을 원칙으로 한다. 대본에 등장하는 인물, 배경, 사건을 정한 후 사건과 인물 사이의 갈등을 엮어간다. 학생 6명이 이야기의 흐름에 따라 함께 대본을 쓰며, 대본에는 극적인 사건에 어울리는 인물 간의 갈등이 포함된다.

모든 학생이 극본을 쓰도록 하는 것은 시간도 오래 걸리고, 효율성이 떨어지는 부분이 분명히 있다. 그러나 이 공연은 단지 보여주는 것이 아니라 '우리 이야기'를 우리가 쓰고 만든다는 교육적인 목적이 있기 때문에 모든 학생이 극본을 쓰는 것을 원칙으로 했다.

3단계: 모둠별 대본 수정 작업하기

학생들이 쓴 대본에는 대사만 있으므로, 행동과 감정을 나타내는 지문을 추가하는 작업이 필요하다. 대본을 읽으면서 필요한 지문을 추가해서 넣었다. 또 특정 역할에 대사가 몰리지 않도록 배역별 대사를 적절히 조정하여 극에서 소외되는 학생이 없도록 했다.

마지막으로 6개 모둠별로 대본의 제목을 정했다. 학생들이 정한 제목은 각각 개성이 있었고 의미가 있었다.

◆ 꿈은 도화지: 도화지에 무엇이든 그릴 수 있듯이 우리에게 꿈은 기대와 희망이다.
◆ 꿈은 갈대: 갈대의 움직임이 자연스러운 것처럼 우리의 꿈도 변할 수 있다.
◆ 꿈은 퍼즐: 꿈은 퍼즐처럼 하나하나 맞춰가는 것이다.
◆ 꿈은 사탕 고르기: 맛있는 사탕 앞에서 하나를 선택하는 것이 어렵듯이 꿈을 찾는 것도 시간이 필요한 일이다.

◆ 꿈은 터널: 터널이 길고 어둡지만, 터널을 벗어나면 환한 세상이 있다. 우리에게 꿈을 찾고 노력하는 것은 터널을 지나가는 과정과 같다.

◆ 꿈은 돈키호테: 돈키호테처럼 엉뚱하지만, 둘시네아를 사랑하는 진정성이 있듯이 꿈도 우리에게 돈키호테 같은 존재다.

4단계: 모둠별 관용표현 넣기

처음부터 관용표현을 넣는 것은 어려울 것 같아서 대본을 쓴 후 적절한 부분에 어울리는 관용표현을 넣도록 지도했다. 관용표현을 넣는 이유는 대본의 문학적 가치를 높이고, 학생들의 표현력을 신장시키기 위해서다. 실제로 그림자극에서 관용표현을 넣어 실감나게 연기하자 극의 재미도 살릴 수 있었다. 다음은 학생들이 대본에 사용한 관용표현이다. 이 부분은 국어 수행평가로 피드백했다.

〈예 1〉

엄마   그럼 그렇지.

        니가 **엉덩이 붙이고 앉아서** 이렇게 오래 할 수 있는 건 게임밖에 없지.

        야! 이 노무시캬, 커서 뭐가 되려고 그래. 어?

〈예 2〉

슬기   아니 엄마!! 저 운동하러 가려구요.

엄마   밥 먹으라니까 **밑도 끝도 없이** 운동은 무슨!!

        등 떠밀 때는 꿈짝도 않더니만.

        무슨 운동을 어디서 하려구?

〈예 3〉

준석   역시 우리는 **죽이 딱딱 맞아.** 하하하!

오늘 숏 진짜 멋지지 않았냐?

5단계: 각 모둠의 대본 취합 후 테이블 리딩하기

연극강사와 함께 돌아가면서 대본 전체를 한 줄씩 읽는 활동으로, 전체적인 내용과 흐름을 이해하는 데 매우 효과적이었다. 연극강사가 장면마다 연기력을 더해야 하는 부분을 지도해줌으로써 소심한 학생들도 더 자신감을 갖게 되었다. 발음하기 어려운 단어를 집중적으로 연습하거나 필요한 경우 역할을 재조정하기도 했다. 테이블 리딩 후 감독(연출, 음악, 미술, 무대, 조명, 작가) 및 배역을 확정했다. 일단 희망하는 사람을 1순위로, 이어서 추천자를 2순위로 하여 모두가 참여하는 그림자극 배역 정하기가 끝났다.

연극강사와 테이블 리딩하기

6단계: 최종 대본 수정하기

작가 역할을 맡은 학생은 모둠에서 쓴 대본을 취합하여 용어를 통일하고, 흐름이 자연스럽도록 사건을 수정하여 하나의 극본으로 완성했다. 모둠에서 쓴 대본을 최대한 살리는 것을 원칙으로 하되 통일성을 위해 꼭 필요한 부분만 수정하도록 했다.

4

有에서 美로?
- 공연의 꽃, 조명, 무대, 음악(미술/음악/창체)

가. 배경 및 캐릭터 만들기

극본에 어울리는 배경과 캐릭터를 만드는 작업은 2단계로 진행했다. 먼저 모둠에서 극본에 어울리는 배경과 캐릭터를 스케치하여 미술감독에게 제안한다. 미술감독은 모둠이 제안한 배경과 캐릭터를 최대한 존중하되, 배경의 입체감과 인형의 움직임을 고려하여 초안을 수정한다. 수정한 최종 디자인을 보고 모둠에서 실제 그림자극에서 사용할 배경과 캐릭터를 제작하여 완성한다.

캐릭터의 경우 종이로 만들면 쉽게 망가져서 공연할 때까지 처음 모양을 유지하기 어렵다. 이런 단점을 보완하기 위해 단단한 재질의 검은색 PP판을 이용해서 캐릭터를 만들었다. PP판은 일종의 플라스틱판으로 그림자극에 사용하는 인형을 만드는 재료다. 아크릴판보다 얇고 자르기가 쉬워 학생들이 이용하기에 좋다. 캐릭터를 움직이는 줄은 단단하게 고정되어야 하므로 스테인리스 강철 3mm 사용했고, 줄이 고정되도록 뒤판에 자바라 빨대를 이용하여 테이프로 고정했다. 이렇게 만든 캐릭터는 꽤 안정감이 있었고 중간에 파손되는 경우가 거의 없었다. 캐릭터의 외형을 자른 후 칼로 필요한 부분을 오려내고, 셀로판지를 붙여서 색감을 더했다. 다음은 극본과 모둠에서 제안한 초안, 미술감독의 수정본 그리고 완성본의 예다.

모둠별 배경 만들기

꿈은 갈대야

배역	목소리연기	인형조종	배역	목소리연기	인형조종
준석	이○○	유○○	재현	박○○	안○○
엄마	이○○	김○○	예민	이○○	구○○
아빠	송○○	강○○			
소품	꿈버스 – 박○○				

#1 준석방(거울 제거)
음악 – 게임하는 소리

(컴퓨터 앞에 앉아서 신나게 게임을 하는 준석)
준석: 캬~ 역시 나는 게임을 잘해.
엄마: (아들 방쪽으로 걸어오며) 아들 뭐해~ 공부해?
준석: (게임하느라 정신없는 중) 중얼중얼 중얼중얼
엄마: 그럼 그렇지. 니가 엉덩이 붙이고 앉아서 이렇게 오래 할 수 있는 건
      게임밖에 없지. 야! 이 노무시캬, 커서 뭐가 되려고 그래, 어?
준석: (엄마 질문에 건성으로 대답하며) 프로게이머하면 되지.
      게임을 잘하니까 프로게이머면 딱이네.
엄마: 프로게이머는 뭐 아무나 하니? 누가 너 프로게이머 시켜준대?
      그것도 공부를 잘해야 뽑아주는 거야.
준석: (엄마 쪽으로 몸을 돌리며) 엄마, 프로게이머는 공부를 잘해야 되는 게 아니고
      게임을 잘해야 되는 거예요. 저같이 게임 잘하는 사람이 되는 거라구요!
엄마: 하, 내가 너랑 무슨 말을 하겠니...(밖으로 나간다)

음악 – 배경 교체

대본

모둠에서
구상한 배경

미술감독이
디자인한 배경

완성된 배경

모둠에서
구상한 캐릭터

미술감독이
디자인한 캐릭터

완성된 캐릭터

나. 배경음악 및 음향 준비하기

다양한 표정과 움직임을 보여주는 데 한계가 있는 그림자극의 경우 배경음악은 극의 재미를 살리는 데 매우 중요하다. 작품의 극적인 효과를 최대한 살리기 위해 다양한 장르를 선택했으며, 특히 효과음은 극본을 입체적으로 만드는 역할을 하기 때문에 세심하게 선정했다. 작업 순서는 배경과 캐릭터를 제작할 때와 마찬가지로 우선 극의 상황에 어울리는 배경음악과 음향을 모둠에서 선정했고, 이후 음악감독과 총연출이 작품 전체의 분위기를 고려하여 최종확정했다.

1단계: 모둠별 대본에 필요한 음악 및 음향 정하기

대본의 분위기를 살리는 배경음악을 상황에 어울리는 곡으로 선정했다. 우울하거나 밝은 분위기는 배경음악에 따라 그 효과를 극대화할 수 있기 때문에 학생들은 음향 선택에 심혈을 기울였다. 드라마 주제곡으로 인기가 높았던 비로젯(Brossette) 같은 대중적인 곡을 넣어 관객들의 흥미를 끄는 효과도 고려했다. 그 외 전화벨 소리, 학교 종소리, 게임하는 소리 등과 같은 각종 효과음과 함께 파일로 정리했다.

2단계: 음악감독이 최종 배경음악 및 음향 정리하기

음악감독은 모둠에서 정리한 내용을 참고하여, 각 단계마다 필요한 배경음악과 효과음 파일을 찾고, 필요한 부분만 잘라서 순서대로 정리했다. 음악감독은 노트북에 음악 파일을 담고 오차가 발생하지 않도록 여러 번 연습했다.

3단계: 조명, 음악 확인하기(조명감독, 음악감독)

그림자극 공연을 위해서는 주변에서 들어오는 모든 빛을 차단해야 한다. 강당

창문 사이로 들어오는 빛을 막기 위해 검은색 도화지를 꼼꼼히 붙였다. 사용한 음악을 정리하면 다음과 같다.

〈그림자극 공연 음악(배경음악 및 효과음)〉

장면	효과음	배경음악	비고
기상캐스터가 되고 싶은 친구가 거울을 보고 날씨예보를 전하는 연습을 함		The happy song	목소리를 가다듬는 장면에서 낮은 볼륨으로 시작, 본격적으로 날씨예보를 전하는 부분에서 볼륨 높이기
노래방에서 친구가 노래를 부르고 나서 점수를 확인함	팡파르(효과음 사용) + 와우, 어디서 좀 노셨군요(학생의 목소리로 표현)		노래의 한 소절만 부른 후 바로 팡파르 효과음이 연결되도록 함
배우가 되고 싶은 친구가 연기 연습을 함 "너는 나를 배신했어!"		비로젯, B rossette	(음악) "너는 나를 배신했어!" 음악이 나오는 동안 연기하는 친구는 다음 대사를 실감나게 표현하기 위한 호흡 조절하기
수업이 끝남	종소리		
꿈을 정하지 못하는 친구가 꿈 여행버스를 타러 가는 장면으로의 배경 교체(슬픔, 외로움 등)		childhood	끝나는 장면의 분위기가 이어질 수 있는 잔잔한 배경음악을 사용한 후, 바뀐 배경에서 첫 대사까지 이어질 수 있도록 구성하기

5

Are you ready?
- 세상에 하나밖에 없는 우리들의 공연을 시작합니다(리허설/공연)

1단계: 이제 연습만이 살 길이다! 대본 연습하기

그림자극은 목소리로 연기하는 것이다. 앉아서 대본을 읽듯이 하면 관객에게 감동을 줄 수 없다. 그래서 연기를 할 때 가만히 앉아서 목소리만 연기하는 것이 아니라 생동감을 더하기 위해 실제로 동작을 하면서 연습했다. 예를 들면 "슛, 골인!"을 외치는 장면에서는 실제로 공을 차듯이 팔을 휘젓고 다리를 움직이면서 대사를 했다. 실감나는 목소리 연기에 맞추어 인형의 움직임도 호흡을 맞추어갔다. 연극 강사는 학생들의 목소리 연기가 실감날 수 있도록 개별적으로 지도하는 열성을 보였다.

연극강사 피드백

2단계: 음악, 조명과 대본 맞춰보기

그림자극은 배경이 바뀌는 순간에 조명을 꺼야 하며 그때 생기는 극의 빈 공간을 채워주는 것이 바로 음악이다. 그래서 배경을 교체할 때 조명감독과 음악감독의 호흡이 매우 중요하다. 조명과 음악이 극의 진행과정에서 자연스럽게 연결될 수 있도록 함께 연습했다.

교실에서의 연습 장면

3단계: 짝꿍 연습하기

그림자극은 인형을 조종하는 배우와 목소리를 연기하는 배우가 있다. 목소리를 연기하는 배우는 인형의 움직임과 동선을 반드시 알아야 하고, 인형을 조종하는 배우는 목소리를 연기하는 배우의 대사를 완벽하게 숙지하고 있어야 한다. 그리고 대사와 움직임 사이에 사용되는 효과음은 없는지, 극 중간에 투입되는 소품은 없는지 등 극의 전체상황을 제대로 파악하고 있어야 극이 원활하게 진행될 수 있다. 그렇기 때문에 두 배우가 짝꿍이 되어 함께 호흡을 맞춰 연습하는 과정은 꼭 필요하다.

4단계: 배경, 목소리, 그림자의 움직임에 맞춰 연습하기

한 장면마다 배경그림이 달라진다. 조명이 꺼졌을 때 재빠르게 배경 그림을 바꾸기 위해서는 민첩성이 필요하다. 학생 두 명이 배경을 교체하고, 인형배역 학생은 자기 인형을 골라 배경화면에 위치하고, 성우는 마이크가 있는 곳으로 자리를 옮긴다. 이때 음악감독은 필요한 배경음악을 틀어준다. 학생들은 반복연습을 통해 일련의 움직임을 몸에 익히면서 하나의 시스템으로 만들어가고 있었다.

목소리 연습하기

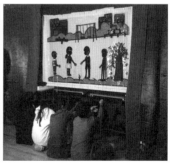

인형 움직이기

5단계: 합창곡 준비하기

한 학급의 공연이 끝나고 다음 학급이 공연을 준비하기 위해서는 어느 정도의 시간이 필요하다. 그 시간을 어떻게 채우면 좋을까? 공연주제와 관련된 반별 합창곡을 준비했다. 수업자 반은 〈꿈꾸는 나의 친구에게〉라는 곡을 선정했다. 꿈을 꾸는 친구를 응원하는 예쁜 가사와 멜로디가 돋보이는 곡이었다. 학생들이 시간날 때마다 연습해서 녹음한 반별 합창곡은 학급공연을 마무리하는 음악으로, 또 동시에 다음 공연이 자연스럽게 이어지도록 만드는 극적 장치로 활용되었다.

6단계: 전체에 맞춰 리허설하기

교실에서 연습한 후 리허설을 위해 강당으로 이동했다. 그림자극은 다른 공연과 달리 관객이 보이는 무대 앞면에서 하는 것이 아니라 무대 뒷면에서 빛과 그림자의 움직임과 목소리로 연기하는 공연이다. 무대 뒷면은 수십 장의 배경그림이 순서대로 빼곡히 쌓여 있고 수십 개의 캐릭터와 소품들이 가지런히 벽에 걸려 있다. 하나의 이야기가 끝나고 조명이 꺼지면 5초 사이에 다음 이야기로 이어갈 준비를 끝내야 한다. 배경, 캐릭터, 소품 등이 신속하게 교체되어야 하기 때문에 매우 긴장되는 순간이다. 총감독, 음악감독, 목소리배우, 인형을 조종하는 배우들의 열기와 긴장감으로 무대 뒷면은 후끈거렸다. 반면 관객들에게 보이는 무대 앞은 매우 정적이다. 그림자극은 무대의 앞과 뒤, 모두가 공연장이다.

무대 뒷면 　　　　　　　　　　　　　　　　　무대 앞면

7단계: 공연

공연장 입구에는 학생들이 '나미야 잡화점'에 보냈던 고민들을 전시했다. 부모님에게 호소하는 아이들의 마음이었다. 공연장 뒤편에는 학생들이 연습하는 장면을 개별 폴라로이드 사진으로 찍어서 전시했다. 학부모들은 아이들의 손으로 공연을 만들었다는 점에 많은 감동을 받았고, 아이들의 고민을 들여다볼 기회가 되었다고 했다.

8단계: 커튼콜(curtain call) 및 소감 나누기

공연을 끝낸 아이들의 등에는 땀이 흥건했다. 얼마나 긴장하고 떨렸겠는가? 평소 교실에서 아무런 존재감 없이 지내던 학생이 마이크를 잡고, 자기 목소리를 크게 냈으니 말이다. 공연을 끝내고 학생들의 공통된 후기는 '힘들었지만 재미있었다, 친구들과 협동해서 좋았다, 다시 하고 싶다' 등이었다. 그림자극 공연과정에 대해 좀 더 내밀한 소감이 있었으면 좋겠다는 아쉬움도 있지만 이 정도가 학생들이 표현할 수 있는 보편적인 소감인 듯하다.

어떤 학생들에게는 이번 공연 경험이 또 다른 성장의 기회가 되었을 수도 있다. 그러나 학교에서 제공하는 의미 있는 경험이라도 모든 학생에게 같은 영향력이 있는 것은 아니다. 학생의 몰입도와 수용 자세에 따라 학교에서 제공하는 경험치는 다르게 반응한다.

학생들은 그림자극이 무엇인지도 모른 채 시작하여 많은 시간과 공을 들여 공연을 완성했다는 점에서 만족감이 컸다. 학생들에게 색다른 경험이 되었을 것이다. 6학년 학생들이 이 성취감에서 출발하여 새로운 도전으로 성장하길 기대한다.

그림자 극 소감	친구들과 그림자연극을 함께 하면서 서로 마음을 모으고 합동해서 즐겁고 재미있었다 나는 음악감독을 맡았었는데 실수도할까봐 긴장도하고 힘들었는데 친구들과 함께 같이 하니까 친구들과 더욱더 친해질수 있는 기회여서 힘든걸을 이겨낼수 있었다	그림자연극을 하면서 재미있었고, 연기를 못했는데 연습하다보니만 늘어났고, 친구들도 놀리지않고, 쑥덕쑥덕 거리지도않고, 앞에있는 친구들도 어떻게 하는지도 알려주어서 잘하게된것같다. 그리고 그림자극하는 당일날 많이 실수을 했는데 뭐라하지않고 차분하게 얘기해주어서 멋졌다. 그림자극은 힘들었지만 재미있었다.
	〈사례 1〉	〈사례 2〉
	그림자극을 마쳐 아쉬었다 기회는 1번뿐인데 축게 남는다 1번 더 하고 싶다 그래도 재밌어서 행복했다 그리고 보람이 생긴거 같았고 나중에도 하고 싶다	그림자극 연기를 할 때 못할 것 같아 걱정했지만 연기를 했을 때 나에게 만족했고 뿌듯했습니다. 그림자극을 한다는 것 자체기만으로도 신기하고 좋은 경험을 한 것같아 기뻤습니다.
	〈사례 3〉	〈사례 4〉

아이들은 성장하고, 또 성장한다

"배경 그림 좀 더 오른쪽으로, 오른쪽으로!"

"인형 팔 움직임을 좀 더 크게! 그렇게 움직이면 관객들한테는 움직이는 게 잘 안 보여."

"배우들은 목소리 크기가 비슷하게 해야 안정감이 있어. 마이크 잡는 위치도 정해야겠어."

"○○이, 이번에 목소리도 크고 잘했어! 앞으로도 그렇게 해."

교사가 한 말들이 아니다. 학생들이 리허설을 하면서 서로 피드백을 주고받은 말이다.

따로 또 함께 성장한다 - 협동

 그림자극은 모두가 참여한 공연이라서 더 의미가 있었다. 시간이 흘러 이 아이들이 6학년을 회상할 때 가장 기억에 남는 일은 무엇일까? 아마 그림자극일 것이다. 왜냐하면 '그림자극' 공연은 각자 자기 역할이 있고 그 역할을 모아서 완성한 작품으로, 학생들에게 이런 경험은 드물기 때문이다. 이 공연을 위해 교사들은 많은 고민을 하면서 교육과정 재구성을 위해 긴 시간 협의했다. 그리고 국어, 음악, 미술, 창체, 체육을 재구성하여 49시간 프로젝트로 만들었다.
 학생들은 '그림자극'이란 용어를 처음 들었다. 2학기 개학 후 한 달 동안 교실은 온통 그림자극으로 북새통을 이루었지만 그 움직임에는 보이지 않는 '연대감'이 있었다.

그림자극 연습장면

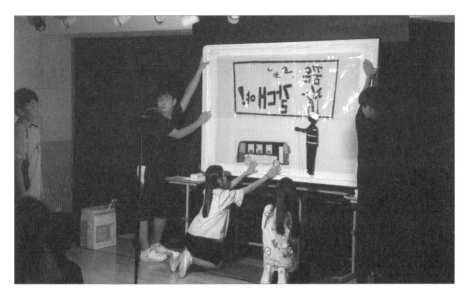

그림자극 무대 뒷면

아이들이 많은 것을 배우고, 스스로 성장할 수 있었다는 점에서 그림자극의 교육적 효과는 충분히 달성되었다고 생각한다.

학년 단위의 공연으로 교육과정과 연계하여 진행된 그림자극은 모든 학생이 참여하여 만들었다는 점에서 지금까지 해본 적이 없는 큰 프로젝트라고 할 수 있다. 많은 시간과 노력이 필요했으며 그만큼 유익했고 모두가 뿌듯했다. 학생들이 스스로 도전하는 것은 쉽지 않다. 그 길목에는 교사와 학교가 필요하다. 도전할 만한 거리를 제공해주고 무엇인가를 창조하도록 지지해주는 것, 그것이 학교가 해야 할 역할이 아닐까 싶다.

교육연극수업, 교실 속에서 완성하다

필자는 요리를 좋아하지만 예나 지금이나 멋쟁이 요리연구가들의 요리 방송을 즐겨보지는 않는다. 그들이 소개하는 요리를 하려면 집에 없는 지중해 올리브유와 외국 소스들이 필요하기 때문이기도 하지만, 적어도 내가 볼 땐 매일 먹는 음식이 아니라 손님상에나 올리는 특별한 메뉴들이기 때문이다.

그런 필자가 좋아하는 요리 프로그램이 있다. 꽤 유명한 요식업자가 출연하여 바쁜 일상에서 신속하고 맛있게 만들어 먹을 수 있는 요리를 소개한다. 재료가 복잡하지도 조리과정이 특별하지도 않다는 점에서 참 유익하다는 생각이 들었다. 그런데 한참 보니 요리를 소개하는 게 아니라 소상공인 요식업자들을 위해 발로 뛰어다니며 컨설팅하는 프로그램이었다. 그는 소상공인 요식업자들에게 음식 조리 방법만 컨설팅하는 게 아니었다. 주방의 위생상태, 조리기구, 양념통의 배치, 조리에 걸리는 시간, 재료 구입과 보관, 손님들의 연령까지도 고려하도록 조언한다. 또 요리하는 사람이 동기와 목표의식을 가지는 것이 얼마나 중요한지를 강조하면서 요식업계에서 성공하는 것 자체가 어렵다는 것도 일깨워주었다. 무엇보다 필자의 마음을 끌었던 것은 위축된 소상공인들과 새로운 조리법을 개발하고, 직접 요리해서 함께 맛있게 먹는 그가 가진 소탈함이었다. 그 과정에서도 날카로운 피드백을 잊지 않는다. 그가 컨설팅하는 과정에서 수십 년의 요식업 경영 노하우와 휴머니즘을 볼 수 있었다.

문득 학교현장에서도 이렇게 수업코칭을 하는 문화가 있는지를 돌아보게 되었다. 지금의 수업문화를 살펴보면 소상공인처럼 자신의 치부를 드러내는 수업컨설팅을 의뢰하거나 치밀하게 수업을 코칭하는 경우가 많지 않다. 그냥 교사 개인이 알아서 하는 것으로 돌려버리는 것 같은 느낌이다. 좋은 수업을 하라고 말하지만 수업을 둘러싼 교사의 고민이 무엇인지 꼼꼼히 들어주고, 변화가 지속되도록 컨설팅해주고 북돋아준 적이 얼마나 있는지 확신할 수 없다.

좋은 수업은 여러 형태가 있지만 필자는 교육연극수업을 중심으로 이 책을 엮었다. 이 수업이 최고라고 허세를 부릴 만큼 어리석지도 독단적이지도 않다. 하지만 학생들의 즉흥극, 질문과 답변, 다양한 반응과 수업소감 등을 보면서 교육연극수업 속에서 학생들이 의미 있게 성장하는 모습을 보았다고 자신 있게 말할 수 있다. 앞으로 학생들의 변화가 유의미하게 눈에 띄는 수업을 발견한다면 필자는 다시 그 수업에 매진할 것이다. 그때까지는 교육연극수업의 매력에 빠져볼 생각이다. 매너리즘은 아집과 편견을 낳는다는 걸 알기에 수업에 대해서는 늘 열려 있는 자세로 다가설 것이다.

항암치료 중에 이 책의 마지막 원고를 정리했다. 힘들게 준비한 원고가 중단될까 불안했지만 오히려 수업영상을 보면서 원고를 정리하는 것이 힘든 치료과정을 견디는 데 도움이 되었다. 하루 7~8시간 원고를 정리하는 그 순간들이 존재의 기쁨이었다. 수업을 고민하는 선생님들에게 이 책이 소소한 일상의 이야기로 전해지길 바라고, 기회가 된다면 그들과 귀한 수업고민을 함께 나누고 싶다.

참고문헌

1. 단행본

고영희 외(2017), 『초등학교 교육과정 재구성의 노하우』, 교육과학사

구민정·권재원(2008), 『한국 교실에 적합한 교육연극 모형의 개발과 적용』, 한국학술정보㈜

권택환(2017), 『맨발학교』, 만인사

김주연(2016), 『생각이 터지는 교실 드라마』, 연극과 인간

신성욱(2017), 『조급한 부모가 아이 뇌를 망친다』, 에크로스

신상미·김재리(2014), 『몸과 움직임 읽기』, 이화여자대학교출판부

오종우(2016), 『예술수업』, 어크로스

이수동(2014), 『몸의 언어, 교육연극과 초등문학교육』, 박이정

이혁규(2013), 『누구나 경험하지만 누구도 잘 모르는 수업』, 교육공동체 벗

이혁규(2018), 『수업 비평가의 시선』, 교육공동체 벗

정재승(2018), 『열두발자국』, 에크로스

정종진(2015), 『뇌기반학습의 원리와 실제』, 학지사

전병규(2017), 『질문이 살아나는 학습대화』, 교육과학사

오일환·이연식·방일권 편역(2018), 『한국전쟁의 거짓말』, ARGO인문사회연구소, 채륜

고마고메 다케시, 『식민지제국의 문화통합』, 권경희 외 공역(2008), 역사비평사

데이비드 이글먼, 『더 브레인』. 전대호 역(2018), 해나무

리차드 코트니, 『교육연극 교육과정론』, 황정현 역(2010), 박이정

이시도 나나코, 『미래교실』, 김경인 역(2016), 청어람미디어

필립 테일러 & 크리스틴 워너, 『시실리오닐의 교육연극』, 한국교육연극학회
　　역(2013), 연극과 인간

Rita Carter, *Mapping the Mine*, 양영철 이양희 역(2009), 『뇌맵핑마인드』, 말글빛
　　냄, 1998

Robert J, Marzano, Tony Frontier and David Livingston, 『수업장학: 수업예술
　　과 수업과학을 위한 지원』, 주삼환 외 공역(2015), 학지사

TAM Po Chi Pans, *Drama participation and children's rights*, **The Journal of
　　Drama and Theatre Education in Asia**, 7(1), The education University of
　　Hong Kong, 2017

Wall, T., Fries, J., Rowe, N., Malone, N., Österlind, E., **Drama and theatre for
　　health and well-being, Springer**, 2018

2. 논문과 학술지

김병주(2018), 「연극과 교육의 접목-초등국어 교과의 연극 단원 구성에 관한 소고」, 『교육연극학』 제10권 1호, 한국교육연극학회

김병주(2017), 「이슈중심 교육연극 드라마의 가능성 고찰」, 『교육연극학』 제9권 1호, 한국교육연극학회

김병주(2008), 「연극을 통한 교육, 문화, 그리고 사회적 변화 -참여와 소통의 교육연극 방법론 T.I.E.(Theatre in Education)를 중심으로-」, 영미문화, 8권 1호, 한국영미문화학회

권경희(1994), 「수업모형의 구조화가 학습자의 개념수준에 따라 학습전이에 미치는 효과」, 한국교원대학교 대학원 석사학위 논문

권경희(2004), 「식민지기 보통학교 훈육 연구」, 한국정신문화연구원 한국학대학원 박사학위 논문

권경희(2018), 「교육과정연계 교육연극수업 실천사례연구」, 『교육연극학』 제9권 2호, 한국교육연극학회

권은선(2018), 「대안학교 청소년과 일반학교 청소년의 수업대화 참여 비교」, 『함께여는교육 vol 27』, 함께여는교육연구소

3. 신문, 전자매체, 기타자료 등

교육부, 「생생교육정보」 2019년의 교육부 이렇게 달라집니다. (2018.12.13.)

김태은(2018), 『2018 혁신학교 아카데미 직무연수』 「야호학교」, 경기도교육청

성남교육지원청(2017), 『수업, 연극으로 피어나다 3』, 디자인이즈

성남교육지원청(2016), 『수업, 연극으로 피어나다 2』, 아비온

성남교육지원청(2015), 『수업, 연극으로 피어나다 1』, 엔브리드

한국특수교육문제연구소, '뇌기반교육이란'(http://rikse.blog.me 2018.7.16.), 조선일보
　　2019.1.1.~1.2.

4. 미주

[1]　이수동(2014), 『몸의 언어, 교육연극과 초등문학교육』, 박이정, 46~47쪽

[2]　「이슈중심 교육연극 드라마의 가능성 고찰, 『교육연극학 제9권 1호』, 한국
　　교육연극학회, 63쪽

[3]　Rita Carter(1998), *Mapping the Mine*, 양영철 이양희 역(2009), 『뇌맵핑마인
　　드』, 말글빛냄, 77~78쪽

[4]　신성욱(2017), 『조급한 부모가 아이 뇌를 망친다』, 에크로스, 132쪽

[5]　정종진(2015), 『뇌기반학습의 원리와 실제』, 학지사, 140~142쪽

[6]　「맨발 운동 30분의 마법 아이들 뇌가 깨어났다」, 조선일보, 2019.1.1.

[7]　「세계에서 가장 안 움직이는 한국 학생」, 조선일보, 2019.1.1.

[8]　뇌의학 전문가 인터뷰 존 레이티 하버드대 교수, 조선일보, 2019.1.2.

[9]　신성욱(2017), 『조급한 부모가 아이 뇌를 망친다』, 에크로스, 190쪽

[10]　권경희, 「수업모형의 구조화가 학습사의 개념수준에 따라 학습전이에 미
　　치는 효과」, 한국교원대학교 대학원 석사학위 논문, 1994년

[11]　이 수업은 〈놀이터 디자인〉(개발자: 사다리연극놀이연구소 김선) 프로그램을 현장
　　적용한 이명주 교사의 수업으로부터 발전시킨 것입니다.

교육연극에 단위 수업, 1교과 프로젝트, 주제심화 프로젝트,
협력수업을 담다!